AF557006

Das Schwarze Auge LARP-Regelwerk

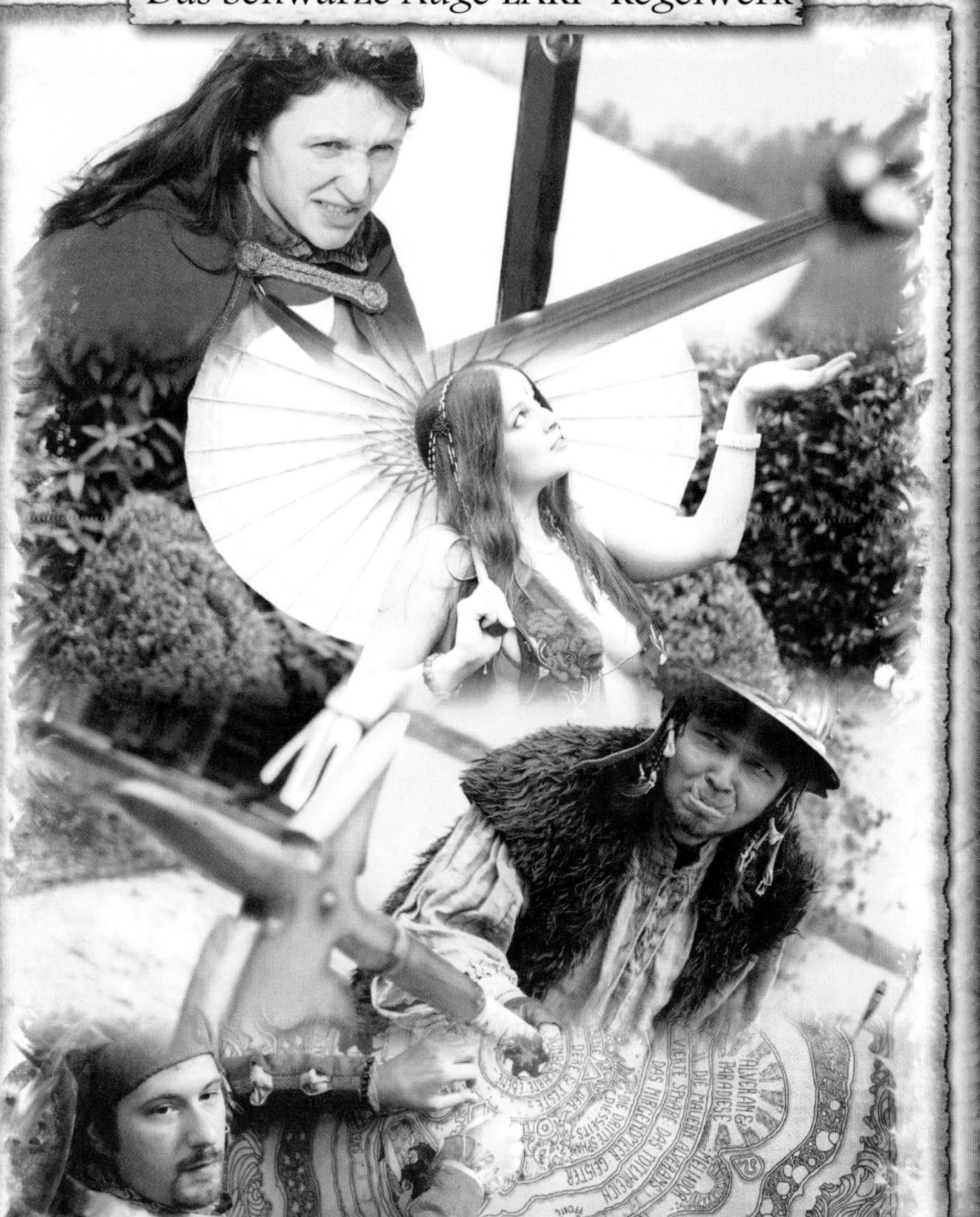

IMPRESSUM

Redaktion

Mháire Stritter, Nico Mendrek

Autoren

Nico Mendrek, Mháire Stritter, Karsten Dombrowski, David Jung
mit Beiträgen von Anselme Champollion, Stefan Tannert, Christian Wagner, Andreas Reif, Julian Härtl, Timo Hagemann, GootEn und vielen anderen, auf deren Arbeit wir aufbauen – wie die vielen tollen Menschen beim Alveran LARP und im Codex-Verein.

Lektorat

Julian Härtl

Korrektorat

Nora Tretau

Coverbild

Maik Schmidt

Layout, Satz und Gestaltung

Ralf Berszuck, Thomas Michalski

Fotos

Nico Mendrek, Jörg Haselmeyer, Tobias Droigk, Jens Kraus, Thomas Stolz, Constantin Krüger und andere

ISBN 978-3-95752-982-4
Printed in EU 2018

Vielen Dank an alle Mitgestalter von Aventurien.

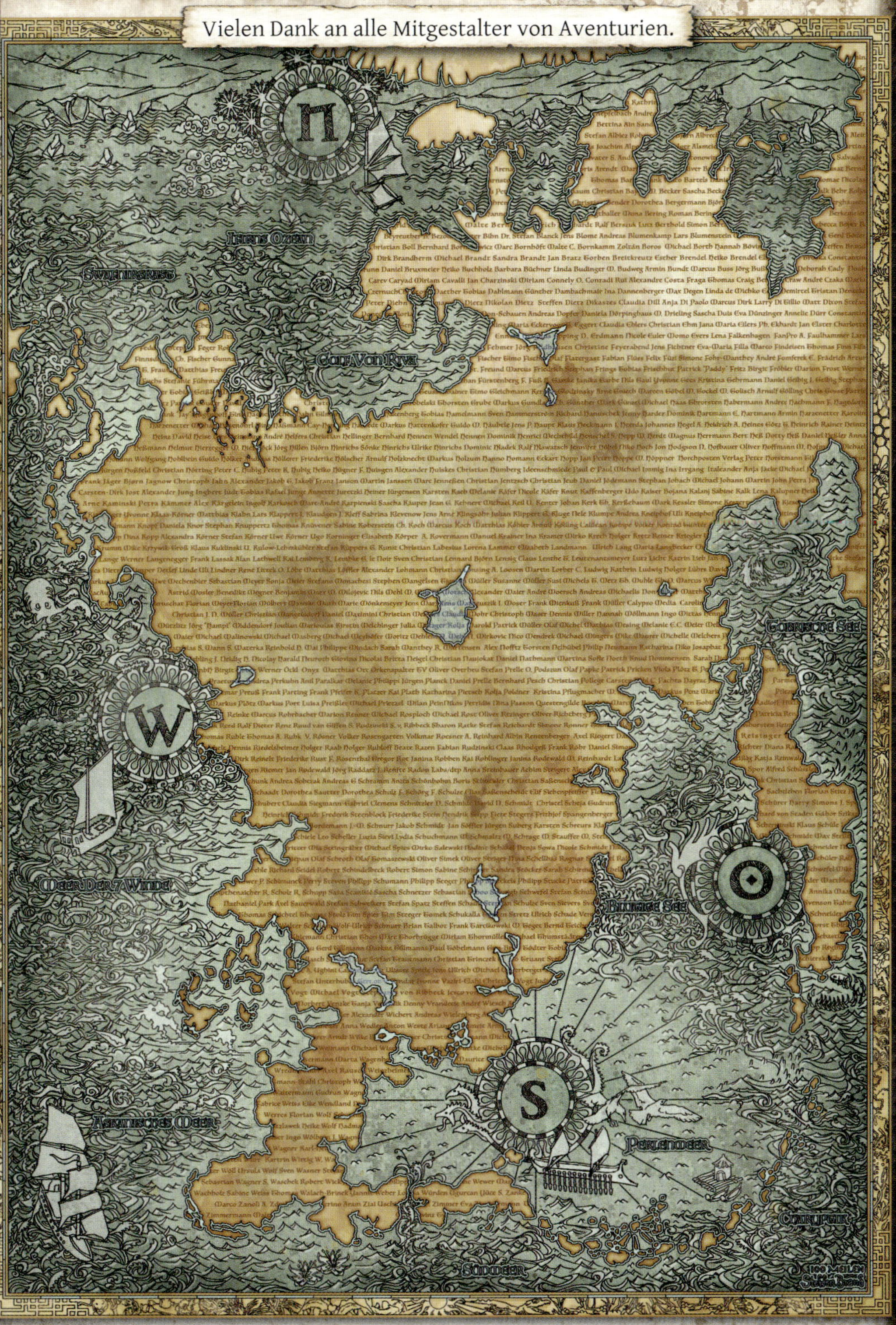

Wir danken allen, die mit ihrer Unterstützung des Crowdfundings dieses Projekt möglich gemacht haben.

Maurice Adler, Jan Alfter, Jan-Christopher Altenhoff, Christian Anders, Annelen und Jörg, Stefan Appelbaum, Sarah Stephanie Au, Felix Averdung, Christian Baumgart, Christian Becker, Markus Becker-Bruchmann, Jonas Becker-Tietz, Wolfgang Berge, Nicole Beyer, Frank Blankertz, Marcel Blex, Michael Bock, Mirko Boll, Patrick Breitwieser, Olaf Christian Bressel, Matthias Breßlein, Daniel Brieger, Oliver Briese, Patrick Brown, Oliver Brusinsky, Andreas Buckreus, Dominic Bullerjahn, Jean Caye, Dominic Claus und Veronika de Crignis, Crew'row, Cupiditates, Der Dan, Arnd Delfs-Fritz, Anne Christin Derenek, Andreas Ditsch, Thomas Dobler, Kerstin Driessen, Tobias Droigk, Martin Duschlbauer, Natascha Ehrenheim, Torsten Einetter, Thomas Eisenbock, Jens Engelmann, Vivienne Engemaier, Dirk Fahrendholz, Manish Faulhaber, Ulrike Fechtner, Michaela Fege, Florian Feil, Martin Feindor, Raoul Fiebig, Daniel Finger, Björn Finke, Jan Fischer, Simon Floether, Matthias Flossbach, Benjamin Fox, Kai Frerich, K. Friedrich, Manfred Fröhlich, Bjoern Fuhrmeister, Florian Fürst, Jennifer Fuss, Daniel Gassenferth, Christoph Gatersleben, Jörg Gerwens, Torsten Granzow, Fabian Grätz, Firma Larperlei, Florian Greß, Helmut Grillenberger, Alexander „Der Grolm" Grimme, Alexander „Khorim" Hänisch, Wilko Harms, Julian Härtl, Lothar Hartmann, Cay-Henning Hastedt, Dr. Gerd Hauser, Malte Hedemann, Hendrik Hellmann, Sascha Heneka, Julian Herbst, Rahel Herkenrath, Oliver Herold, Karsten Herschelmann, Lars Herweg, Martin Herweg, Olaf Hilscher, Daniel Hinze, Maren Hoffmann-Stolz, Michael Holzhausen, Sven Homann, Benjamin Horneffer, Andreas Hotzel, Christina Hulsemann, Elmar Jager, Michael Janotta, Sebastian Jansen, Christian Jeub, Georg Jiru, Anja Jordan, Melanie Junker, Heiner Jürgensen, Nico Kammel, Ingolf Karkosch, Cora Kathmann,

Marian David Keintzel, Matthias Kemper, Marcel Kersting, Tom Kessler, Rainer Kettenring, Carla Klappstein, Lukas Daniel Klausner, Julia Klein, Klaus Kling, Alexander Koch, Dominik Koch, Dietmar Kohlhammer, Dorothee Komhard, Deborah Krecklow, Andreas Krueger, Constantin Krueger, Thomas Kudlimann, Lukas Kueng, Rene Kullick, Konstantin Kunz, Jan Kupfer, Manuel Küpper, Kevin Kussner, Robin Lachnit, Jonas Lang, Julian Lange, Joachim Lenzen, Roland Thomas Lichti, Holger Loeschen, Eckhard Lohmann, Robert Lorenz, Sascha Ludwig, Fabian Lütkes, Julian Madlmayr, Joachim Mander, Michael Manz, Jens Marx, Michael Meincke, Lennart Meinke, Aili Meissner, Tim Meister, Meeresdruide, Thomas Metzmacher, Sven Meyer, Uriel Mhezzek, Hans-Peter Mody, Simon Moser, Thorsten Most, Dirk Motylski, Bernd Mueller, Holger Muller, Dr. Hanno Müller-Kalthoff, Michael Munz, Anne Naumann, Alexander Neu, Kenneth-Dale Nygaard, Juliane Ober, Jasmin Pauli, Benjamin Peschel, Hubert Pfeffer, Stefan Pfeifer, Jan Ole Pieper, Dominik Pilz, Fabian Pinger, Jonte Plessen, André Pütz, Thomas Raimann, Frithjof Raugewitz, Henner Raupach, Markus Reschke, Markus Ripke, Janina Robben, Reinhard Rosin, Lydia Ross, Michael Rost, Lars „Larziber" Rothkirch, Daniel Ruessing, Dieter Rukser, Arzach Rumpelgnorg, Benedikt Ruppert, Markus Rütters, Carsten Sakowski, Carsten Sakowski, Martin Schäfer, Sal, Jule Sal, Torge Schepers, Guido Scheufgen, Jens Schiefke, Peter Schmialek, David Schmidt, Marcel Schmidt, Andreas Schmitt, Falk Schmutzler, Martin Schneider, Thomas Scholz, Florian Schörg, Nico Schreiner, Daniela Schuh, Wolfgang Schuster, Jörg Schwarz, Johannes Schwestka, Konrad Sebon, Dominik Seidel, Philip Senkpiel, Michael Simon, Benedikt Simon, Christian Sommer, Marcus Spang, Swantje Spörkel, Anselm Stadler, Knut Stever, Björn Stodiek, Thomas Stolz aka Orkenspalter, Stefan Suette, Christian Thaden, Niels Thole, Steffen Thomas, Martin Tilly, Christian Topp, Elisa Treffehn, Andrea Treichel, Oliver Tschesche, Konrad Tucher, Florian Türkes, Thomas Tym, Karsten Ulbrich, Magnus van Lück, David van Nederveen Meerkerk, Erik van der Does de Bye, Daniel Volke, Chris Wagner, Christian Wagner, Jan Waller, Florian Weber, Nils Weber, Raphael Weiß, Benjamin Welke + Franziska Welke, Mathias Welsch, Eike Wendland, Olaf Weyer, Marie Wittek, Sebastian Wölk, Patrick Wollert, Astrid Wolpers, Lars Zeschke, Marco Zimmermann, Christian Zöller

Inhaltsverzeichnis

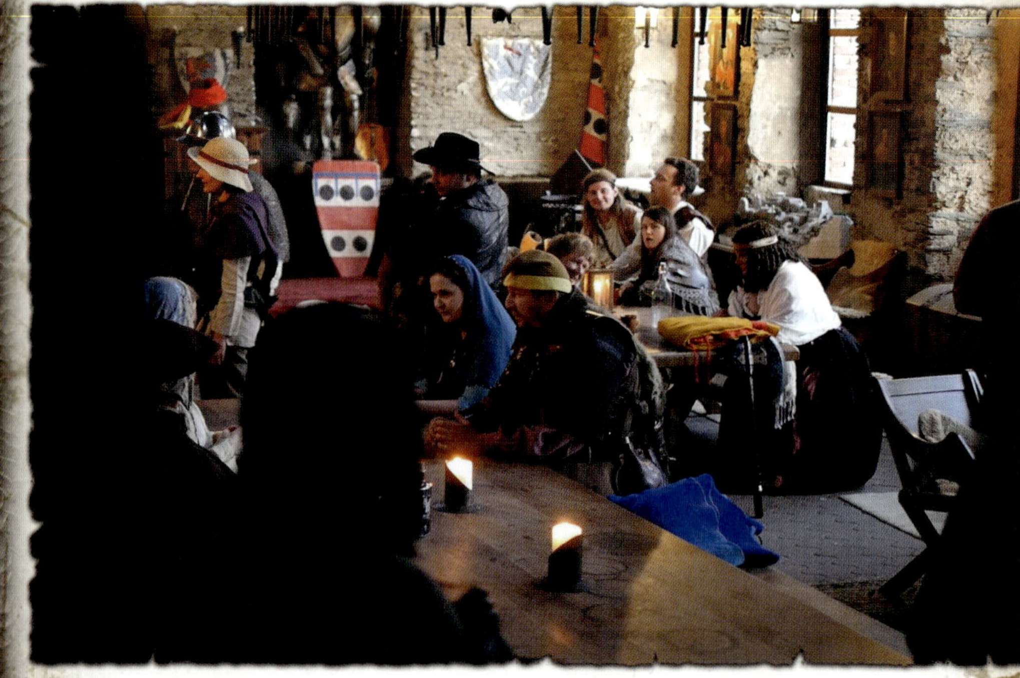

Vorwort von Karsten Dombrowski (Zauberfeder)

Das 1984 in seiner ersten Version veröffentlichte und bis heute millionenfach verkaufte Rollenspielsystem **Das Schwarze Auge** ist das bekannteste deutsche Tischrollenspiel. Auch zahlreiche Computerspielumsetzungen sorgen bei Fans seit Jahren für Begeisterung.

Aventurien, das Land, in dem die meisten Abenteuer in der Welt des **Schwarzen Auges** spielen, lässt sich allerdings auch hervorragend als Live-Rollenspiel umsetzen. Dabei handelt es sich um eine spannende Freizeitgestaltung, die einer Mischung aus Improvisationstheater und Räuber und Gendarm ähnelt. Ihr schlüpft in die Rolle von Helden, interagiert mit den Spielfiguren der anderen Teilnehmer und stellt euch den von der Spielleitung erdachten Aufgaben. Wenn Ihr also Abenteuer erleben möchtet, die sich ein Stück weit echt anfühlen, könnt Ihr durch dunkle Gänge oder einen unheimlichen Wald schleichen, heldenhaft gegen Monster, Zauberer und Schurken kämpfen, höfische Intrigen spinnen oder knifflige Rätsel knacken – nicht am Tisch oder Computerbildschirm, sondern ganz real.

Dieses Regelwerk soll Spielern und Veranstaltern eine gemeinsame Grundlage für das Zusammenspiel bieten. Es ist zum einen für jene begeisterten und erprobten Tischrollenspieler von **Das Schwarze Auge** gedacht, die ihre Abenteuer vom heimischen Küchentisch in die weite Welt des Live-Rollenspiels tragen möchten. Genauso ist dieses Regelwerk natürlich auch für alte Hasen der LARP-Szene geeignet, die einen Ausflug in aventurische Gefilde wagen wollen.

Selbstverständlich lässt sich ein so komplexes System wie das Regelwerk zu **Das Schwarze Auge** nicht eins zu eins in ein solches Live-Rollenspiel übertragen. Statt vier bis sechs Spielern und einem Meister treffen schließlich Dutzende Teilnehmer (oder auch viel mehr!) bei einem solchen Ereignis aufeinander. Unser Ziel war es daher, eine Balance zwischen den Bedürfnissen des Live-Rollenspiels und der Treue zur Tischrollenspiel-Vorlage zu finden. Dazu haben wir viele der gewohnten Regeln für die Verwendung im Live-Rollenspiel stark bis sehr stark vereinfacht, schließlich werden die typischen Aufgaben des Heldenlebens hier nicht durch Würfelproben entschieden, sondern müssen ganz real gelöst werden. Trotzdem sind wir sicher, dass das typisch aventurische Flair nicht verloren gegangen ist. Denn wichtiger als alle Regelfragen sind jene Momente, in denen die Spieler das Gefühl haben, sich wirklich in einer phantastischen Welt wie Aventurien zu befinden.

Wir wünschen euch viel Spaß beim Lesen und freuen uns auf eure kreativen Umsetzungen.

Vorwort von Nico Mendrek (Orkenspalter TV)

Der 2016 leider verstorbene Kult-DSA-Autor Jörg Raddatz war es laut einer Anekdote seines Kollegen und Mentors Thomas Römer, der das allererste DSA-LARP organisierte. Damals geschah das noch mit kruden Umrechnungen der Pen and Paper-Werte, improvisierten Papp-Requisiten und einem Trash-Charme, wie er eben nur unter guten Freunden entstehen kann. Für viele DSA-LARPer hat sich da bis heute nicht viel verändert und das Live-Element ist für sie nur eine Erweiterung des Tischrollenspiels. Andere wollen wiederum von der Regelvorlage gar nichts mehr wissen und begeben sich auf tagelange Nordic-LARPing-Gewaltmärsche. Für viele ist die LARP-Version auch zu einem kompletten Ersatz für das ursprüngliche **Das Schwarze Auge** geworden.

Es ist jetzt etwa 14 Jahre her, dass ich zum ersten Mal an einem solchen DSA-LARP teilnehmen durfte – und natürlich konnte ich nicht ahnen, wie das mein Leben umkrempeln würde und dass ich viel später gemeinsam mit Karsten ein Buch darüber schreiben dürfte. Mein erstes DSA-LARP war „Nostria Saga Teil 1“ – es unterschied sich deutlich von allen anderen LARPs, die ich zuvor besucht hatte. Jeder schien sofort mit den anderen Spielern vertraut, obwohl sich fast niemand kannte. Alle kamen schnell über den gemeinsamen Hintergrund ins Gespräch, jedem war sofort klar, was welches Kostüm darstellen sollte. Kurz: Es war ein wenig wie nach Hause kommen. Es verwundert daher nicht, dass fast mein gesamter engerer Freundeskreis heute aus DSA-Live-Rollenspielern besteht. Seitdem habe ich mit diesen Menschen oder alleine um die 30 LARP-Cons in der Welt von Aventurien als Orga, Spielleiter und Autor auf die Beine stellen dürfen (und viele, viele weitere als Spieler oder NSC erlebt). Zu den wiederkehrenden Teilnehmern dieser Cons gehören Menschen, die DSA stark geprägt haben, wie Uli Lindner, Franz Janson oder Eevie Demirtel.

Ich habe DSA-LARP in diesen Jahren in vielen Facetten erleben dürfen – und einige davon in Videos auf Orkenspalter TV verarbeitet. Mein Anliegen war es daher auch, möglichst vielen dieser Facetten in diesem Regelwerk Rechnung zu tragen. Sowohl jene, die Punktesysteme im LARP eigentlich kategorisch ablehnen, als auch die Spieler, die am liebsten weiter ihre Kämpfe mit dem W20 auswürfeln wollen, sollen sich von dem angesprochen fühlen, was wir hier anbieten. Und falls nicht, dann haben wir es zumindest versucht.

WAS IST LIVE-ROLLENSPIEL?

Eine Einleitung

Wie beim konventionellen Rollenspiel hat wahrscheinlich jeder Spieler auf diese Frage eine ganz eigene Antwort. Räuber und Gendarm für Erwachsene, Abenteuer im Kostüm oder auch das Eintauchen in phantastische Welten – das sind nur drei der möglichen Antworten.

Eine allgemeingültige aber auch etwas theoretische Definition könnte lauten: Live- Rollenspiel ist Improvisationstheater ohne Publikum, allerdings mit einer vorher festgelegten Rahmenhandlung, deren Dramaturgie mehr oder weniger streng von der Spielleitung durchgesetzt wird. Fest steht: Live-Rollenspiel, oder LARP (von engl. **L**ive **A**ction **R**ole**p**lay), ist so schillernd wie jedes Hobby, das wesentlich durch die Kreativität und das Ausdrucksvermögen seiner Betreiber geprägt ist.

Auf den folgenden Seiten werden wir euch einen kurzen Einblick in die Entstehung des Hobbys und seine Eigenheiten geben – und erläutern, warum sich gerade der Hintergrund des Rollenspiels **Das Schwarze Auge** sehr gut für eine Live-Umsetzung eignet.

Angefangen hat Live-Rollenspiel in Deutschland ungefähr zu Beginn der 1990er Jahre, als einige Rollenspielfans bei ihren Conventions ins Rollenspiel ein paar theatralische Szenen einbauten. Ein Regelwerk wurde geschrieben, eine Burg gemietet und plötzlich war man mitten in einem neuen Hobby. Dort spielte man seine Rollenspiel-Charaktere mit Leib, Seele und aller Ausrüstung, der man habhaft werden konnte. Mutters Nähmaschine oder auch Mutter selbst wurde für die Schneiderei in Beschlag genommen, und in Garagen wurden nach abenteuerlichen Experimenten mit Latex und

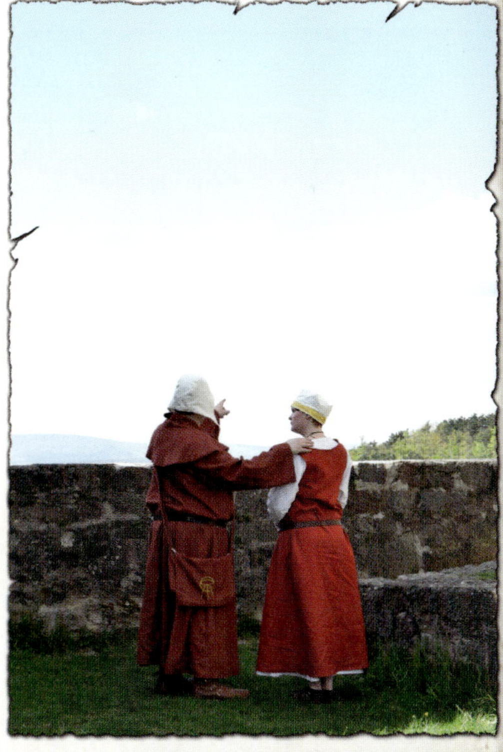

Schaumstoff die ersten Polsterwaffen gebaut. Nicht zuletzt wegen der Entwicklung des Internets wuchs die Spielerschaft immer weiter, und heute kann man beinahe jedes Wochenende und fast überall in Deutschland an einem Spiel teilnehmen.

Live-Rollenspiel findet dabei auf sogenannten Cons statt. Ob es nun der, die oder das Con heißt, darüber streiten sich die Geister. Fest steht allerdings, dass Con von Convention kommt, und genau das ist es auch: Ein Zusammentreffen von Gleichgesinnten, spontan oder geplant, an einem Nachmittag, einem Wochenende oder sogar eine ganze Woche lang.

Es gibt zum Beispiel Tages-LARPs, bei denen in relativ kurzer Zeit ein kleines Abenteuer gespielt wird. Das kann ein Ausschnitt einer größeren Geschichte sein, wie etwa eine Gerichtsverhandlung. Oder ein Prolog, Epilog oder Zwischenspiel zu einer größeren Kampagne. Tages-LARPs können aber auch selbstständige Kurzabenteuer sein, die trotz ihrer Kürze alle Elemente einer guten Story in sich tragen.

In der Regel trifft man sich allerdings für ein ganzes Wochenende und spielt von Freitagabend bis Sonntagnachmittag. Der Veranstalter mietet zu diesem Zweck einen Zeltplatz, eine Jugendherberge oder einen anderen geeigneten Ort mit Übernachtungsmöglichkeiten, um hier an drei Tagen sein Abenteuer zu erzählen. Solche Plots sind oft recht umfangreich, und durch

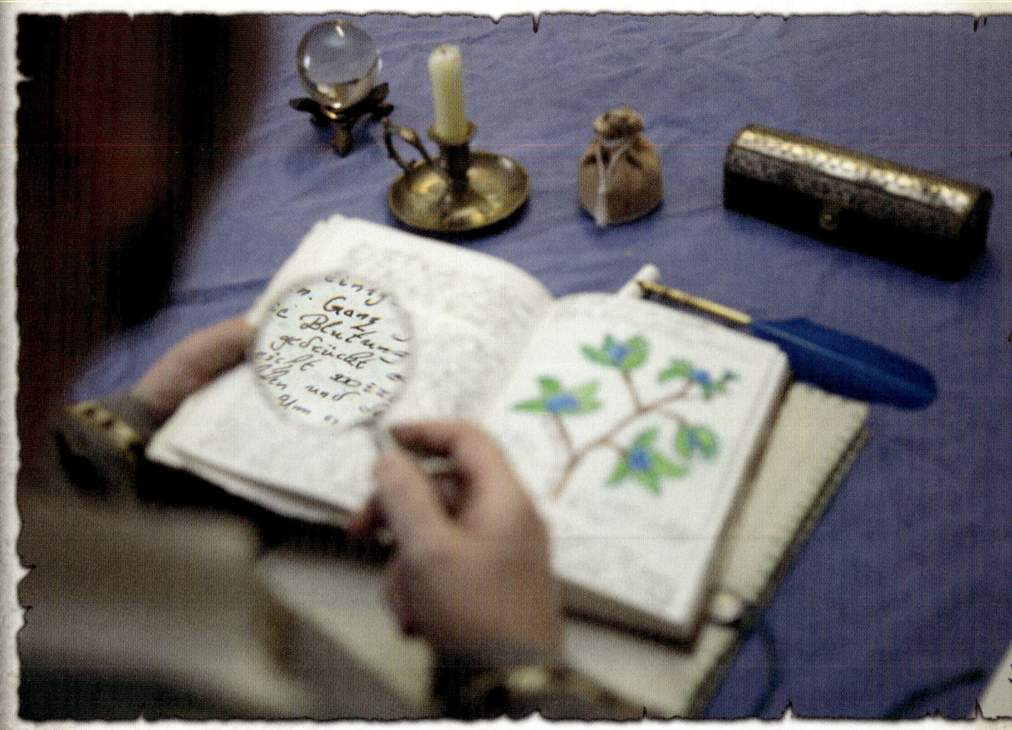

die Übernachtung und das Ausklinken aus dem Alltag entsteht eine sehr dichte Atmosphäre.
Schließlich gibt es auch Großveranstaltungen mit vielen hundert Teilnehmern. Auch hier werden Geschichten erzählt, allerdings gleichen solche Veranstaltungen oft einem Erlebnispark, in dem sich jeder Spieler nach eigenem Geschmack Abenteuer suchen kann. Diese Großcons bieten neben aufwändigen Kulissen und viel buntem Volk ein ganz eigenes Flair, das nur wenig mit den üblichen Wochenendveranstaltungen gemeinsam hat.

Für welche Variante ihr euch auch entscheidet: Im Live-Rollenspiel spielt man für gewöhnlich Abenteuer, die in mancher Hinsicht denen ähneln, die man auch am heimischen Küchentisch beim Pen and Paper-Rollenspiel spielt. Erkundungen, Reisen, Schatzsuchen, Kriege, Intrigen und all die anderen Themen sind auch hier Inhalt und Hintergrund einer von der Spielleitung inszenierten Geschichte. Und auch hier bevölkern Meisterpersonen, im Live-Rollenspiel NSC (**N**icht**s**pieler-**C**haraktere) genannt, das Abenteuer und sorgen für Spiel, Spaß, Spannung und manchmal auch Schokolade.

Taten statt Worte

In einer LARP-Geschichte spielt ihr eure Charaktere nicht allein durch Worte, sondern vor allem durch Taten. Ihr sagt nicht: „Ich rede mit dem Wirt", sondern ihr redet wirklich mit dem Wirt. Ihr sagt nicht: „Ich schleiche mich an", sondern ihr schleicht euch an. Und statt „Ich trinke ein Bier" zu sagen, dürft ihr getrost selber zum Humpen greifen.
Live-Rollenspiel lebt also vom Schauspiel und der Darstellung der eigenen Rolle mit allen Möglichkeiten der menschlichen Ausdruckskraft. Natürlich sind die wenigsten LARPer professionelle Schauspieler, deshalb wird niemand von euch verlangen, dass ihr jedes Mal einen oscarreifen Auftritt hinlegt. Der Wille zählt. Im Vergleich mit Tischrollenspiel gibt es beim Live-Rollenspiel allerdings eine Einschränkung: Eine weite Reise durch ganze Landstriche beispielsweise ist auf einer Con nur mit einem außergewöhnlichen Aufwand an Kulisse oder Vorstellungskraft möglich. Die Stärke von LARP liegt dagegen in der intensiven Momentaufnahme: Es geht nicht um die ganze Reise, sondern um diese eine Übernachtung in der Taverne, wo plötzlich die Soldkasse gestohlen wurde. Es geht nicht um den ganzen Krieg, sondern um die Belagerung dieser einen wichtigen Burg. Das Leben bei Hofe wird nicht über einen großen Zeitraum bespielt, sondern gipfelt und verdichtet sich im großen Hochzeitsball, bei dem Kabale und Liebe kunstvoll miteinander verwoben werden. Das alles nicht einfach nur erzählt, sondern tatsächlich erlebt.
Wichtig ist auch, dass ihr im Live-Rollenspiel prinzipiell nicht nur für euch, sondern auch für andere spielt. Jeder

Spieler erlebt auf einer Con seine ganz eigene Geschichte, die sich zum Teil stark von denen der Mitspieler unterscheiden kann. Diese Perspektive ist wichtig: In deiner eigenen Geschichte spielt ihr zwar die Hauptrolle, in der eines Mitspielers seid ihr aber nur eine Nebenfigur. Dessen solltet ihr euch stets bewusst sein. Aber keine Angst: Wenn jeder für jeden spielt, ist für alle gesorgt und alle spielen miteinander.

Bespiel: Nehmen wir als Beispiel einen Medicus, der sich nach einer Schlacht um eine verletzte Kriegerin kümmert. Der Medicus sollte die Interessen der Kriegerin, demnächst wieder in der Schlacht zu stehen, nicht außer Acht lassen, und sich deshalb eher auf eine einfache, aber schön ausgespielte Wundversorgung beschränken, die Verletzung reinigen und vernähen, vielleicht auch seiner Patientin gut zureden („Das wird jetzt etwas wehtun ...“). Eine siebenstündige Operation mit anschließender mehrtägiger Bettruhe würde der Kriegerin dagegen vermutlich wenig Spaß machen. Und auf keinen Fall sollte er gar mit der Knochensäge unabgesprochen eine Amputation durchführen, die ihren Charakter künftig deutlich eingeschränkt spielbar machen würde – und ja, wir reden hier von einer gespielten Amputation. Eine echte würde noch weit weniger Spaß machen.

Im Gegenzug sollte auch die Kriegerin in ihrer Patientenrolle mitspielen (jammern, stöhnen, den Medicus für seine ruppige Art der Behandlung verfluchen, nach Schnaps verlangen usw.) statt stoisch die Prozedur über sich ergehen zu lassen und im Geiste schon mal die notwendige Zeit zu kalkulieren, bis sie wieder in die Schlacht sprinten darf.

Beide Spieler haben auf diese Weise füreinander (und etwaige Zuschauer) ein kleines Spielerlebnis geschaffen, ohne sich selbst oder den anderen über die Maße einschränken zu müssen.

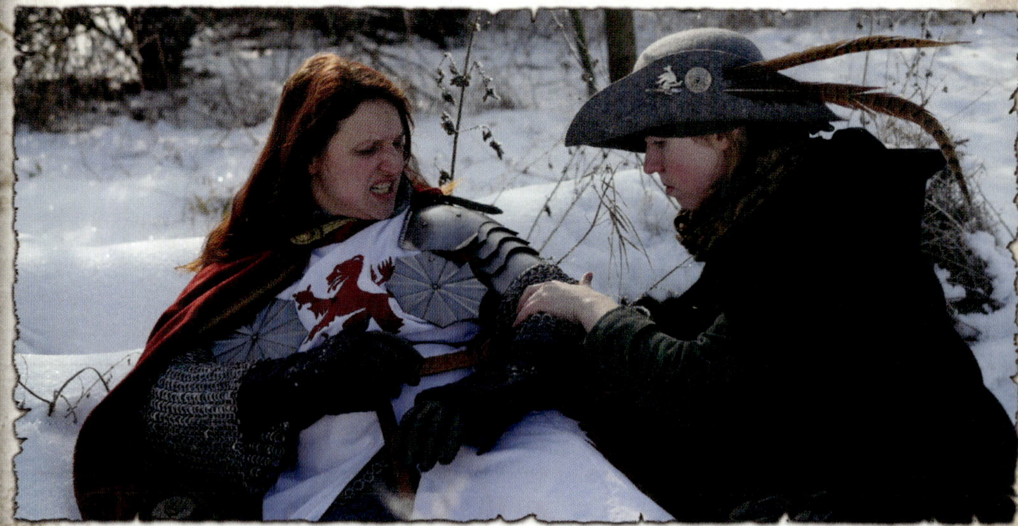

Damit alles mehr oder weniger gerecht zugeht und nicht jedermann seinen Hang zum Größenwahn auslebt, einigt man sich vor jedem Spiel auf ein Regelsystem. Ein solches Regelwerk kann sehr komplex sein, aber auch nur aus ganz einfachen Maximen bestehen, wie etwa „Wenn du angespielt wirst, zeige eine plausible Reaktion". Letztendlich ist es lediglich wichtig, dass alle Spieler sich auf ein gemeinsames System einigen und dieses dann auch befolgt wird. Für DSA-Live-Rollenspiel bietet sich als Regelsystem natürlich dieses Buch an.

Fremde, Feinde, Kameraden

Anders als beim Tischrollenspiel gibt es in der freien Wildbahn nicht nur eine kleine Gruppe handverlesener Abenteurer, sondern viele gleichberechtigte Helden, die in Gruppen oder alleine unterwegs sind. Das kann sehr spannend sein, aber auch zu einigen Problemen führen, zum Beispiel wenn jeder Charakter die alleinige Hauptrolle der Geschichte spielen möchte.

Deshalb ist LARP vor allem ein universelles Miteinander, wobei das nicht bedeutet, dass alle unbedingt am gleichen Strang ziehen müssen. Universell bedeutet hier eher das Zusammenspiel auf einer übergeordneten Ebene. Auch Spieler von im Spiel konkurrierenden Charakteren sollten bei diesem Ansatz immer im Hinterkopf haben, dass es für alle Beteiligten um Spielbereicherung und schöne Erlebnisse geht. Ein Händel, ein Streit oder eine Fehde bedeuten dann eben, mit einem anderen Spieler gemeinsam schöne Spielsituationen zu gestalten, deren Ausdruck der Konflikt ihrer Charaktere ist.

Diese Hintergedanken sind wichtig, weil im Live-Rollenspiel auch gerne mal die Gefühle hoch kochen. Es ist eine Sache, am Küchentisch gesagt zu bekommen, dass der Charakter von Michael auf den Charakter von Mháire (Namen willkürlich gewählt) sauer ist. Vollkommen anders sieht es aus, wenn dich Michael tatsächlich anfaucht, Mháires Schulter vom letzten Angriff schmerzt, sie den ganzen Tag gelaufen ist und sich seit Stunden nur noch ein weiches Kissen unter dem Allerwertesten wünscht. In solchen Momenten kann LARP grausam sein, aber auch emotional tiefgreifendes Rollenspiel bieten.

Besonders schön wird LARP, wenn man ganz bewusst zusammenspielt: Es gibt unzählige Gruppen, Orden, Bruderschaften, Gilden und Fraktionen, deren Spieler sich allein aus dem Grund zusammengefunden haben, gemeinsam in die Höhle zu krabbeln und im Ernstfall von einem Kameraden aus dem Schlamassel gehauen zu werden. Dann schmeckt später der Met (oder Traubensaft) in der Taverne doppelt so gut und man kann sich gegenseitig beim Aufschneiden überbieten.

Es ist aber völlig egal, ob ihr allein, zu zweit oder in einer Gruppe auf ein LARP fahrt. Die Hauptsache ist, euer Charakter bietet genug Möglichkeiten zur Interaktion und anderen Spielern einen Grund euch anzusprechen. Das macht es nämlich bedeutend leichter, ins Spiel zu kommen.

Gewandung

Fürs Live-Rollenspiel braucht man ein Kostüm. Viele sagen Gewandung, aber das ist nur ein kunstvolleres Wort für dieselbe Sache. Ihr braucht also eine Verkleidung, um euren Charakter darzustellen. Zur Gewandung zählen ganz allgemein Kleidung, Rüstung, Waffen, Ausrüstung und Accessoires – also alles, was dein Held so am Leibe trägt.

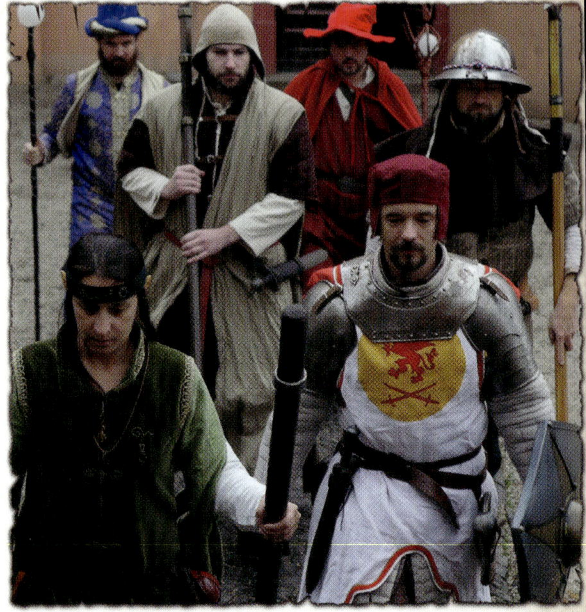

Da LARP ein Hobby ist, das sehr stark die Sinne anspricht, legt man allgemein viel Wert auf Ausstattung. Eigentlich ist es ja auch genau das, was Live-Rollenspiel vom Tischrollenspiel unterscheidet: Ihr müsst euch Alriks schöne Rüstung nicht mehr bloß vorstellen, sondern könnt sie sehen und sogar anfassen (und nachher polieren, weil es Rostflecken wegen der Fettfinger gegeben hat).

Das setzt natürlich voraus, dass man sich diese Sachen auch tatsächlich besorgt. Mittlerweile gibt es glücklicherweise sehr viele Händler, die LARP-Ausrüstung in jeder denkbaren Qualität, Preisklasse und Ausführung anbieten. Viele Spieler stellen ihre Ausrüstung auch selbst her: Es werden dann Kleidungsstücke genäht, Kettenhemden geknüpft oder Polsterwaffen gebaut. Gerade Spieler von aventurischen Geweihten können die nötige Kleidung nach wie vor eher nicht von der Stange kaufen. Auch hier gibt es im Internet zahlreiche Hilfestellungen und Ausrüster, die das passende Material verkaufen können.

Einige LARP-Ausstatter sind offizielle Partner der Aventurien-LARP-Kampagne, darunter Gewandungsschneider wie Zaubernadel, Adel & Volk oder Viando Vilia. Aber auch das Lederlabor, McOnis, Godicon oder die Stempelschmiede. Aventurische Münzen und Alkoholika gibt es zudem im F-Shop oder bei Zauberfeder. Eine genaue Liste aller Anbieter findet ihr auf www.aventurien-kampagne.de.

Warum das alles?

Aber warum spielt man eigentlich LARP? Aus den gleichen Gründen, aus denen man Tischrollenspiel spielt: aus Liebe zum Abenteuer, weil man das Genre mag oder einfach die Gesellschaft netter Menschen schätzt. Beim Live-Rollenspiel kommen allerdings noch ein paar andere Dinge hinzu: zum Beispiel die kreative Arbeit beim Vorbereiten. Das Nähen, Basteln, Schnitzen, Schneidern, Klöppeln oder Zeichnen, das dieses Hobby mit sich bringt, ist für viele LARPer ein wichtiger Teil vom Live-Rollenspiel. Manche Menschen fahren nur auf LARPs, um ihre Ausrüstung spazieren zu tragen und damit sie einen Grund zum Basteln haben. Für andere wiederum sind es der theatralische Aspekt, das Schauspiel und die Improvisation, das Geschichtenerzählen und das Prickeln im Nacken, wenn nachts die Orks angreifen.

Live-Rollenspiel kann auch Selbstverwirklichung sein. Zum Beispiel, indem man seine kreative Ader auslebt oder sich auszudrücken lernt. Oder indem man sich für die Darstellung seines Charakters mit Wissen bildet, das an anderer Stelle im Leben vielleicht nützlich ist. Im Unterschied zum Tischrollenspiel können die Fähigkeiten des LARP-Charakters nämlich tatsächlich auch auf den Spieler abfärben, wenn dieser sie zur besseren Darstellung trainiert. Es gibt tatsächlich Menschen, die heute einen Marathon laufen können, weil sie früher mal einen Waldläufer mit guter Ausdauer spielen wollten. Motivation ist alles.

LARP in Aventurien

Und was ist nun am **Das Schwarze Auge**-Live-Rollenspiel anders als bei anderen Live-Rollenspielen? Auf den ersten Blick unterscheidet es sich kaum von typischen Fantasyvertretern dieses Hobbys. Die Teilnehmer spielen Zauberer, Krieger, Elfen, Zwerge und Priester (auch wenn letztere in Aventurien Geweihte genannt werden) und kämpfen gegen Orks, böse Zauberer und finstere Dämonen.

Entscheidend ist die gut ausgearbeitete, einheitliche Spielwelt als Hintergrund. Die Mitspieler können auf eine gemeinsame oder doch zumindest sehr ähnliche Vorstellung von der bespielten Welt zurückgreifen.

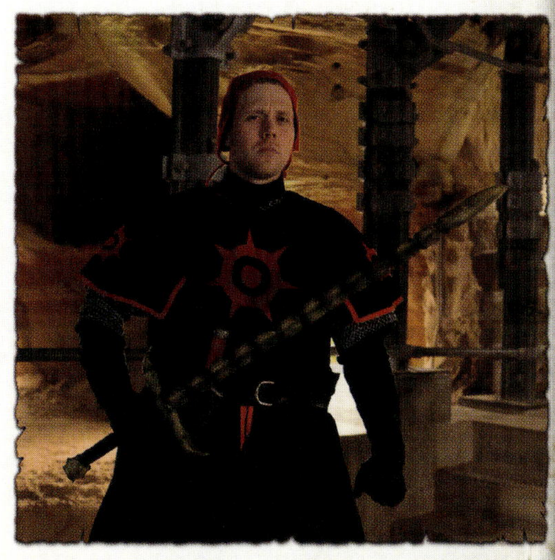

Auf DSA-Cons sollten nur DSA-Spieler zugelassen werden. Keine Leute aus Faerun, Mythodea, von Corellia oder Vulkan, keine Düsterwaldelben oder Space Marines. Jeder weiß, auf was er sich einlässt, was den Fantasygrad und die potentiellen Mitspieler angeht.

Jeder, der sich mit DSA auskennt, wird Geweihte, Magier und Adlige als solche erkennen. Er weiß, dass Diener des Namenlosen und Borbaradianer die großen Feinde sind. Namen, Geschichten, Wappen, die Götter und ihre Aspekte, welche Symbolik ihnen zugeordnet ist – all das ist vertraut. Das erleichtert das Abtauchen in die Spielwelt massiv. Im Idealfall weiß also jeder Mitspieler, was einen Rondrageweihten ausmacht, warum man einen Thorwaler besser nicht mit Walfängergeschichten beeindrucken sollte und wer der böse Dämonenmeister Borbarad ist.

Außerdem fällt es leicht, Themen für In-Time-Unterhaltungen abseits des aktuellen Spiels zu finden. Man kann relativ problemlos von (fiktiven) Orten erzählen, mit denen die Mitspieler trotzdem sofort etwas Bestimmtes verbinden, sei es im Positiven oder Negativen – und wenn es auch nur um Small Talk über die neueste Mode in der Stadt Grangor geht. Viel aventurisches Flair erzeugen außerdem Gespräche über die Geschichte des Kontinents („War dein Vater auch damals bei der Ogerschlacht dabei?") oder die aktuelle Politik am Hofe in Gareth, zumindest wie sie in der neuesten Ausgabe des Aventurischen Boten wiedergegeben wird.

Und schließlich dient der Hintergrund Veranstaltern auch als Inspirationsquelle für die Gestaltung der Handlung. Das Setting eines Spiels kann in bekannten Gegenden Aventuriens angesiedelt sein und damit ein schönes Maß an Lokalkolorit oder vielleicht sogar eine ausführlich beschriebene Lokalgeschichte ins Geschehen einbringen. Außerdem nutzen viele Veranstalter und Spieler das offizielle Artwork, um

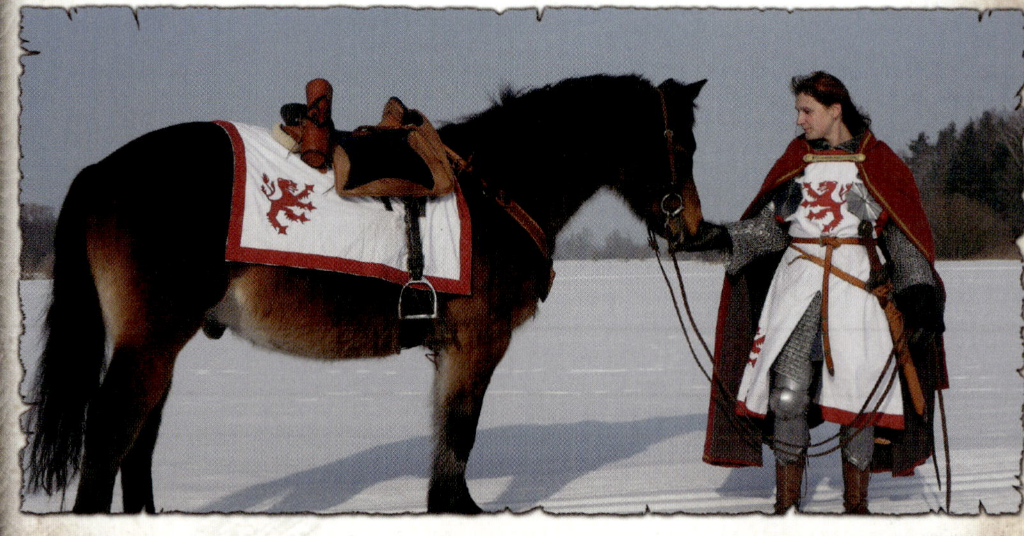

Kostüme oder Requisiten zu gestalten, die für jeden Fan schon auf den ersten Blick „Aventurien!“ schreien.

Je besser alle Mitspieler über den aventurischen Hintergrund Bescheid wissen, desto stärker können die Vorteile einer derart ausgearbeiteten Welt – von politischen Intrigen bis zu Konflikten um Weltanschauungs- und Glaubensfragen – zum Tragen kommen.

Für erfahrene **Das Schwarze Auge**-Spieler ist das sicher kein Problem. Wie sieht es aber mit allen anderen aus? Im Rahmen dieses Regelwerks können wir unmöglich alle Regionen, Lokalhelden und -schurken, Bräuche und Kulturen, Flora und Fauna und schließlich die Götter selbst aufführen. Immerhin hat sich in den 30 Jahren ihres Bestehens einiges in der Spielwelt angesammelt.

Tatsächlich vermitteln wir in diesem Buch nur das allernötigste an Wissen, auch was z. B. die Magieregeln oder den Götterkosmos anbelangt. Denn auch hier existiert ein massiver theoretischer Unterbau, der für Gelehrten-Spieler extrem wichtig sein kann – für die meisten anderen ist er jedoch völlig schnuppe. Und warum sollte sich der Spieler eines einfachen Streuners auch mit dem kosmischen Wissen um die Herkunft der Magietraditionen herumplagen, zumal sein Charakter diese Kenntnisse sowieso nicht logisch nachvollziehbar besitzen kann?

Für mehr Details zu Magie- und Göttertheorie, zur Geschichte und Politik Aventuriens verweisen wir hier also auf das **Regelwerk**, den **Aventurischen Almanach** und die Bände von **Aventurische Magie**. All diese Bücher sind auch als PDF oder Taschenbuch im F-Shop von Ulisses Spiele unter www.f-shop.de zu bekommen.

Ein gut strukturierter, kurzer Überblick zur Spielwelt findet sich außerdem im Online-Lexikon Wikipedia unter dem Eintrag „Aventurien“ (www.de.wikipedia.org/wiki/Aventurien).

Ausführlichere Einblicke gibt es bei Wiki Aventurica, einem DSA-Fanprojekt unter **www.wiki-aventurica.de**.

Kurze Einführungsvideos zur Spielwelt finden sich schließlich auf Orkenspalter-TV (www.youtube.com/lnlfan).

Darüber hinaus ist es sicher ratsam, sich weiteres Hintergrundwissen anzueignen, beispielsweise anhand der zahlreichen Hintergrund- und Regionalbände des Tischrollenspiels. So vermeidet ihr, in peinliche Fettnäpfchen zu treten, wie etwa dem Praiosgeweihten am Nachbartisch von eurer Ausbildung als Schwarzmagier vorzuschwärmen. Insbesondere in der Kultur des Charakters, den ihr darstellen wollt, solltet ihr euch gut auskennen. Und wenn ihr oder ein anderer Spieler doch einmal aufgrund von Out-Time-Unwissenheit oder Missverständnissen Fehler macht? Dann ist das auch kein Drama! Ein paar Hinweise für den richtigen Umgang mit solchen Situationen findet ihr im Abschnitt **Von Fehlern, Logikbrüchen und Besserwissern** (Seite **103**).

Auf der anderen Seite bringt die lebendige Spielwelt Aventuriens natürlich auch Komplikationen mit sich: Im Gegensatz zu fast jeder anderen LARP-Spielwelt ist es für die Orga einer noch so großen Con nicht mal eben möglich, die Kaiserin des Reiches über die Klinge springen oder eine wichtige Stadt in die Hände des Orks fallen zu lassen, sofern das nicht mit der DSA-Redaktion abgesprochen wurde. Und da auf so einer Con selten mehr Spieler eine bestimmte Geschichte erleben würden als in einem entsprechenden Pen and Paper-Abenteuer, würde die Redaktion wohl fast immer ablehnen – zumindest bei diesen heftigen Beispielen. Auch scheinbar kleinere Ereignisse, wie das Auftauchen eines mächtigen Dämons oder die Entführung einer in der Spielwelt gesetzten Adligen, können weite Kreise ziehen und den Plan der Redaktion über den Haufen werden, weswegen sie nicht ohne Weiteres in den DSA-Kanon übertragen werden können.

Die meisten Orgas entwerfen daher Plots, die parallel zum PnP-Geschehen funktionieren. Die nie über eine eng gesteckte Region hinaus relevant werden, keine offiziellen Charaktere aus dem Rollenspieluniversum voraussetzen und sich komplett aus dem Weltgeschehen heraushalten. Wenn hiervon eine Ausnahme gemacht wird, ist das eine Seltenheit, die mit viel Aufwand verbunden ist. Die versuchte Gründung einer neuen Magierakademie in Albernia ist eine solche Ausnahme, hier hat es die LARP-Idee letztlich sogar in die Regionalspielhilfe zur Siebenwindküste geschafft.

Und genau hier setzt die Idee der Aventurien-LARP-Kampagne an: LARP und PnP sollen damit enger verwoben werden, indem das LARP einen eigenen Metaplot bekommt, der dann in bestimmten Publikationen behandelt wird. Mehr dazu auf Seite **117** und auf www.aventurien-kampagne.de.

LARP-Glossar

Abenteuerpunkt (abgekürzt **AP**): Wie auch beim Tischrollenspiel spiegelt sich in zahlreichen LARP-Regelwerken die Erfahrung eines **Charakters** in Erfahrungspunkten wider. Im DSA-Live-Rollenspiel werden sie Abenteuerpunkte genannt. Je mehr Abenteuerpunkte ein Charakter gesammelt hat, desto mehr oder mächtigere Fertigkeiten kann er erlernen. Erfahrungspunkt (EP) ist aber auch hier ein legitimer Begriff.

Charakter: die fiktive Figur, die ein **Teilnehmer** innerhalb der Spielwelt darstellt

Check-in: Beim Check-in wird zu Beginn der **Con** die Anwesenheit eines Teilnehmers registriert und geprüft, ob der Teilnahmebeitrag bezahlt wurde. Gegebenenfalls können hier auch Fragen zum **Charakter** und zu Unterbringung und Verpflegung geklärt werden. Häufig wird die **SL** bei dieser Gelegenheit auch die Sicherheit der **Waffen** überprüfen.

Con: vom englischen Wort „Convention“ abgeleitet. Eine unter Live-Rollenspielern gebräuchliche Bezeichnung für LARP-Veranstaltungen.

Dieben: Wenn **Charaktere** einander im Spiel bestehlen, wird das Dieben genannt (als Abgrenzung zum realen Diebstahl, der natürlich auch eine reale Anzeige zur Folge hätte). Genauere Infos dazu findet ihr im Kapitel **Diebesspiel** (Seite **59**).

DKWDDK: eine regelfreie Version des LARPs: **D**u **k**annst, **w**as **d**u **d**arstellen **k**annst

Gewandung: Viele LARPer nennen ihr Kostüm liebevoll Gewandung.

Hintergrundgeschichte: Es ist üblich, sich zu seinem **Charakter** eine kleine Hintergrundgeschichte auszudenken. Er sollte eine Vergangenheit haben, aber auch Pläne für die Zukunft. Diese Geschichte hilft dabei, sich in die Spielfigur hineinzudenken.

In-fight: Körperkontakt (also Festhalten, Raufen etc.) im LARP-Kampf wird häufig als In-fight bezeichnet. So etwas ist im LARP-Kampf meist nicht erlaubt. Ausnahmen müssen mit den Teilnehmern und der **Spielleitung** abgesprochen werden. Genauere Infos dazu findest du im Abschnitt **Kampf** (Seite **42**).

In-Time (abgekürzt **IT**)**:** wird im LARP als Begriff für „innerhalb des Spiels" bzw. „im Spiel befindlich" verwende, siehe auch **Out-Time**

LARP: Abkürzung für Live-Rollenspiel (von engl. **L**ive **A**ction **R**ole**p**lay)

Location: Veranstaltungsort, an dem eine **Con** stattfindet

Metagaming: bezeichnet den Einsatz von Informationen von außerhalb des Spiels, um selbiges von innen zu verändern oder zu beeinflussen. Der Begriff kann im negativen oder positiven Kontext verwendet werden.

Nicht-Spieler-Charakter (abgekürzt **NSC**)**:** wird in zweierlei Bedeutung verwendet. Zum einen als Bezeichnung für eine bestimmte Kategorie von Teilnehmern, welche die **SL** bei der Durchführung der **Con** unterstützen, zum anderen als Sammelbegriff für die **Charaktere**, die diese Teilnehmer darstellen. Das sind meist Rollen, die für den **Plot** wichtig sind, oder Figuren, mit denen die **SCs** in Kämpfe verwickelt werden sollen.

Orga: Abkürzung für Organisations-Team. Die Orga ist für die Vorbereitung der **Con** sowie für Out-Time-Logistik (z. B. Verpflegung, Kontakte mit dem Location-Betreiber) zuständig. Oft gibt es Überschneidungen mit der **SL**, bzw. ist diese mit der Orga sogar identisch.

Out-Time (abgekürzt **OT**)**:** wird im LARP als Begriff für „außerhalb des Spiels", bzw. „nicht im Spiel befindlich" verwendet, siehe auch **In-Time**

Plot: die Spielhandlung einer **Con**. Meist gibt es einen großen Hauptplot, der sich wie ein roter Faden durch das Spiel zieht (es droht z. B. mal wieder ein finsterer Dämon durch ein magisches Portal zu treten und muss daran gehindert werden). Dazu kommen häufig weitere kleinere Nebenplots (z. B. ein rätselhafter Diebstahl innerhalb einer Dorfgemeinschaft, der aufgeklärt werden muss), die mit dem Hauptplot möglicherweise nur locker oder gar nicht verknüpft sind.

Plotbunkern: die verpönte Tätigkeit, die Plot-Informationen und -Gegenstände auf einer Con an sich zu reißen und sie mit keinem oder nur sehr wenigen der anderen Spieler zu teilen

Spieler-Charakter (abgekürzt **SC**)**:** wird in zweierlei Bedeutung verwendet. Zum einen als Bezeichnung für eine bestimmte Kategorie von

Con-Teilnehmern, welche unabhängig von Vorgaben der **SL** frei im Spiel agieren können, zum anderen als Sammelbegriff für die meist selbst gewählten **Charaktere**, die diese Teilnehmer darstellen.

Spielleitung (abgekürzt **SL**): Spielleiter fungieren als Ansprechpartner und Schiedsrichter während des Spiels. Unter anderem koordinieren sie die**NSCs**, den Ablauf des **Plots** und beantworten Fragen zu Regeln. Einige Spielhandlungen (z. B. Rituale oder **Dieben**) sollten mit der Spielleitung abgestimmt werden.

Waffen: Wenn im LARP von Waffen die Rede ist, handelt es sich immer um (relativ) ungefährliche Waffenimitationen zur Kampfsimulation. LARP-Waffen (auch Polster- oder Latexwaffen) bestehen in der Regel aus einem Glasfaserstab, Schaumstoff und Latex.

Telling: eine oft verpönte Methode, im LARP Dinge darzustellen, die einfach nicht darstellbar sind. Bestes Beispiel: „Ich erschaffe hier eine magische Barriere“, „die Erde bebt“ oder „Ich verwandle mich in einen Drachen.“

Time-Out-Befehle

In manchen Situationen ist es notwendig, das Spiel kurz zu unterbrechen, z. B. aus spieltechnischen Gründen oder aufgrund einer Gefahrensituation. Folgende Befehle (oder leichte Abwandlungen) werden auf vielen Veranstaltungen verwendet:

Sanitäter: Der Ruf nach realer medizinischer Hilfe, der nur im (realen) **Out-Time**-Notfall verwendet werden darf. In-Time ruft man zur Abgrenzung nach dem Heiler.

Stopp!: Ein Unterbrechungsruf für (reale!) Gefahrensituation. Wenn ein Mitspieler – egal wer und in welcher Spielsituation – „Stopp!“ ruft, wird das Spiel sofort und für alle in Hörweite unterbrochen, bis die Situation geklärt ist. Jeder **SC** und **NSC** verbleibt dort, wo er sich gerade aufhält. Wird meist mit dem Ausruf „Weiter!“ aufgehoben. Der Befehl „Weiter!“ sollte dabei bevorzugt von demjenigen ausgesprochen werden, der die Gefahr bemerkt und deswegen auch „Stopp!“ gerufen hat. Alternativ kann dies natürlich auch durch einen **SL** erfolgen.

Time-Freeze: Eine Unterbrechung durch die **SL**, meist aus spieltechnischen Gründen. Häufig wird erwartet, dass die Spieler während eines Time-Freeze die Augen schließen und vor sich hin summen, z. B. damit sich **NSCs** unbemerkt positionieren können.

Time-In: Das Spiel beginnt. Wird bisweilen auch zur Wiederaufnahme des Spieles nach einer Spielunterbrechung verwendet.

Time-Out: Das Spiel endet. Wird bisweilen auch alternativ zu **Stopp!** verwendet.

DSA-LARP vs. Tischrollenspiel

Kampf

LARP-Kampf funktioniert gänzlich anders als der Kampf beim Tisch- oder Computerrollenspiel. Auseinandersetzungen zwischen Helden und Monstern werden – unter Berücksichtigung einiger Sicherheitsregeln – wirklich ausgetragen. Dabei kommen spezielle LARP-Waffen zum Einsatz, mit denen die Gegner getroffen werden müssen.

Eine Kampfrunde, in der am Tisch genug Zeit ist, um mehrere Würfelwürfe durchzuführen und deren Ergebnisse miteinander zu vergleichen, dauert im LARP nur weniger Sekunden. Eine weitere Erschwernis: Alle für den Kampf wichtigen Charakterwerte, also Lebens- und Astralenergie, Magieresistenz und Rüstungsschutz, müssen parat gehalten und selbstständig angepasst werden. Es gibt keine übergeordnete Instanz, welche die Treffer wertet. Jeder Kampfteilnehmer, egal ob Held oder Monsterdarsteller, muss also seine Treffer selbst zählen und die entsprechenden Wunden ausspielen. Komplexe Simulationen mit Initiative, Kampfrunden, Attacke- und Paradewerten und einem variablen Waffenschaden sind deshalb nicht praktikabel.

Wie genau Kampfdarstellungen funktionieren, ist im Abschnitt **Kampf** (Seite **42**) zu finden.

Magie und göttliches Wirken

Am Tisch reichen Würfelproben aus, um sich vor seinen Feinden unsichtbar zu machen, ihnen einen Feuerball auf den (Schwarz-)Pelz zu brennen oder gar ein göttliches Eingreifen hervorzurufen. Im LARP ist die Umsetzung von Zaubersprüchen und Ritualen bzw. Liturgien und Mirakeln naturgemäß etwas schwieriger. Um trotzdem das Spiel mit derartigen Kräften zu ermöglichen, wurden die Vorlagen an die LARP-Gegebenheiten angepasst und stark vereinfacht. Was sich umsetzen lässt (und was nicht) und wie genau es funktioniert, wird in den Kapiteln **Wie von Zauberhand – Die Magieregeln** (Seite **70**) und **Götter und Geweihte** (Seite **76**) erläutert.

Eigenschaften

Mut, Klugheit, Intuition, Charisma, Fingerfertigkeit, Gewandtheit, Konstitution, Körperkraft – beim Tisch- und Computerrollenspiel skizzieren solche Eigenschaften wesentlich den Charakter. Sie bilden die Basis für zahlreiche Würfelproben und bestimmen, welche Profession ein Held ergreifen kann. Beim LARP dagegen gibt es keine abstrakten Werte für diese Eigenschaften, sie haben keine regeltechnische Relevanz. Die typischen Aufgaben des Heldenlebens werden nicht durch Würfelproben gelöst, sondern müssen ganz real angegangen werden. Ist also beispielsweise ein Rätsel zu knacken, nützt den beteiligten Helden kein noch so hoher Wert in der Eigenschaft Klugheit – sie müssen sich so lange den Kopf zerbrechen, bis sie die Lösung haben.

Fertigkeiten und Fähigkeiten

Die meisten Talente des Tischrollenspiels haben im LARP keine Relevanz, da Regeln und Werte für sie das Spiel nur behindern würden. So würden etwa die meisten Kampf-Sonderfertigkeiten dem LARP-Kampf die Dynamik rauben oder die Atmosphäre zerstören.

Während ihr am Tisch also zum Beispiel das Talent *Kochen* einsetzen könntet, müsst ihr im LARP ganz real eine Mahlzeit zubereiten. Wenn ihr schwimmen wollt, dann schwimmt. Genauso, wie euer Held es eben auch machen würde. Das bedeutet natürlich auch: Wenn euch beim Mischen immer die Karten aus der Hand fallen, solltet ihr vielleicht keinen Boltanprofi darstellen.

Die Anzahl der im LARP relevanten Talente ist entsprechend überschaubar. Sie werden im Kapitel **Die Liste der Talente** (Seite **81**) erläutert. Zu Talenten zählen in diesem Regelwerk der Einfachheit halber auch Eigenschaften der Charaktere, die sonst als Vorteile oder Sonderfertigkeiten behandelt werden würden.

Rang und Namen: der Sozialstatus

Es gibt in diesem Regelwerk keinen echten Wert für Sozialstatus. Trotzdem hat jeder Charakter natürlich einen. Ein Magier wird anders behandelt als ein heruntergekommener Streuner. Lediglich besonders hoch gestellte Adelige oder reiche Kaufleute müssen diese Vorteile über den Kauf eines entsprechenden Talents erwerben. So oder so: Es ist so etwas wie eine spielerische Herausforderung für euch, gerade wenn ihr einen Helden mit hohem Sozialstatus verkörpert. Andere Teilnehmer können euren Status nur anhand eures Auftretens erahnen. Ein Out-Time-Hinweis im Sinne von beispielsweise „Du musst dich gefälligst untertäniger verhalten, mein Charakter ist adlig!“ kommt nicht gut an. Eine solche Ansage lässt sich zwar In-Time verkleiden („Was fällt dir ein Bursche, siehst du nicht, wen du vor dir hast?“), aber eigentlich ist auch das nur ein Eingeständnis, dass man zumindest in dieser Situation an der Darstellung gescheitert ist (oder ein sehr ignorantes Gegenüber vor sich hat). Spielt ihr einen Ritter oder gar Baron, liegt es nämlich an euch, herrschaftlicher aufzutreten als ein Handwerker oder gar Streuner, damit andere Spieler euren Stand wahrnehmen und euch entsprechend standesgemäß behandeln können. Spätestens bei einem Baron wäre ein Gefolge aber ohnehin Pflicht, das den hohen Herrn ankündigt.

Inhaltliche Unterschiede

Während in vielen Kaufabenteuern die Welt gerettet wird, sind LARP-Plots meist regional beschränkt und es geht um kleinere Geschichten. Oft wird in den zwei Tagen Spielzeit räumlich und zeitlich verdichtet, was sonst in einem kompletten Jahr passieren würde, wie zum Beispiel beim Spiel an einer Magierakademie oder einer Hofhaltungs-Con. Reise-Cons zeigen meist nur einen kleinen Ausschnitt einer Reise (und die Spieler sind sich dann oft darüber im Klaren, dass wenn ihr Ziel die Hauptstadt Gareth ist, sie dort wohl aus Budgetgründen nicht mehr ankommen werden).

Natürlich gibt es auch im LARP epische Kampagnen, die sich über viele Jahre und Schauplätze erstrecken, diese sind jedoch oft sehr aufwändig und für die Orgas riskant. Und auch hier werden den Charakteren selten Orkarmeen von mehr als 30 Mann Größe, Drachen oder Kaiser begegnen.

Charakterliche Unterschiede

Dafür gibt es, anders als am Spieltisch, aber nicht nur 3-6 Helden, sondern im Schnitt 40-60 SCs. Auch diese sind meist bodenständiger als die Superhelden der Pen and Paper-Welt. Das erlaubt eine breitere Auffächerung an Spezialisten. Während ein PnP-Held im Grunde fast alles können muss, was ein Magier, Geweihter, Krieger oder Streuner eben so kann, darf sich ein LARP-Charakter auch mal nur auf magische Analysen oder das Heilen von Giften spezialisieren. Die restliche Arbeit übernehmen andere. Wichtig ist das Gemeinschaftsspiel, bei dem sich alle gegenseitig ergänzen.

Eine Spielgruppe mit 60 Leuten?

Letztlich spielt man aber immer noch plötzlich mit 60 oder mehr anderen Leuten eine große Runde DSA. Und das kann zu Diskrepanzen führen, denn fast jeder hat eine andere Vorstellung und ein anderes Bild von Aventurien. Manche sind auf einem bestimmten Wissenstand stehengeblieben und reden von längst vergangenen Zeiten, andere halten Aventurien für ein großes Dämonen-Gore-Fest, wieder andere hängen sich an den sexuellen Anspielungen aus der Frühzeit des Systems auf. Jemand behauptet, dieser und jener Zauber sei unmöglich, da er in DSA3 eben noch nicht vorkam.

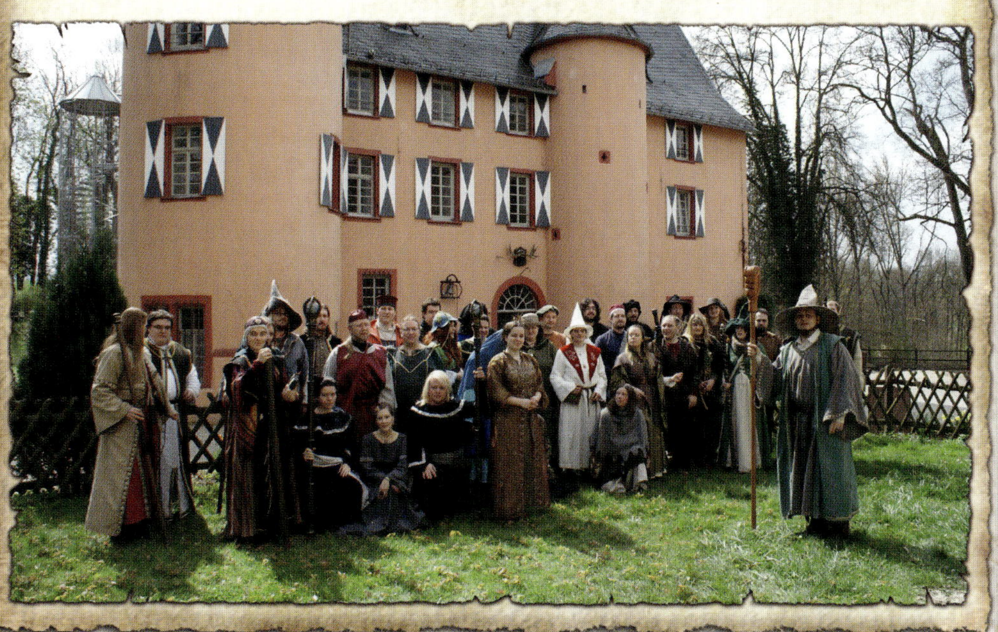

Da hilft nur eins: Toleranz, Ignorieren und im besten Fall irgendeine Art von In-Time-Ausrede finden, warum das Gegenüber das jetzt eben so sieht und nicht anders.

Lebendige Geschichte

Der DSA-Metaplot wird in Kaufabenteuern und im **Aventurischen Boten** erzählt. Er hatte bisher natürlich auch massiv Einfluss aufs LARP: Mit der Invasion der Verdammten wurde Schwarztobrien als Schlachten-Con-Gebiet erschlossen und mit dem Ende des Krieges lassen solche Cons nach. Nach wie vor ist aber die Zahl an Dämonen auf DSA-LARPs höher als vorher. Wenn die Orks mal wieder im Mittelreich einfallen sollten, wird auch das Thema auf diversen Veranstaltungen sein – und momentan verändert sich der Sternenhimmel über Aventurien, was auch im Live-Rollenspiel als Aufhänger für zahlreiche Plots genutzt wird. Jede Con sollte daher mit einem IT-Datum versehen werden, damit die Spieler wissen, wie sie diese in ihrer persönlichen Kampagne einordnen können (die ihrer LARP-Charaktere, mit ihren PnP-Charakteren sollten sie niemals aufs LARP gehen, die Diskrepanz ist zu hoch). Viele Spieler legen hier auch Wert darauf, dass diese Cons sich logisch und realistisch in ihre Charaktergeschichte einfügen. Wenn die Daten zweier Cons in Thorwal und Perricum zeitlich zu nah beieinanderliegen, schließen es einige Spieler sogar komplett aus, beide Cons zu besuchen. So weit muss man aber natürlich nicht immer gehen.

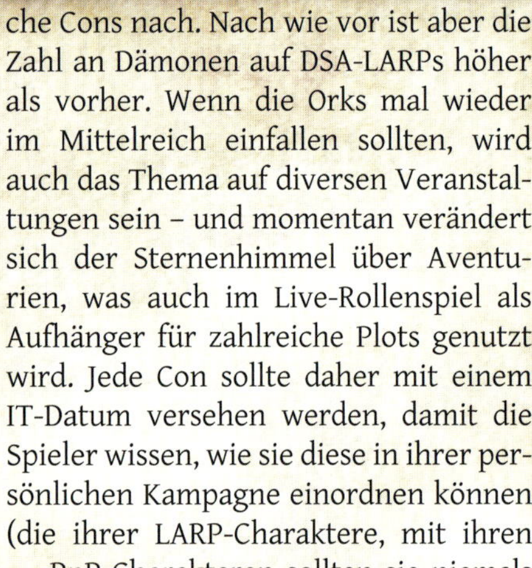

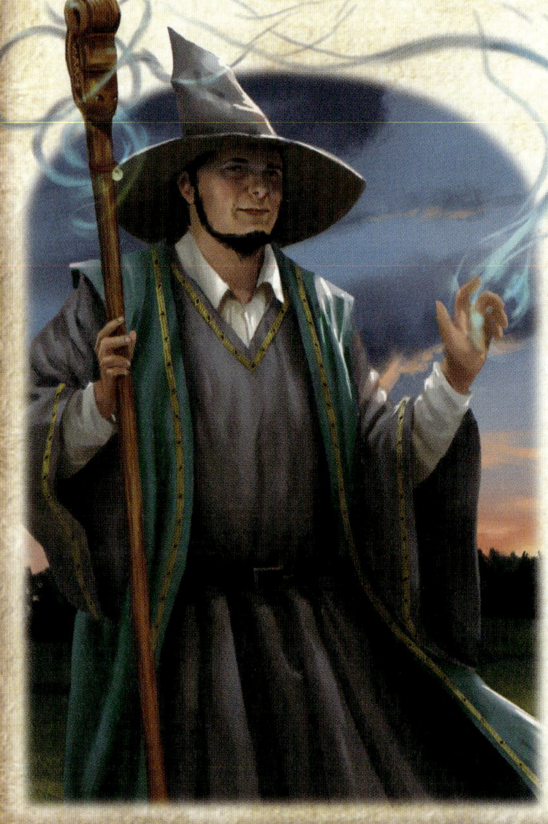

Bisher haben sich die Geschehnisse auf LARPs hauptsächlich in einigen Artikeln im **Aventurischen Boten** in der Spielwelt niedergeschlagen. Zudem wurden die Ergebnisse unserer Magierakademie-Bestrebungen im Band um die Siebenwindküste kanonisiert. Mit der neuen Aventurien-LARP-Kampagne könnten sich in Zukunft weitere Möglichkeiten für Überschneidungen bieten.

Eine Frage des Charakters – Das Heldenkonzept

Bevor ihr euch in ein LARP-Abenteuer stürzen könnt, braucht ihr natürlich ein Alter Ego: Wie im **Das Schwarze Auge**-Tischrollenspiel schlüpft ihr in die Rolle eines selbst ausgedachten Helden, den ihr als Charakter im Spiel darstellt. Möglicherweise habt ihr sogar schon einen Lieblingscharakter, den ihr unbedingt auch einmal live ausprobieren möchtet. Nur zu! In diesem Kapitel finden sich alle Richtlinien, um aventurische Archetypen von der Horasischen Magierin bis zum Andergaster Ritter LARPgerecht umzusetzen. Dabei soll das Gefühl, **Das Schwarze Auge** zu spielen, ins LARP transportiert werden. Ziel ist also nicht eine möglichst realistische Simulation von mittelalterlichem Leben, ergänzt mit etwas Magie, sondern ein Spiel mit seinen bekannten Besonderheiten, umgesetzt als Live- Rollenspiel.

Keine PnP-Charaktere im LARP
Wichtig: Auch wenn ihr einen Charakter aus dem Pen and Paper fürs LARP übernehmt – vermeidet es unbedingt, wirklich denselben Charakter zu spielen, sondern übernehmt nur das Konzept. Alles, was ein Charakter im PnP-Aventurien erlebt hat, sollte auch dort bleiben. Wenn ein Held am LARP-Lagerfeuer von seinen Heldentaten während der Schlacht in den Wolken erzählt, zerstört das die Immersion der anderen Mitspieler, in deren Aventurien ganz andere Helden die exakt gleichen Kaufabenteuer erlebt haben können. Im schlimmsten Fall spoilert es sie für diese Geschichten, die sie noch am Spieltisch erleben wollen.
Nicht minder schlimm ist es, das Out-Time-Wissen eines Pen and Paper-Helden auf einen neuen LARP-Charakter zu übertragen. Selbst wenn ihr mit eurem Charakter die Borbarad-Kampagne gespielt habt und alle möglichen kosmischen Geheimnisse kennt: Euer LARP-Charakter kennt sie auf keinen Fall!

Das Charakterkonzept

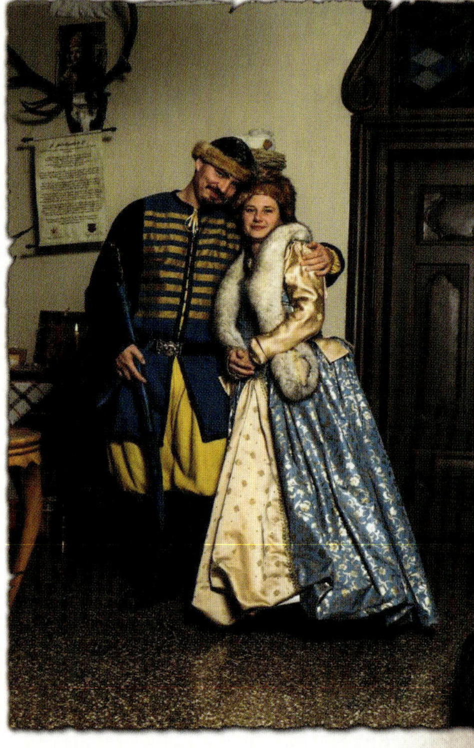

Wenn ihr euch schon länger mit Aventurien beschäftigt, dann werden euch bestimmt schnell einige Heldenrollen einfallen, die ihr gerne mal ein Wochenende verkörpern möchtet. Dabei ist es sinnvoll, einen groben Umriss der geplanten Spielfigur zu erstellen und niederzuschreiben. In diesem Konzept könnt ihr zum Beispiel festhalten, wie der Charakter heißen soll, woher er kommt, was er in seinem Leben schon erlebt und welche Ziele er hat. Auch bestimmte hervorstechende Eigenschaften oder Eigenarten könnt ihr darin skizzieren. Lasst euch ruhig vom reichhaltigen Material, das euch durch das **Das Schwarze Auge**-Rollenspiel zur Verfügung steht, inspirieren.

Schließlich solltet ihr euch auch Gedanken über die Darstellung des Charakters machen, das heißt über Kostüm und Ausrüstung, aber auch über das Auftreten gegenüber anderen im Spiel. Ein solches Heldenkonzept kann beliebig umfangreich sein, häufig reichen aber schon ein paar Zeilen, mit denen ihr eure Ideen in Worte fasst. Viele Spielleitungen legen Wert darauf, im Vorfeld ihres Spiels von den Teilnehmern ein solches Charakterkonzept zu erhalten, um sich auf die Charaktere einstellen zu können. Wichtig ist, dass ihr ihnen dann keinen Roman schickt, denn den werden die meisten SLs aus Zeitgründen schlicht nicht lesen.

Wenn ihr bereits ein Bild eures Lieblingshelden im Kopf habt, solltet ihr euch kritisch fragen, ob euch eine glaubhafte LARP-Umsetzung gelingen kann. Beim Tischrollenspiel reicht es aus, eine entsprechende Eintragung auf dem Heldendokument zu machen. Im LARP setzt uns der Eindruck, den wir bei unseren Mitspielern hinterlassen, Grenzen. So wird zum Beispiel niemand, der zwei Meter groß ist, auf den ersten Blick für einen Zwerg gehalten und deswegen wohl eher mit einem Thorwaler verwechselt werden. Genauso bedarf es für einen Mann zumindest einigen kostümtechnischen Aufwands und eines ordentlichen Make-ups, um halbwegs als Amazone durchzugehen und nicht mit einem wandernden Schauspieler oder Komödianten verwechselt zu werden.

Achtet bei der Charakterwahl auf:

- Passt euer Körperbau zu der Rasse, die ihr spielen wollt?
- Passt euer Alter zu dem des Charakters?
- Passen eure realen Fähigkeiten zu denen des Charakteres?
- Reicht euer Wissen über Aventurien aus, um einen gelehrten oder adligen Charakter zu spielen?
- Ist das Konzept keines der hier aufgeführten unbeliebten Charakterkonzepte?
- Übertragt keinen Helden aus dem Pen and Paper ins LARP!

Unbeliebte Charakterkonzepte

Die folgenden Konzepte sind inzwischen so abgedroschen oder tragen schlicht ein großes Potenzial in sich, andere Spieler zu nerven, dass wir von ihnen abraten möchten:

- Schelme: Viele Schelme gehen ihren Mitspielern durch ihre Zauber auf die Nerven und werden daher von diesen meist gemieden. Wir haben allerdings auch schon hervorragend ausgespielte und liebenswerte Schelme erlebt.
- versoffene Thorwaler (oder andere Barbaren): Charaktere, die nur in der Taverne abhängen, um sich (im schlimmsten Fall OT) zu betrinken und die anderen Spieler aggressiv anzupöbeln.
- Super-Ninja: Meuchelmörder, die meistens aus Maraskan kommen und gern andere SCs um die Ecke bringen.
- Super-Meisterdieb: Ähnlich wie der Ninja, nur klaut er alles, was nicht niet- und nagelfest ist. Wird meistens nicht wieder eingeladen.
- Inquisitor/Bannstrahler: Nur wenige Menschen können einen glaubhaften Inquisitor darstellen. Viele Vertreter hatten zudem den Drang, den Plot an sich zu reißen und mit ihren Sonnenzeptern draufzuhauen, bis er kaputt war. Es gibt rühmliche Ausnahmen.
- angemalte Mohas: aus naheliegenden Gründen. Funktioniert nur, wenn es subtil ist.
- Halbelfen-Rondrageweihte, die früher mal Streuner waren: Niemand mag Allrounder und der Vorwurf des Powergamings ist nicht weit.

Allerdings: Wie es im Tischrollenspiel Hausregeln und Spielstile gibt, so gibt es auch im Live-Rollenspiel von Gruppe zu Gruppe unterschiedliche Ansprüche an die Darstellung der Helden und Meisterpersonen. Wenn ihr zum ersten Mal in einem neuen Spielumfeld mitmacht, erkundigt euch einfach frühzeitig bei den Veranstaltern über den gewünschten Spielstil. Sie werden euch sicherlich mit Rat zur Darstellung zur Seite stehen.

Andere wichtige Faktoren sind Alter und reales Können: Wenn ihr gerade erst mit der Schule fertig seid, solltet ihr keinen erfahrenen Charakter spielen, und wenn ihr um die 40 seid, eben keinen kompletten Jungspund. Jemand, der die Wildnis scheut, sollte kein Waldläufer werden, jemand, der noch nie ein Schwert in der Hand gehabt hat (egal ob Metall, Holz oder Schaumstoff), keinen Krieger spielen, und einer, der bei DSA immer die „langweiligen Magietheorieteile" überblättert, keinen Magier.

Genauso sollte jemand, der sich nie mit aventurischem Recht befasst hat, keinen Adligen oder Praiosgeweihten spielen, und jemand, dem seine Freunde „die menschliche Wärme eines Haifischs" attestieren, keinen Traviapriester.

Natürlich sind Kompromisse und Abstriche nötig. Ein Traum wäre natürlich, wenn alle Mitspieler den zahlreichen Illustrationen aus dem Tischrollenspielbüchern gleichen, damit jeder auf den ersten Blick erkennt, was dargestellt wird. In der Realität wird sich allerdings nur eine grobe Annäherung erreichen lassen. Trotzdem solltet ihr zumindest im Hinterkopf behalten, dass sich die Mitspieler von euch eine möglichst überzeugende visuelle Verkörperung eures Helden wünschen.

Unabhängig von dem, was eure Mitspieler erwarten, solltest ihr euch aber auch selbst fragen, was ihr eigentlich im LARP erleben wollt und ob euer Lieblingscharakter zu diesen Spielzielen passt. Könnt ihr das Konzept über eine gesamte Veranstaltung glaubhaft durchhalten? Bietet es genug Möglichkeiten zum Spiel und zur Interaktion? Seit euch hier selbst gegenüber ehrlich. Wenn ihr diese Fragen nicht mit Ja beantworten könnt, solltet ihr euch noch einmal Gedanken über das Charakterkonzept machen und die Grundidee vielleicht noch etwas überarbeiten. Und schließlich solltet ihr auch berücksichtigen, ob ihr euren Charakter angemessen ausstatten könnt. Viele einfache Konzepte lassen sich ohne viel Aufwand umsetzen. Wer eine mittelländische Kundschafterin oder Streunerin spielen möchte, hat schnell ein schönes und glaubwürdiges Kostüm beisammen. Anders sieht es aus, wenn ihr etwas Besonderes darstellen wollt. Wer einen reichen Kaufmann, einen Edelmann oder auch einen Ritter darstellen möchte, dem wird im Allgemeinen mehr Mühe abverlangt. Das Kostüm eines wohlhabenden oder adligen Helden beispielsweise sollte bereits auf den ersten Blick dessen Status repräsentieren. Ein Ritter wiederum sollte über eine glaubhafte Ritterausrüstung verfügen. Auch die Darstellung nichtmenschlicher Rassen ist immer etwas aufwendiger als die eines Menschen. Geweihte schließlich sind die Königsdisziplin im DSA-LARP.

Der Name

Bei der Auswahl des Namens ist es ratsam darauf zu achten, dass andere Spieler ihn sich merken und ihn leicht aussprechen können. Zumindest der Vorname oder ein möglicher Rufname sollte kurz und prägnant sein. Bekannte Namen aus der aventurischen Geschichte, aber auch aus Literatur und Film solltet ihr dabei vermeiden. Wer sich nach Nahema, Rohal, Jack Sparrow oder ähnlichen Helden nennt, beweist wenig Einfallsreichtum. Solche geklauten Namen wirken auf die Mitspieler vermutlich albern. Eine große Auswahl typischer aventurischer Namen findet ihr im Band **Aventurische Namen**.

Die Hintergrundgeschichte

Im Live-Rollenspiel ist es üblich, sich zu seinem Helden eine kleine Hintergrundgeschichte auszudenken. Er sollte eine Vergangenheit haben, aber auch Pläne für die Zukunft. Diese Geschichte muss (und sollte!) kein Roman sein, aber kommt es zu Fragen zu eurem Woher und Wohin, sollte man eine Antwort wissen. Sie hilft euch auch dabei, euch besser in die Spielfigur hineindenken zu können.

Folgende Fragen könnten als Anregung dienen:

- Woher kommt der Charakter?
- Wohin will er?
- Wer sind oder waren seine Eltern?
- Wie sahen die Orks oder Borbaradianer aus, die sie erschlagen haben? (Ja, das ist Sarkasmus.)
- Welchen Beruf übt er aus, oder wovon lebt er sonst?
- Was hat er zuletzt gemacht?
- An welche Götter glaubt er besonders?
- Wie religiös ist er generell?
- Wie tickt er moralisch? Was ist für ihn richtig oder falsch?
- Wie steht er zum Töten und zum Tod?
- Welche Zukunftspläne hat er?

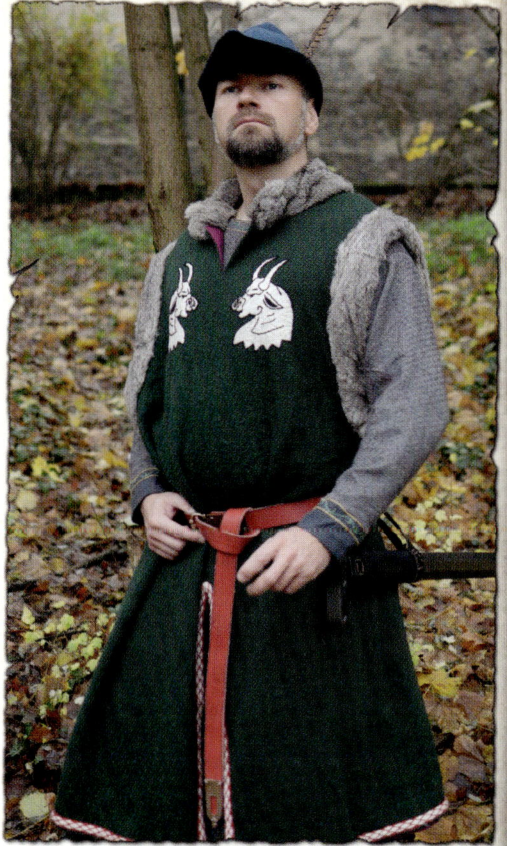

Das Equipment

Ein Charakter darf durchaus schon vor der ersten Con einkaufen gewesen sein, um sich typisch aventurische Abenteurer-Ausrüstung, Waffen und Rüstungen zu kaufen. Dabei gibt es eigentlich kaum Beschränkungen, solange euer Geldbeutel das hergibt. Nur auf Folgendes solltet ihr achten:
Der Charakter muss diese Gegenstände auch sinnvoll nutzen können, also bei der Verwendung des Punktesystems die entsprechenden Waffen- und Rüstungstalente besitzen (nur Standardwaffen wie ein Einhand-Schwert oder ein Kampfstab eines Magiers kosten

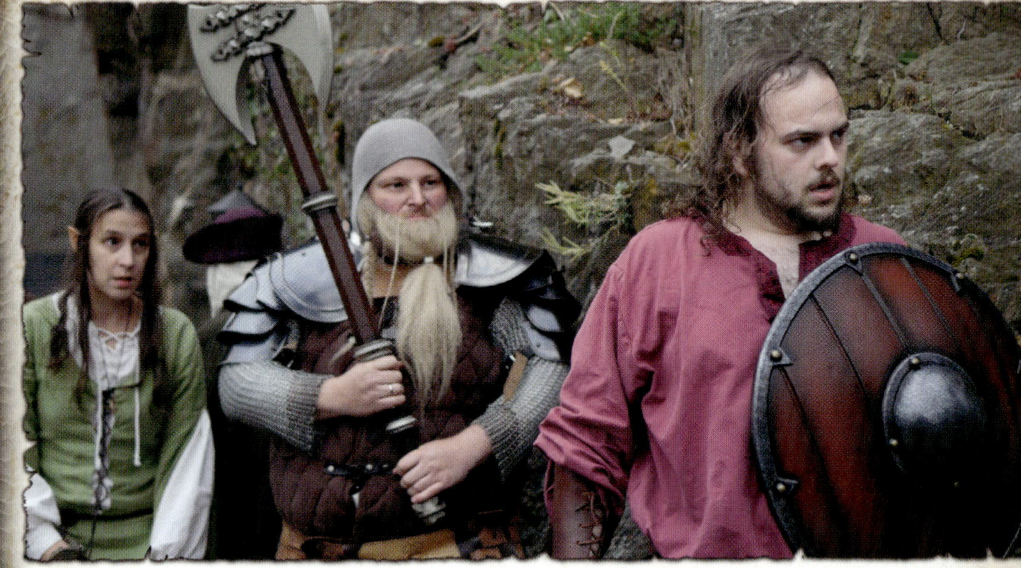

keine Punkte), und es sollte zum Konzept des Charakters passen.
Exotischere Gegenstände, also alles, was magisch, vergiftet oder geweiht sein soll, müsst ihr ohnehin meist vorher mit der SL absprechen.

Helden mit Ecken und Kanten

Einen Charakter ohne Makel zu spielen, mag im ersten Moment reizvoll wirken – die eine oder andere schlechte Eigenschaft kann ihm allerdings Tiefe verleihen und interessante Ansätze für das Spiel geben. Das können Ängste oder gar ausgewachsene Phobien vor allem Möglichen und Unmöglichen sein, aber auch einfach Charaktereigenschaften, die ihm Zwänge auferlegen. Als Inspiration mögen die klassischen DSA-Nachteile dienen. Eine Zwergin könnte etwa von notorischer Goldgier befallen sein, sodass sie im Angesicht glitzernder Schätze jede Gefahr außer Acht lässt. Andere Möglichkeiten wären beispielsweise Neid oder Rachsucht, ein schlechtes Gehör oder Eitelkeit.
Auch vordergründig positive Eigenschaften sind denkbar, die den Helden im Spiel in Schwierigkeiten bringen oder ihm zumindest Gewissensnöte und Zweifel bescheren, wie etwa eine große Prinzipientreue oder ein stark ausgeprägter Gerechtigkeitssinn. Ob und wie genau ihr schlechte Eigenschaften ausspielt, liegt dabei ganz in eurer Hand.

Völker, Kulturen und Professionen

Im Tischrollenspiel macht es für die Ermittlung der grundlegenden Werte bei der Heldenerschaffung einen Unterschied, ob das Konzept einer ambosszwergischen Schmiedin oder eines tulamidischen Einbrechers gewählt wird. Eigenschaften, Lebensenergie und Talentwerte werden je nach Zugehörigkeit zu den unterschiedlichen Völkern, Kulturen und Professionen modifiziert. Im LARP ist die Auswahl

der sinnvoll umsetzbaren Talente viel kleiner, daher ergeben derartig detaillierte Vorgaben wenig Sinn.
Das heißt allerdings nicht, dass der Charakter ganz nach Lust und Laune zusammengebastelt werden sollte. Zum gemeinsamen Erlebnis der aventurischen Spielwelt trägt ein Akademiemagier, der einen Zweihänder schwingt, (der nicht sein magisches Flammenschwert ist) genauso wenig bei wie eine Söldnerin, die mit Zaubern um sich wirft, oder der eine, ganz besondere Ork, der allen Gewohnheiten seines Volkes zum Trotz doch Gildenmagier geworden ist. Solche Kombinationen lassen sich nur schwer mit Hilfe von Regeln ausschließen, zumindest nicht, ohne sehr umfangreiche Beschreibungen aller möglichen und unmöglichen Kombinationen aventurischer Heldenkonzepte aufzustellen.
Wir haben uns stattdessen meist dafür entschieden, auf den gesunden Menschenverstand der Spieler zu setzen (und, falls der nicht ausreicht, die Durchsetzungskraft der jeweiligen Spielleitung). Deshalb sind Völker, Kulturen und Professionen im Rahmen dieses Regelwerks nicht mit festgelegten geregelten Vor- und Nachteilen oder Talentwerten ausgestattet.

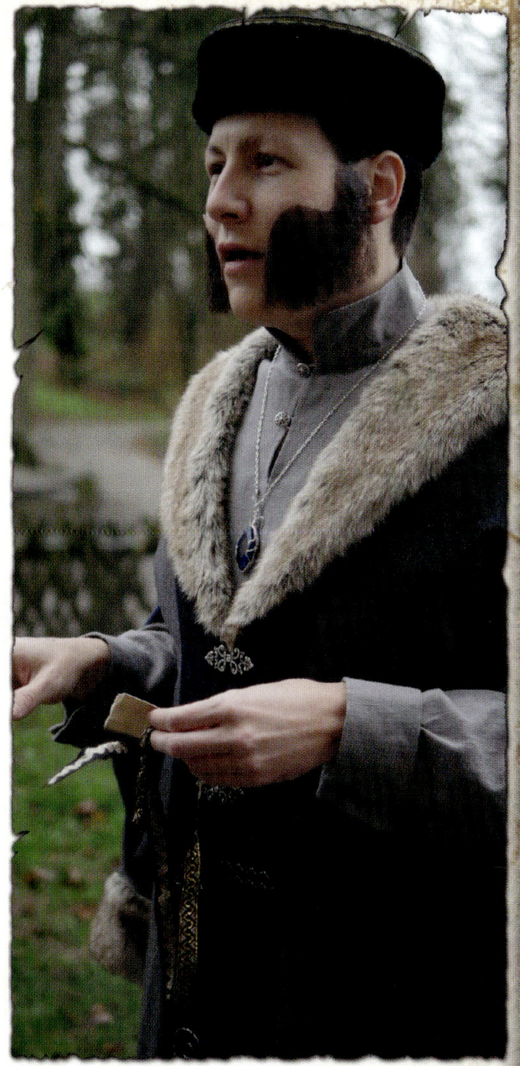

DIE REGELN – DAS PUNKTESYSTEM

Grundgedanken zum Regelwerk
Das folgende Regelwerk zielt darauf ab, die beiden großen LARP-Philosophien unter einen Hut zu bringen und somit Punktespieler und DKWDDK-Spieler auf gemeinsamen Cons zu vereinen. Die DKWDDK-Spieler sollen sich dabei nicht von den Punktespielern gestört fühlen, während die Punktespieler vermutlich ohnehin selten bemerken werden, dass die DKWDDKler keine Punkte nutzen. Das Problem, das viele Du-kannst-was-du-darstellen-kannst-Vertreter mit Punktesystemen haben, ist, dass sie oft mit dem störenden Telling einhergehen und immer wieder tatsächlich Punkte verglichen werden müssen. Genau das vermeidet folgender Ansatz komplett – nach dem Motto: Das beste Regelwerk ist jenes, das niemand bemerkt. Die Mechanismen sind darauf ausgelegt, möglichst intuitiv zu funktionieren, und überlassen es dafür dem jeweiligen Spieler zu entscheiden, wie er seine Ressourcen am besten nutzt – ohne, dass er oder sie dabei jedes Mal eine SL fragen müsste.

Charaktererschaffung und Erfahrungsgewinn

Ein Held definiert sich nicht nur über das Konzept, mit all seinen kleinen Eigenheiten, sondern auch über bestimmte, im Regelwerk definierte Eigenschaften. Dies sind in der Regel Fertigkeiten des Charakters, die im Spiel real nicht umgesetzt werden können und die daher durch das Regelsystem als Talente, Zauber und Liturgien simuliert werden müssen.

Am Tisch reicht es, drei Würfel zu würfeln und eine ausschmückende Beschreibung zu ergänzen, um den Einsatz eines Talents abzuhandeln. Im Live-Rollenspiel soll aber genau das nicht gemacht werden. Der Talenteinsatz soll wie alles andere auch gespielt werden. Das ist natürlich viel aufwändiger, ersetzt aber einen Teil der Talente dafür komplett. *Schleichen* und *Verstecken* sind jetzt keine abstrakten Handlungen mehr, sondern sie werden wirklich durchgeführt und man wird gesehen oder gehört. Das ist konkret und spannend. Einige Talente wie *Schwimmen* oder *Reiten* fallen meistens einfach weg, weil sie weder simuliert werden können noch regelmäßige Spielauswirkungen haben. Andere Talente sind für das Spiel wichtig, DSA-typisch und müssen auch im LARP abstrakt dargestellt werden, wie z. B. *Heilkunde Gift* oder *Schmieden.*

Das Regelwerk und die Aventurien-LARP-Kampagne

Letztlich soll das Regelwerk Basis der Aventurien-LARP-Kampagne werden. Das heißt aber weiterhin nicht, dass jede Orga es benutzen soll. Wir wollen jedoch den Übergang von der DKWDDK-Con zur Punkte-Con möglichst einfach gestalten. Und Orgas eine gute Übersicht bieten, wie erfahren ein Charakter ist, auch wenn er auf Con A laut eigenem Regelwerk 25 AP und auf Con B mangels Punktesystem keine AP bekommen hat.

Daher ist das Folgende der kleinste gemeinsame Nenner: Das simple Punktesystem setzt Con Tage mit Abenteuerpunkten/EP gleich. Alle Mechanismen, die ansonsten beschrieben werden, können zugunsten von DKWDDK ignoriert werden. Jede Orga, die das Regelwerk nutzen möchte, kann dies auch teilweise tun und dann vor der Con ansagen, welche Elemente genutzt werden und welche nicht (z. B. einzelne Zauber). Es ist dann völlig in Ordnung, wenn die Spieler sich in Ermangelung ihres Lieblingszaubers für diese eine Con einen Alternativzauber notieren, sofern ihr Machtlevel und ihr Charakterkonzept unverändert bleiben.

Wenn ein Spieler seinen Charakter jedoch auf einer Recherche-Con auf Wissenstalente spezialisiert und dann für die Belagerungs-Con danach wieder zur reinen Kampfsau macht, wird das innerhalb der Kampagne nicht toleriert. Wir bauen auch hier auf den gesunden Menschenverstand™. Diese Mündigkeit der Spieler ist eine der Grundlagen für unser Regelsystem.

Das Regelwerk und DSA5

Wie bereits erwähnt: In diesem Regelsystem gibt es keine Generierungspunkte, keine Vor- und Nachteile und keine Sonderfertigkeiten. Alles, was ein Charakter kann, wird über seine Ressourcen Lebensenergie, Talentpunkte, Astralenergie und Karmaenergie sowie seine Talente, Zauber und Liturgien dargestellt. Auch haben Talente der Einfachheit halber keine Stufen und Zauber und Liturgien keine Grade. Die Schwierigkeit eines Zaubers definiert sich allein über dessen Kosten. Es werden auch keine Klassen, Professionen oder Rassen gewählt. Der Charakter wird einfach durch sein Konzept (siehe Seite **25**) und die dazu passende Punkteverteilung definiert. Auf Seite **194** findet ihr einige beispielhafte Ideen, wie sich herkömmliche und exotischere Charaktere mit diesem Regelwerk anpassen lassen.

Das vorliegende Regelwerk basiert – soweit das möglich ist – auf DSA5. Das heißt u. a. Magieresistenz wurde durch *Seelenkraft* ersetzt, der Schicksalspunktemechanismus wurde etwas verändert mit eingebaut und einige neue Zauber haben ihren Weg auf diese Seiten gefunden. Da die Magie- und Geweihten-Regeln für DSA5 jedoch noch nicht vollständig erschienen sind, wurde für einige bewährte Zauber und Liturgien auf DSA4 oder die bisher gebräuchliche LARP-Version zurückgegriffen. Fast alle Zauber und Talente wurden in Wirkweise und Dauer an LARP-Bedürfnisse angepasst. Da es keine Stufen für Talente gibt, bei einigen wenigen aber eine Vertiefung der Kenntnisse sinnvoll ist, haben wir die Talente in einigen Fällen aufgefächert und in mehrere, aufeinander aufbauende Talente unterteilt.

Regeln vs. Darstellung – Fairness im LARP

Generell soll es im LARP um eine schöne Erfahrung gehen und nicht um Regelfuchserei. Daher sollte immer gelten: Die Darstellung hat vor den Regeln Vorrang. Wenn es für eine coole Idee keine Regel gibt, wird die Sache darstellerisch gelöst. Das Regelwerk versteht sich eher als Richtlinie und Leitfaden. Es ist nicht in Stein gemeißelt und soll das Spiel unterstützen, nicht es erschweren.

Telling soll nach Möglichkeit komplett vermieden werden. Falls es nicht anders machbar ist, soll es auf vorher abgemachte Signale, Zeichen o. Ä. beschränkt werden (z. B. Unsichtbarkeitsgeste, Tonsignale der SL bei komplexeren Plots).

Die Spieler sollten sich dabei nicht als Konkurrenten sehen, sondern jeder sollte das Ziel haben, auch für die anderen Teilnehmer schöne Szenen zu generieren und wie beim PnP gemeinsam mit den anderen eine schöne Geschichte zu erzählen. Der eigene Erfolg sollte dabei nicht im Mittelpunkt stehen.

Die Charaktererschaffung

Die Charaktererschaffung ist überaus simpel:

Jeder Charakter besitzt anfangs 12 Abenteuerpunkte (AP) – das betrifft auch Magier und Geweihte. Zunächst gelten alle Charaktere als nicht adlig.

Rassen und Professionen spielen bei der Erschaffung keine Rolle – sie werden natürlich trotzdem auf dem Charakterblatt notiert.

Die 12 Punkte werden zum freien Verteilen auf 4 Ressourcen genutzt: LeP, AsP, KP und TaP.

Lebenspunkte (LeP)

Pro AP kann sich der Spieler 1 LeP für seinen Charakter kaufen. Er muss bei der Erschaffung mindestens 1 LeP kaufen.

Ein neu geschaffener Charakter darf bei der Generierung maximal 5 LeP besitzen. Der Wert kann später durch Steigern erhöht werden.

Ab dem 6. LeP verdoppeln sich die Kosten für weitere Lebenspunkte. Die Punkte 6-10 kosten also jeweils 2 AP.

Maximalwert ist dann 10 für profane und geweihte Charaktere. Kein sterblicher Charakter kann also mehr als 10 LeP haben – außer er wurde magisch verändert.

Für magische Charaktere ist der Maximalwert 6 (Ausnahmen kann es durch spezielle Talente geben).

Astralpunkte (AsP)/ Karmapunkte (KP)

Pro AP kann sich der Spieler 1 AsP oder KP für seinen Charakter kaufen.

Der Charakter kann nur entweder über AsP (Magiebegabter) oder KP (Geweihter) verfügen. Für beide Ressourcen

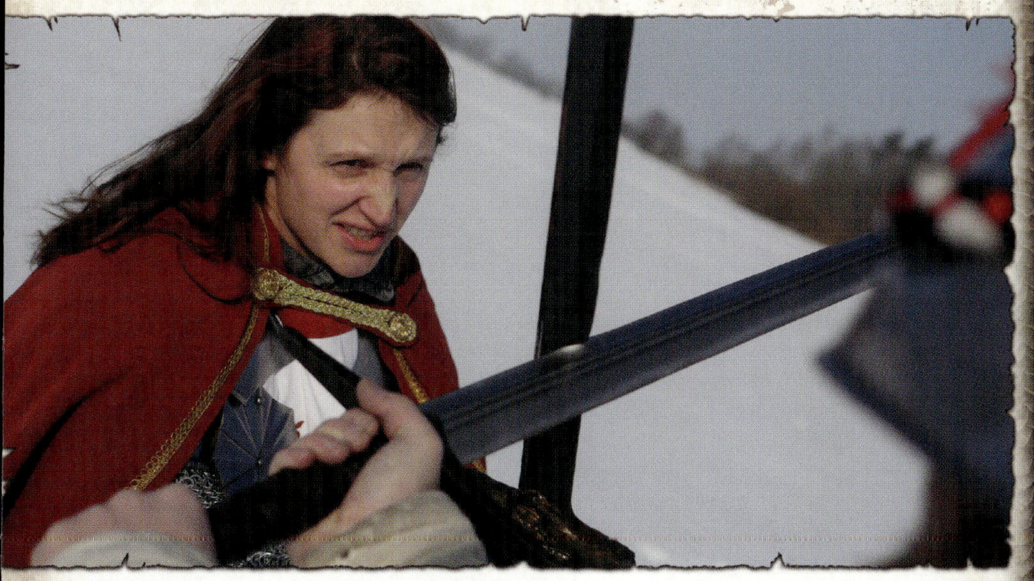

gibt es keinen Maximalwert. Jedoch kosten AsP und KP ab dem 11. Punkt jeweils 2 AP (Ausnahmen sind möglich, z. B. durch das Talent *Pragmatiker*).
Sobald der Spieler sich so einen Pool von AsP oder KP erstellt hat, sucht er sich aus den Listen im **Zauber- und Gebetbuch** Zauber oder Liturgien im entsprechenden Gegenwert aus.
Damit verbraucht sich der Pool an AsP/KP aber nicht – diese Punkte stehen als Ressource zum Wirken der Zauber und Liturgien nach wie vor zur Verfügung.

Beispiel: Bei 7 AsP könnt ihr euch also z. B. 7 Zauber mit jeweiligen Kosten von 1 AsP kaufen – oder 3 für je 1 AsP und 2 für je 2 AsP. Dazu kommen einige kostenfreie Zauber, die im Kauf und in der Anwendung 0 AsP kosten. Mit den 7 AsP kann dann jeder beliebige der gekauften Zauber gewirkt werden, bis die AsP aufgebraucht sind und der Charakter sich regenerieren muss.
Für KP und Liturgien funktioniert das ganz genauso.

Achtung: Sobald die Punkte ab einem Wert von 11 doppelt so teuer werden, wird es somit natürlich in der Folge auch teurer, neue Sprüche zu lernen. Durch das Talent *Theoretiker* kann dies umgangen werden.

Talentpunkte (TaP)

Für jeden ausgegeben AP kann sich der Spieler 1 TaP für seinen Charakter kaufen. Danach wählt er aus der Liste der Talente eine Summe an Talenten aus, deren Kosten seinem Talentpunkte-Pool entspricht. Für jeden Punkt im TaP-Pool darf sich der Spieler ein Talent notieren, dessen Kosten 1 betragen. Oder er kauft sich für 2 TaP 1 Talent der Kosten 2, oder für 3 TaP 1 Talent der Kosten 3 usw.
Damit verbraucht sich der TaP-Pool aber nicht. Er steht zum Einsatz der aktiven Talente bzw. deren Aufbesserung zur Verfügung.
Um auszugleichen, dass profane Charaktere ohnehin generell benachteiligt

gegenüber Magieanwendern und Geweihten sind, werden TaP ab dem 11. Punkt nicht teurer.

Talentpunkte sind eine analoge Ressource zu AsP und KP für profane Charaktere, um die Spielmechanik einheitlicher zu machen und um diesen Helden etwas zu geben, in das sie ihre AP investieren können – und das ihnen natürlich auch einen spieltechnischen Nutzen bringen kann.

Das heißt, es kostet (optional) Punkte einer Art Talentenergie, um gewisse Talente effektiver nutzen zu können. Allerdings kann und soll das in den allermeisten Fällen durch schönes und zeitaufwändiges Ausspielen der Talente umgangen werden. Auch die Ausgabe von TaP ersetzt die Darstellung niemals, sie verkürzt sie nur oder macht die Aktion etwas effektiver.

Der Einsatz von TaP ist also eine Notlösung, wenn es schneller gehen muss, als die Regeln vorsehen, wenn letzte Ressourcen mobilisiert werden müssen oder wenn man einfach mal total cool sein möchte. Wenn der Charakter etwas Übermenschliches, Spektakuläres vollbringen soll oder die Darstellung gerade aus irgendwelchen Gründen nicht möglich ist. Somit sind TaP im Grunde nichts anderes als die LARP-Version der Schicksalspunkte von DSA5.

Hierdurch sollen profane Charaktere nicht eingeschränkt werden, sondern mehr Möglichkeiten erhalten. Der Einsatz von TaP ist immer etwas, das sich im Kopf des Spielers entscheidet. Er oder sie verkündet das Nutzen von TaP nicht, sondern entscheidet für sich selbst und rechnet im Kopf ab.

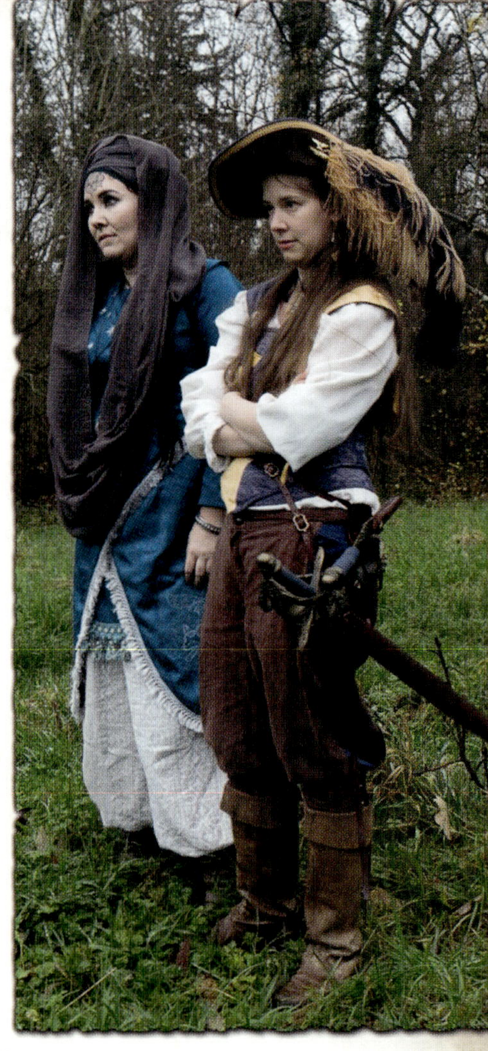

Beachtet auch, dass ihr keine Talente erlernen müsst, um euren Talentpunkte-Pool zu erhöhen. Ihr könnt auch einfach mehr TaP für die Talente ansparen, die ihr ohnehin bereits benutzt. Natürlich schadet es aber auch nicht, für die „freien" TaP Talente zu erlernen. Es gibt passive und aktive Talente. Für passive Talente müsse nie TaP ausgegeben werden.

Beispiel:
Ein Elf oder Magier verteilt seine 12 Punkte wie folgt:
3 LeP, 7 AsP, 2 TaP
Somit könnte er 7 Zauber (plus die kostenfreien Zauber) und 2 Talente wählen.

Ein menschlicher oder zwergischer Krieger könnte diese Verteilung wählen:
5 LeP, 7 TaP

Dem Krieger stünden so noch genug TaP zu Verfügung, um sich die wichtigsten Kampftalente zu kaufen, z. B. Beidhändiger Kampf, „Rüstungsnutzung leicht, Rüstungsnutzung mittel *sowie* Betäubungsschlag.

Die TaP im Pool sind damit aber nicht verbraucht, sie stehen weiter zur Nutzung und Aufbesserung der aktiven Talente zur Verfügung. Für passive Talente werden in der Nutzung nie TaP ausgegeben.

Beispiele für Charakterkonzepte und ihre Umsetzung

Hier einige Beispielcharaktere mit einem Startwert von 12 AP:

Magiedilettant
4 LeP, 3 AsP (3 beliebige Zauber), Talente: *Magiedilettant* und beliebige andere

Geode
4 LeP, 4 AsP und entsprechende Druiden/Hexen-Zauber, Talente: *Tränke Brauen, Seelenkraft* oder *Heilkunde Wunden*

Zwergischer Schmied
5 LeP, Talente: *Zähigkeit, Amateur-Rüstungsschmied, Rüstungsschmied, Zweihändige Waffen*

Zwergischer Krieger
5 LeP, Talente: *Zähigkeit, Rüstungsnutzung leicht* und *Rüstungsnutzung mittel, Zweihändige Waffen, Schild*

Firnelfischer Jäger
3 LeP, 4 AsP und entsprechende Elfen-Zauber, Talente: *Fernkampf: Bogen, Zweihändige Waffen, Rüstungsnutzung leicht, Fährten suchen*

Puniner Magier
2 LeP, 8 AsP und entsprechende Zauber, Talente: *Meditation* – dieser Charakter wird vermutlich möglichst bald *Theoretiker* dazukaufen wollen.

Andergaster Kampfmagier
3 LeP, 4 AsP und passende Kampfzauber, Talente: *Kampfmagier, Zweihändige Waffen, Rüstungsnutzung leicht*

Magischer Draconiter
2 LeP, 4 AsP, 3 KP, Talente: *Giftverträglichkeit, Kräuterkunde*
Anmerkung: Wir haben geschrieben, dass sich AsP und KP ausschließen, aber es ist natürlich denkbar, dass eine Orga ein solches Konzept zulässt.

Was haben wir uns da gedacht? Macht es das nicht wieder kompliziert?
Die Talentpunkte sind ein neuer Mechanismus im LARP. Wir könnten sie auch Ausdauer oder Schicksalspunkte nennen, das würde besser treffen, was sie tun. Aber sie sind nun mal auch an die Talente gekoppelt. Diese Mechanik ist absolut optional! Mehr noch: Die Optionalität ist Teil der Mechanik.
Sie dient dazu, profanen Charakteren ein paar mehr Möglichkeit an die Hand zu geben, sie cooler, fähiger, spannender zu machen, als analoges Konzept zu AsP und KP. Es liegt im Grunde bei jedem Spieler selbst, ob er diese Mechanik nutzt oder nicht. Die SL muss dafür nur in seltenen Fällen eingebunden werden.
Die Grundidee klingt eventuell komplizierter als sie ist und lässt sich hierauf herunterbrechen: Wenn ihr z. B. für 2 AP Talentpunkte kauft, besitzt ihr einen Talentpunkte-Pool von 2. Damit könnt ihr 1 Talent im Wert von 2 TaP lernen – oder 2 Talente im Wert von 1 TaP.
Ihr beherrschst diese Talente dann und könnt sie nutzen. Dafür muss natürlich entsprechend ausgespielt werden, was ihr tut, was meist auch Zeit kostet.
Aber: Wenn ihr Talentpunkte ausgebt, könnt ihr eure Talente effektiver nutzen. Ein Trank ist schneller gebraut, ein Schloss schneller geknackt, eine Wunde schneller versorgt, eine Rüstung ist schneller repariert. Das sollte jedoch niemals auf Kosten der Darstellung gehen!
Es ist jedoch sinnvoll, ebendiese Möglichkeit in den meisten Situationen nicht zu nutzen, sondern sich seine Punkte aufzuheben.
Es gibt genau 3 Talente, die nur über den Einsatz von TaP nutzbar sind: *Meditation*, *Zähigkeit* und *Seelenkraft*. Diese Talente sind entsprechend teuer. Das Gute bei der Sache ist: Wer sie gekauft hat, aber TaP nicht nutzen, sondern immer alles ausspielen will – der braucht auch in diesem Fall nicht über ein virtuelles TaP-Konto nachdenken. Er weiß, dass er trotzdem *Zähigkeit* oder *Seelenkraft* nutzen kann. Denn er hat ja ansonsten keine TaP ausgegeben und somit auf jeden Fall noch genug davon übrig.

Wie komme ich bei der Charaktererschaffung an weitere AP?

Gerade ältere Spieler wünschen sich oft, mit einem erfahreneren Charakter starten zu dürfen. Dafür gibt es folgende Möglichkeiten, von denen jedoch nur eine pro Charakter gewählt werden sollte:

1. Konvertierung des Charakters
Jeder nach diesem System erschaffene Charakter, der bereits nach einem anderen System gespielt wurde, übernimmt die bisherigen Con-Tage. Dafür sollte in irgendeiner Form ein Beleg bei der zulassenden Orga erbracht werden. Bei Mitgliedschaft in der Aventurien-LARP-Kampagne können die Con-Tage in Zukunft auch in einem

speziellen Chartool eingetragen werden, sodass die Diskussion nicht mehr stattfinden muss. Zum Zeitpunkt des Layouts dieses Buches ist dieses Tool allerdings noch in Arbeit.

2. Reales-Alter-Regelung
In Absprache mit der zulassenden Orga erhält der Charakter 1 weiteren AP für jedes reale Lebensjahr über 30, sofern das Charakterkonzept eine entsprechende Erfahrung vorsieht.

3. Lehrmeister-Regelung
Charaktere, die als Lehrmeister anderer Charaktere gedacht sind, können in Absprache mit der Orga der zulassenden Con 12 weitere AP nutzen. Sie sollten ihren Charakter dann aber auch entsprechend spielen: Er reist mit einem anderen SC an, der deutlich weniger erfahren ist. Dieser ist es, der die Arbeit macht und im Mittelpunkt steht, während der Lehrmeister sich zurückhält. Das können ein Magier und sein Lehrling oder ein Ritter und sein Knappe sein.

Steigern

Pro Con-Tag erhält jeder SC 1 Abenteuerpunkt dazu, der frei auf die genannten Ressourcen verteilt werden darf. Ein Con-Wochenende zählt somit als 2 Con-Tage. Eine Ein-Tages-Con ohne Übernachtung gibt selbstverständlich auch 1 AP. Bedenkt dabei, dass LeP, AsP und KP ab dem 6. bzw. 11. Punkt doppelt so teuer werden, TaP hingegen nicht.

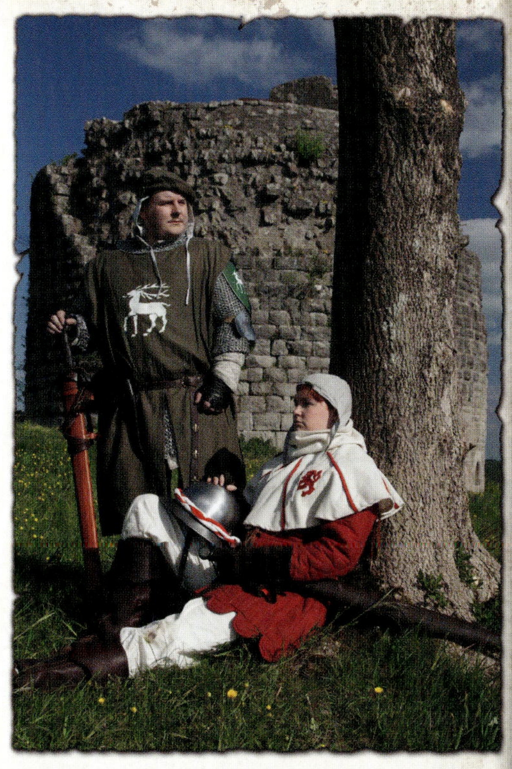

Einsatz und Verhältnis der Punkte
Generell gilt meist die Regel 1:1, wobei interaktive Objekte der Spielwelt in Qualitätsstufen (QS) unterteilt sind (z. B. Schlösser, Gifte, Tränke usw.) Für 1 AsP oder KP wird meist 1 LeP geheilt oder Schaden verursacht. Für 1 TaP wird ein Schloss um 1 QS leichter, ein Heiltrank um 1 QS schneller zu brauen. Pro QS gibt solch ein Trank 1 LeP zurück usw.
Abweichungen von dieser Regel kommen vor, z. B. weil QS 5-Gifte sonst einfach zu langweilig wären. Auch bei teureren Talenten und Zaubern ist die Rate absichtlich manchmal 2:1 oder mehr.

Zauber und Liturgien erlernen

Die Zauber werden aus der Liste im **Zauber- und Gebetbuch** ausgewählt. Beachtet, dass auch neue Zauber schwerer zu erlernen sind, sobald der Charakter seine AsP ab dem 11. AsP verteuert steigert. Es gibt in diesem Regelwerk übrigens keine Zaubergrade. In einigen Fällen kann stattdessen die Stärke des Zaubers durch investierte AsP modifiziert werden. Bei den meisten Zaubern kostet es 1 AsP, um sie zu wirken. Mächtigere Zauber kosten 2 oder selten 3 AsP. Einige wenige Zauber sind sogar kostenfrei und jeder Magiewirker darf sie sich (sofern er es für sein Charakterkonzept passend hält) notieren.

Liturgien funktionieren analog zu Zaubern. Auch diese Liste findet ihr im **Zauber- und Gebetbuch**.

Beispiele Für den Einsatz von Talentpunkten

Der Spieler eines Kriegers mit 5 LeP und 7 TaP kauft sich u. a. die Talente *Rüstungsnutzung leicht*, *Schlösser knacken* und *Zähigkeit*. Der Charakter kann jetzt verstärkte Lederrüstungen nutzen, jedoch keine Kettenhemden. Er kann Schlösser knacken, braucht dafür aber eine Weile. Diese Weile kann der Spieler durch die Ausgabe von TaP abkürzen, sollte sich aber überlegen, ob er die TaP nicht eher braucht, um im Kampf *Zähigkeit* einzusetzen.

Wer einen starken Heiltrank brauen oder eine schwere Wunde heilen will, investiert mehr TaP oder mehr Zeit – oder beides. Die Orga kann aber auch entscheiden, dass ein solchermaßen gebrauter und mit TaP „gepimpter“ Heiltrank besonders potent ist. Wer einem zweiten Zauber am Tag widerstehen will, gibt mehr TaP aus als beim ersten.

Der Spieler eines Diebs, der ein Rätselschloss, das die Orga aufwendig vorbereitet hat, mit seinem eigenen Verstand knackt, gibt keine Punkte aus. Falls das Schloss nur aus einem Zettel mit der Qualitätsstufe des Schlosses darauf besteht, tut er einfach die entsprechende Zeit so, als würde er es knacken. Sollte der Dieb unter Zeitdruck sein, kann der Spieler mit jedem TaP die QS des Schlosses um 1 senken. Hat das Schloss eine Schwierigkeit von 3, würde es 15 (3 mal 5) Minuten dauern, es zu knacken. Der Dieb entscheidet aber, dass er nur 5 Minuten investieren möchte, weil hinter der Tür jemand um Hilfe ruft. Er beweist sich als meisterhafter Dieb, indem er 2 TaP opfert, um das Schloss auf Stufe 1 zu senken und es in 5 Minuten zu knacken.

Es sollte niemals komplett auf die Darstellung des Talents verzichtet werden – und wenn die Orga sich die Mühe gemacht hat, extra ein Schiebepuzzle oder Ähnliches als Schloss anzubringen, ist es sicherlich schade, dies mit dem Einsatz von TaP zu umgehen. Dies wäre legitim, wenn es keine anderen Spieler gibt, die das Schloss potenziell knacken könnten – oder der Zeitdruck enorm ist.

Talente erlernen

Ähnliches gilt für TaP und Talente. Für die Auswahl der Talente, die ihr erlernen könnt, schaut im Kapitel **Die Liste der Talente** (Seite **81**) nach. Der Einsatz der passiven Talente kostet übrigens nie TaP – der Kauf natürlich schon. Nur aktive Talente verbrauchen TaP und auch nur dann, wenn der Spieler dies wünscht. Nur sehr spezielle Talente wie *Meditation*, *Seelenkraft* oder *Zähigkeit* kosten immer TaP. Ansonsten ist immer vorzuziehen, das Talent einfach gut darzustellen.

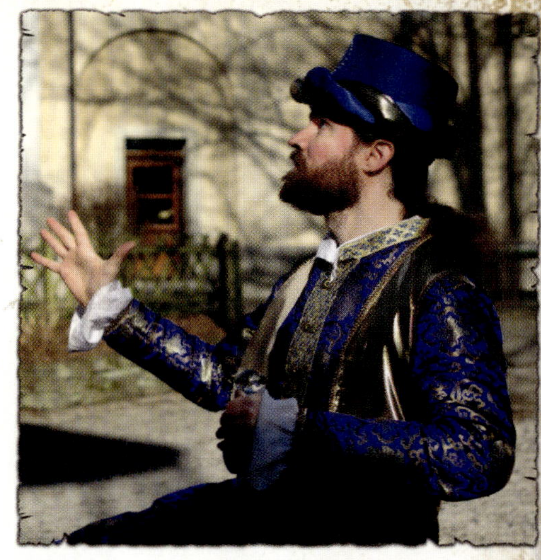

Die wichtigsten Regeln in der Kurzübersicht

Abenteuerpunkte

- Jeder Charakter erhält zu Beginn 12 AP.
- Er verteilt sie 1:1 – passend zum Charakterkonzept – auf die Ressourcen LeP, AsP oder KP und TaP.
- Ab dem 6. LeP kostet jeder LeP 2 AP.
- Ab dem 11. AsP kostet jeder AsP 2 AP.
- Ab dem 11. KP kostet jeder KP 2 KP.
- Das Maximum für LeP ist 10 (bei Magiebegabten 6).
- Für jede Ein-Tages-Con gibt es 1 AP.
- Für eine Wochenend-Con gibt es 2 AP.
- Alle Ressourcenpools regenerieren in der Regenerationsphase für 3 Punkte.

Sonstiges

- Einhändige Waffen verursachen 1 Punkt Schaden, zweihändige Waffen 2.
- Rüstung erhöht die LeP um den Wert des RS, jedoch nur dort, wo sie getragen wird.
- Helme und gepanzerte Handschuhe erhöhen die LeP überall um 1.
- Ist die Rüstung zerstört, muss sie repariert werden.
- Wird ein Gliedmaß ohne Rüstung (oder mit zerstörter Rüstung) getroffen, schlägt das eine Wunde.
- Verwundete Gliedmaßen können nicht mehr eingesetzt werden und müssen verarztet werden.
- *Heilkunde Wunden* regeneriert LeP erst in der Regenerationsphase, Wunden werden aber geschlossen.
- Zauber, Liturgien und Tränke heilen oder schaden meist im Verhältnis 1:1: 1 LeP für 1 AsP oder 1 LeP für 1 QS des Tranks.

AUF INS GEFECHT – DER LARP-KAMPF

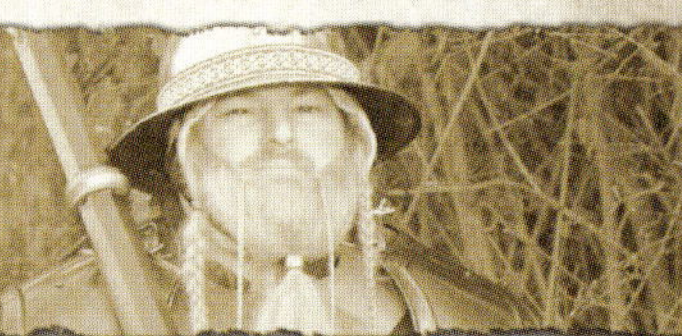

Kampf

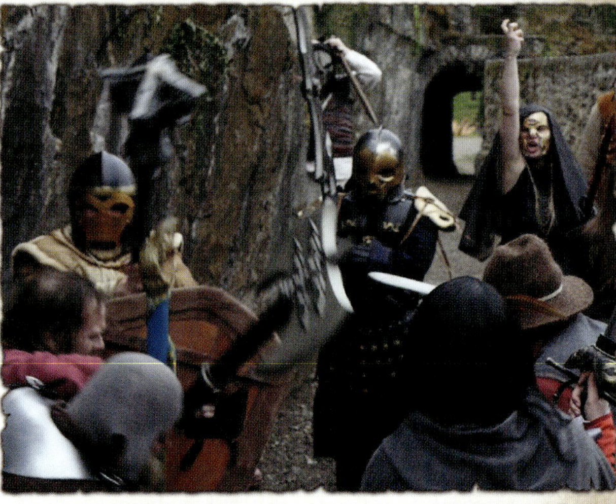

Wenn der Ork auf den Elfen, ein tapferer Mittelreicher auf einen Schergen des Namenlosen oder ein Thorwaler auf einen Walfänger trifft, bleibt wenig Spielraum für tiefer gehende Diskussionen. Eine handfeste Auseinandersetzung mit Äxten, Schwertern oder anderen Mordwerkzeugen ist beinahe unvermeidlich. Überhaupt ist der Kampf auch im Live-Rollenspiel ein wichtiger Bestandteil aventurischer Geschichten. Er ist natürlich nicht ernst gemeint, sondern in erster Linie ein Spielelement. Trotzdem werden Kämpfe – unter Berücksichtigung der Sicherheitsregeln – wirklich ausgetragen. Sie sind eine Mischung aus Theaterfechten und freundschaftlich sportlichem Wettstreit. Kampfszenen sollten deshalb spannend sein, auch für Umstehende möglichst gut aussehen, allen Beteiligten Spaß machen und ungefährlich sein.

Spielwaffen

Um im Live-Rollenspiel mitzukämpfen, braucht man zunächst einmal eine spezielle LARP-Waffe. Heute haben sich fast überall weiche und trotzdem gut aussehende Sportgeräte, sogenannte Polster- oder Latexwaffen, durchgesetzt. Damit können die Spieler Auseinandersetzungen simulieren, ohne dass sie leichtfertig Verletzungen riskieren. LARP-Waffen bestehen in der Regel aus einem Glasfaserstab, Schaumstoff und Latex. Der Glasfaserkern verleiht der Waffe die erforderliche Stabilität, Schaumstoffmatten dämpfen die Wucht der Schläge, und der Überzug aus gefärbtem

Latex sorgt für ein halbwegs realistisches Aussehen.
Die Waffen sind zwar nicht echt, sie sollten für eine spannungsreiche Kampfdarstellung aber möglichst so geführt werden, als wären sie es. Mit dem Schwert oder der Axt weit auszuholen sieht zum Beispiel gut aus und fördert den Spielspaß aller Beteiligten, während wildes Gefuchtel und schnell aufeinanderfolgende, kurze Hiebe (sogenannte Stakkatoschläge) meist lächerlich wirken und vom Gegner auch nur als ein einziger Treffer gezählt werden müssen. Das gilt vor allem für die Träger von sehr großen Waffen, die im Kampf besonders hohen Schaden verursachen. Deren Gewicht und Trägheit sollten sie möglichst darstellen, indem sie betont weit ausholen.

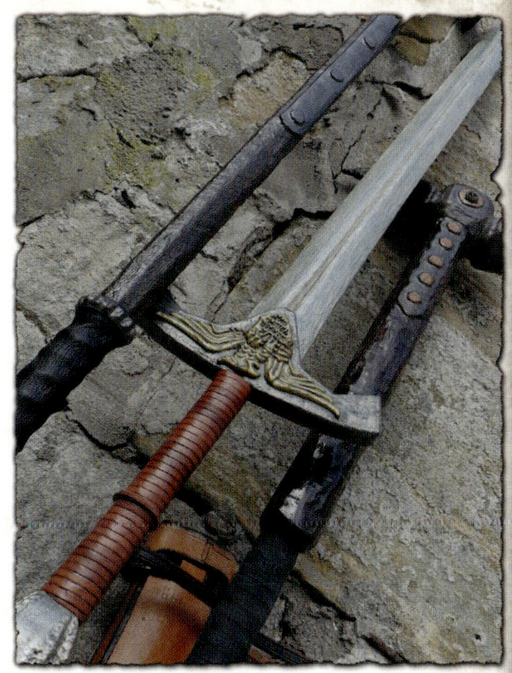

Treffer und ihre Folgen

Die gewohnten **Das Schwarze Auge**-Kampfregeln müssen für die Verwendung im Live-Rollenspiel vereinfacht werden. Die vom Tischrollenspiel bekannten Mechanismen Initiative, Kampfrunde und Aktion haben im LARP beispielsweise keine Relevanz. Wer zuerst zuschlägt, ergreift automatisch die Initiative, das Hin und Her eines Gefechts lässt sich nicht in Runden definieren, und ob ein Charakter zwischen zwei Attacken seines Gegners einen Heiltrank trinken kann oder nicht, hängt einzig und allein von der Geschwindigkeit und Geschicklichkeit des Spielers ab.
Auch bei den Trefferpunkten der verschiedenen Waffen gibt es deutliche Unterschiede zur Tischrollenspiel-Vorlage: Im Tischrollenspiel verursacht ein Langschwert 5-10 Trefferpunkte (1W6+4), ein Dolch dagegen 2-7 Trefferpunkte (1W6+1). Ein solcher, für jede Waffenart individuell festgelegter, variabler und zufallsabhängiger Waffenschaden mag im Tischrollenspiel helfen, eine realistische Kampfsimulation umzusetzen, er wäre im LARP allerdings nicht praktikabel.
Schließlich wollen die Kämpfenden nicht nach jedem Schlag die angerichteten Schadenspunkte auswürfeln. Außerdem fällt es in der Hitze des Kampfes nicht leicht, mit vielen unterschiedlichen Zahlen zu jonglieren. Zur Vereinfachung gibt es daher nur diese unterschiedlichen Schadenskategorien:

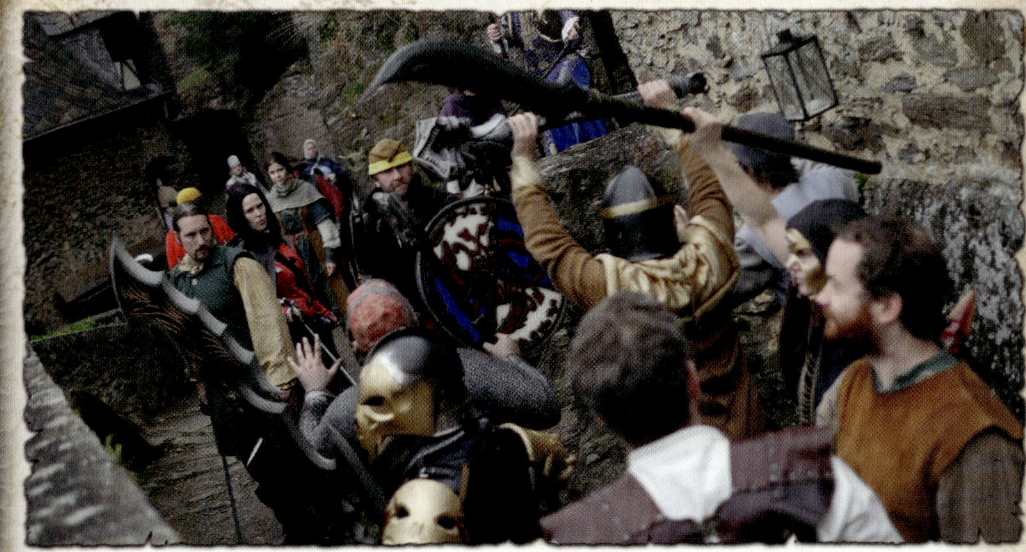

Schadenswerte

1 Punkt Schaden verursachen:
Einhändig geführte Waffen, Kampfstäbe, Wurfdolche, Wurfäxte u. Ä.

2 Punkte Schaden verursachen:
Zweihändig geführt Waffen (die auch dafür ausgelegt sind), also Andergaster, Felsspalter, Barbarenstreitaxt u. Ä.

2 Punkte direkten Schaden (RS wird ignoriert) verursachen:
Armbrustbolzen und Pfeile

Wenn ein Spieler einen Schlag nicht parieren kann und daher einen Treffer auf seinen Körper erhält, muss er für seinen Charakter also 1 oder 2 Trefferpunkte werten. Trägt er an der getroffenen Stelle Rüstung und ist sein Rüstungsschutz noch nicht verbraucht, zieht er den Treffer zunächst vom Rüstungsschutz ab. Wenn er keinen Rüstungsschutz (mehr) besitzt, muss er stattdessen Trefferpunkte von seiner Lebensenergie abziehen. Fällt diese auf 0, wird der Charakter ohnmächtig und muss versorgt werden. Der Spieler entscheidet dann selbst, ob sein Charakter tot oder nur sehr schwer verletzt ist – oder langsam ausblutet.

Lebensenergie

Jeder Held hat zu Beginn seines Charakterlebens zwischen 1 und 5 Lebenspunkte. Diese Zahl kann im Laufe seines weiteren Abenteuerlebens steigen.

Helden erreichen aber nicht wie in der Rollenspielvorlage eine Lebensenergie von 30 oder mehr Punkten, sondern bei 10 ist Schluss. Lebensenergie gilt hierbei als ein Wert am gesamten Körper.

Ein Charakter mit 3 LeP ohne Rüstung wird beim dritten Treffer mit einem Schwert oder beim zweiten Treffer mit einem Zweihänder ohnmächtig. Ein ungerüsteter Charakter mit 5 LeP wird dagegen erst beim fünften Schwert- bzw. dritten Zweihändertreffer ohnmächtig.
Lebensenergie fällt nicht ins Negative. Ob ein Charakter, der alle Lebenspunkte verloren hat, als tot liegengelassen oder noch mit einem Dutzend Schlägen bearbeitet wird, macht regeltechnisch keinen Unterschied. Ein Charakter ohne Lebenspunkte ist jedoch nicht verloren, sondern kann durch medizinische Versorgung relativ schnell wieder auf die Beine kommen. Ein Verwundeter, der all seine Lebensenergie verloren hat, bleibt zunächst bewusstlos und handlungsunfähig liegen und benötigt die Hilfe anderer Charaktere. Wenn allerdings absehbar ist, dass sich niemand um den Verletzten kümmern wird, darf er nach einer Weile wieder zu Bewusstsein kommen, um sich schwer verletzt in Sicherheit zu schleppen.

Beispiel: Ein einsamer Kräutersammler wird im Wald von einer Räuberbande überfallen, ausgeraubt und übel zugerichtet zurückgelassen. Eigentlich müsste der Überfallene nun so lange warten, bis jemand zufällig des Weges kommt und ihn rettet. Weil das aber nicht sonderlich wahrscheinlich ist und der Spieler sich irgendwann beim einsam Herumliegen langweilen würde, kommt der Charakter nach einer Weile wieder zu Bewusstsein und kann sich mit letzter Kraft ins Lager schleppen und dort dann erschöpft zusammenbrechen.

Wunden und Kampfdauer

Zusätzlich zur reinen Lebensenergie greift noch ein weiterer Mechanismus: Jeder Treffer auf eine ungerüstete Körperstelle verursacht eine Wunde und macht den entsprechenden Arm oder das entsprechende Bein vorübergehend nur eingeschränkt brauchbar. Zuschlagen und Parieren sollten, wenn überhaupt, nur erschwert ausgespielt werden, es fehlt die Kraft, einen Schild zu halten, es wird gehumpelt etc. Das gilt auch für Treffer auf gerüstete Körperstellen, sobald der Rüstungsschutz auf 0 gesenkt wurde.
Diese Regelung gilt unabhängig von der Lebensenergie: Auch wer eigentlich noch 6 LeP übrig hätte, aber an allen Gliedmaßen getroffen wurde, ist nicht mehr wirklich kampffähig. Wer hingegen bei 10 LeP neunmal auf den gleichen Arm getroffen wurde, kann effektiv mit dem anderen Arm weiterkämpfen, sollte sich aber vor Augen führen, wie furchtbar mitgenommen der getroffene Arm nach der Schlacht ist.
Um weiterkämpfen zu können, muss die Wunde versorgt werden. Da *Heilkunde Wunden* nur Wunden schließt und keine LeP direkt zurückgibt (sondern erst während der Regenerationsphase einen Bonus gewährt), sind LeP ein kostbares Gut, das im Gefecht nur magisch regeneriert werden kann.

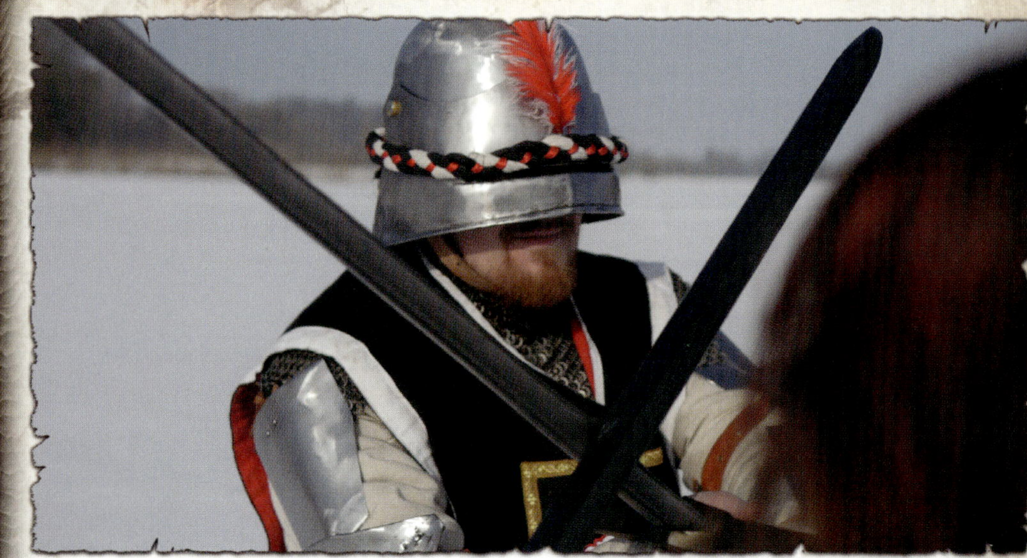

Meist sind am Rande eines Kampfes Heiler zur Stelle, die sich auf die Schnelle um eine Wunde kümmern können, sodass der Charakter relativ zeitnah wieder ins Gefecht zurückkehren kann – sofern er denn noch LeP besitzt. Im Kampf sind viele Lebenspunkte also eher als eine zweite Chance zu verstehen, eine Garantie, noch einmal ins Geschehen zurückkehren zu können – sie sollen nicht dazu dienen, einen Schlagabtausch unrealistisch in die Länge zu ziehen. Das wird durch den Wunden-Mechanismus verhindert.

Beispiel: Ritter Leomar wird trotz seiner Plattenrüstung im Kampf verwundet. Er genoss einen RS von 7, doch dieser wurde ihm im Kampf komplett „heruntergeprügelt". Danach musste er an jedem Arm einen Treffer hinnehmen. Leomar hat einen LeP-Wert von 8, der somit auf 6 Punkte gesunken ist. Trotz dieses noch reichlichen Polsters beschließt der Spieler von Leomar, dass dieser jetzt mit zwei verletzten Armen nicht mehr kampftauglich ist. Leomar verlässt das Schlachtfeld, wobei er sein Schwert gerade noch so halten kann, und begibt sich zu einem Heiler. Dieser verarztet die Wunden so aufwändig wie möglich. Die Wunden werden somit geheilt, die 2 LeP bekommt Leomar aber erst in der Regenerationsphase wieder. Er kann jetzt seine Arme notdürftig wieder benutzen und in den Kampf zurückkehren, aber bis zur Bettruhe ist er geschwächt. Eine magische Heilung hätte ihn hingegen sofort wieder regeneriert.

Heilung

LARP-Schwerter schlagen zwar nur imaginäre Wunden, diese müssen aber trotzdem
(imaginär) behandelt werden.
Um den einschränkenden Zustand der Verwundung zu beenden und LeP zurückzuerhalten, müssen Wunden versorgt werden: Entweder durch einen Heilzauber, einen Heiltrank oder das Talent *Heilkunde Wunden.* Während Zauber und Tränke die Wunde sofort schließen (und die verlorenen LeP zurückgeben), ist *Heilkunde Wunden* nur ein notdürftiges Flicken. Die verletzten Gliedmaßen sind wieder einsatzfähig, aber der Charakter ist weiterhin angeschlagen, die geheilten LeP durch *Heilkunde Wunden* kommen erst mit einer Regenerationsphase zurück.
Die genauen Regeln für die profane Heilung von Verletzungen und den Rückgewinn von Lebenspunkten finden sich im Abschnitt **Heilkunde** (Seite **56**). Auch Heiltränke und ihre Wirkungen sowie Regeln zum Einsatz von Heilpflanzen sind in diesem Kapitel aufgeführt. Weitere Regeln zur magischen Heilung stehen bei den entsprechenden Zaubersprüchen im **Zauber- und Gebetbuch**.

Die Regenerationsphase

Neben den oben genannten Möglichkeiten zur Heilung kann jeder Charakter in der Regenerationsphase je 3 LeP, AsP und KP regenerieren. Als Regenerationsphase gilt eine mindestens vierstündige Ruhephase (einmal täglich), in der der Charakter effektiv schläft. Das muss nicht nachts stattfinden. Gleichzeitig erfolgt in der Nacht nicht automatisch eine Regeneration, wenn der Charakter etwa Nachtwache hält oder die Stunden in der Taverne durchzecht.

Die Opferregel:
Heldentod ... oder auch nicht
Wie fürchterlich eine Verletzung auch sein mag, Helden sterben daran nur äußerst selten, insbesondere dann nicht, wenn sie einsam irgendwo am Wegesrand oder irgendwo auf dem Schlachtfeld vergessen wurden – es sei denn, der Spieler selbst entscheidet, dass sein Charakter seinen schweren Verletzungen erliegt. Dies ist als die „Opferregel“ bekannt.
Anders als der Meister im Tischrollenspiel haben die Spielleiter im LARP keine allgegenwärtige Kontrolle über die Spielwelt und die NSCs. Die Chance, dass ein Held völlig unbeabsichtigt und fast nebenbei über die Klinge springt, wäre sehr hoch. Zudem kommt es im Live-Rollenspiel oft zu Konflikten zwischen Spielercharakteren. Gerade die Möglichkeit, andere Charaktere endgültig zu töten, hat sich immer wieder als Grundlage für erbitterten, echten Streit erwiesen.

Das heißt nicht, dass die Todesgefahr aus Sicht eines Charakters nicht vorhanden ist. Wer sich im Wissen um diese Regel ständig in eigentlich tödliche Situationen bringt, um sie gerade so eben zu überleben, nimmt dem ganzen Spiel die Spannung. Ihr als Spieler mögt wissen, dass die Orks, die euch überfallen, eure Charaktere nicht in kleine Stücke schneiden werden (jedenfalls meist nicht ohne mehrfache Warnung) – euer Charakter weiß das aber nicht. Und wer sich dem finsteren Endgegner zum Zweikampf stellt und unterliegt, als Einziger die Brücke gegen anstürmende Feinde hält, um seinen Freunden ein paar Minuten Vorsprung zu verschaffen, oder im Dungeon von einer riesigen Steinkugel überrollt wird, sollte sich gut überlegen, ob er seinem Helden mit dieser Situation nicht ein dramatisches Ende gönnt.

Manchmal, wenn ein altgedienter Held oder eine lange gespielte Abenteuerin ihre letzte Reise antreten, fließen bei der gespielten Beerdigung sogar echte Tränen.

Dem Talent *Meucheln* nimmt diese Regelung scheinbar ein wenig die Wertigkeit. Bedenkt aber auch, dass auch NSCs gemeuchelt werden können und für jene diese Regelung nicht gilt. Eine gelungene Meuchelattacke ist so oder so ein guter Weg, einen Gegner schnell auszuschalten.

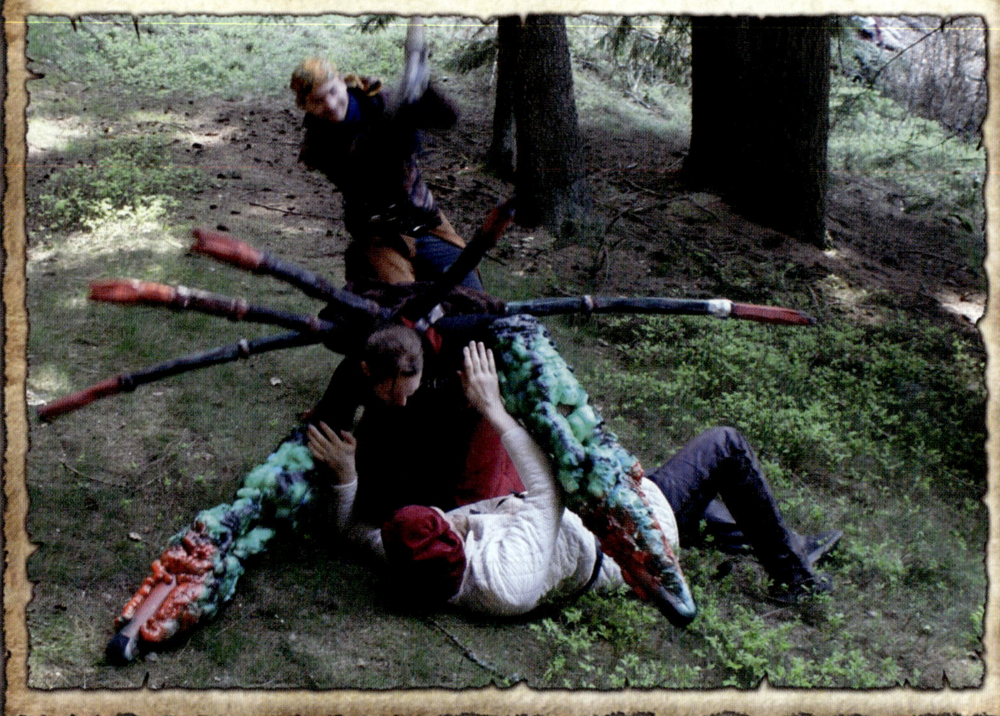

Verbotene Trefferzonen

Nase, Augen, Ohren, Zähnen aber auch der Brille sollte der Kontakt mit der Polsterwaffe möglichst erspart bleiben. Es ist deshalb verboten, auf den Kopf des Gegners zu schlagen. Diese Regel gilt auch gegenüber Helmträgern und Spielern mit Monstermasken. Um die allgemeine Verletzungsgefahr zu senken, dürfen Kämpfer beim Polsterwaffenkampf auch nicht auf die Genitalien schlagen. Die Hände sind ebenfalls keine erlaubte Trefferzone, da vor allem Fingergelenke leicht verletzt werden können. Um sich gegen unbeabsichtigte Handtreffer zu schützen, ist es trotzdem ratsam, beim Kampf Handschuhe zu tragen.

Generell gilt: Sollte einmal versehentlich ein Schlag eine empfindliche Stelle treffen, wird der Treffer nicht gewertet. Entschuldigt euch bei eurem Gegenüber und vergewissert euch, dass alles in Ordnung ist. Notfalls muss der Kampf kurz unterbrochen werden. Selbstverständlich darf ein Spieler eine solche Situation nicht ausnutzen, um dem vor Schreck oder Schmerz kurzfristig abgelenkten Gegner zusätzliche Treffer zuzufügen.

Rüstung

Rüstungsschutz ist im Kampf (anders als im Tischrollenspiel) kein separater, statischer Wert, sondern wird zu den Lebenspunkten dazugerechnet und sinkt mit jedem Treffer. Rüstung schützt jedoch nur an den Stellen, wo sie auch getragen wird. Ausnahmen sind Helme und gepanzerte Handschuhe, da Kopf- und Handtreffer verboten sind. Diese Rüstungsteile geben einen Gesamtbonus.

Wird die Rüstung getroffen, nimmt sie also Schaden und schützt schließlich nicht mehr. Hierbei ist es der Einfachheit halber aber egal, wo genau die Rüstung getroffen wurde.

Beispiel: Wurde ein SC z. B. 4 Mal an seiner Plattenrüstung getroffen, dabei aber 2 Mal am Bein und 2 Mal am Torso, ist der Rüstungsschutz trotzdem überall gleichmäßig verringert. Das bedeutet, auch wenn ein Kämpfer mit RS 4 genau 4 Mal am Bein getroffen wird, ist sein Rüstungsschutz dahin. Um den RS zu regenerieren muss die Rüstung zu einem Schmied gebracht werden, der sie wiederherstellen kann.

Die Rüstung muss tatsächlich aus Metall, Leder etc. bestehen. Kunststoffrüstungen werden nicht als Rüstung, sondern als exotische Kostüme akzeptiert. Ausnahmen können in Absprache mit der Orga im Fall von körperlichen Gebrechen gemacht werden.

Rüstungskategorien

Die Schutzwerte der unterschiedlichen Rüstungsarten des **Das Schwarze Auge**-Tischrollenspiels wurden an die Bedürfnisse des LARP-Kampfs angepasst. Mit jeder Rüstungskategorie ist ein Talent verbunden, das erworben werden muss, um sie zu nutzen.

Rüstung wird in drei Kategorien unterteilt:

Leichte Rüstung
Leder, Holz, Gambeson, Fellrüstungen, Lederarmschoner etc.
Normale Lederkleidung zählt nicht als Rüstung.

Mittlere Rüstung
Kettenhemden, metallverstärktes Leder, Schuppenrüstung, Kettenhaube etc. Aber auch Plattenrock, Schuppenpanzer oder Brigantinen, also Rüstungen, bei denen flächig – möglichst eng anliegend oder sogar überlappend – Metallplatten auf Trägermaterialien wie Leder oder Textilien befestigt sind, fallen in diese Kategorie.

Schwere Rüstung
Plattenrüstung, Metallhelm, Panzerhandschuhe etc., also Rüstungen aus festen Metallplatten: von simplen Arm- und Beinschienen über einfache einteilige Brustplatten bis hin zu kompletten Plattenharnischen, bei denen Arm- und Beinzeug mit komplexen Gelenken und Segmenten mit der Torsopanzerung verbunden sind.

Rüstungswerte

Der Rüstungsschutz ergibt sich durch die Qualität der Rüstung(en). Der errechnete Wert gilt dann gleichmäßig überall dort, wo die Rüstung getragen wird. Unbedeckte Körperstellen werden nicht von ihr geschützt. Natürlich erhält nur die tatsächlich getragene Rüstung Schutzpunkte.

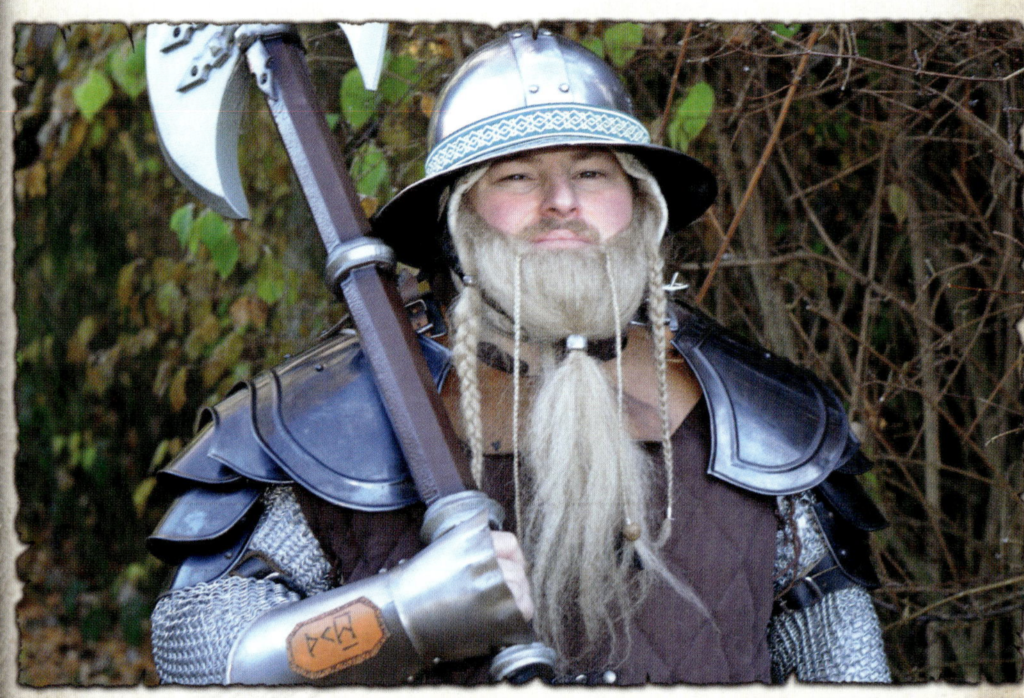

Ein Kettenhemd im Zelt nützt ebenso wenig wie ein Helm, der am Gürtel hängt. Wer also nur eine Platten-Torsorüstung trägt und sonst ungerüstet ist, ist auch nur am Torso geschützt.
Wer diese Rüstung aber mit harter Lederrüstung an Armen und Beinen kombiniert, profitiert der Einfachheit halber auch überall an diesen weniger geschützten Regionen vom höheren Wert durch die Plattenrüstung, jedoch nicht in dem Maße, als wenn er eine „Volldose“ tragen würde.
Eine Ausnahme: Wer einen Helm oder Panzerhandschuhe trägt, ansonsten aber „nackt“ ist, besitzt überall einen RS von 1 (oder 2). Die Wirkung des Rüstungsschutzes durch Helm und Handschuhe ist daher die erste, die sich verbraucht. Vereinfacht könnte man auch sagen: Der Helm erhöht die LeP um 1. Allerdings werden Spieler, die wirklich nur mit einem Helm bekleidet in die Schlacht ziehen, vermutlich von der SL gemaßregelt werden. Und nie wieder eingeladen.

Kopf und Hände sind im Kampf zwar keine gültige Trefferzone, trotzdem trägt es, gerade bei Charakteren, die berufsmäßige Kämpfer darstellen sollen (z. B. Krieger, Söldner, Thorwaler), zum realistischen Auftreten bei, wenn auch diese Körperteile ordentlich geschützt sind. Und das will belohnt werden.

Die untenstehende Tabelle gibt an, wie sich der RS je nach Rüstungskombination zusammensetzt.

Als gültige Helme zählen dabei Kettenhauben oder Metallhelme und analog bei den Handschuhen kettenverstarkte Handschuhe oder Plattenhandschuhe. Der Einfachheit halber wird hier nicht unterschieden, und einfache Hauben oder Lederhandschuhe zählen nicht als Rüstung, wohl aber als Schutz gegen unabsichtliche Treffer in diesen Regionen. An den Extremitäten wird ebenfalls der Einfachheit halber nicht zwischen z. B. Leder- und Kettenrüstung unterschieden.

Körperzone	Leichte Rüstung	Mittlere Rüstung	Schwere Rüstung
Torso	1	2	3
Arme	1	1	2
Beine	1	1	2
Helm (allgemein)	0 (Lederhaube)	1	1
Handschuhe (allgemein)	0 (Lederhandschuh)	1	1
Maximaler RS	3	6	9

Werden mehrere Rüstungen übereinander getragen (z. B. Kette über Leder), kann deren Wert addiert werden, wobei der Maximalwert (angegeben in der Tabelle durch **Schwere Rüstung**) in dieser Körperzone nie übertroffen werden darf. Maximaler Rüstungsschutz bleibt somit immer 9.

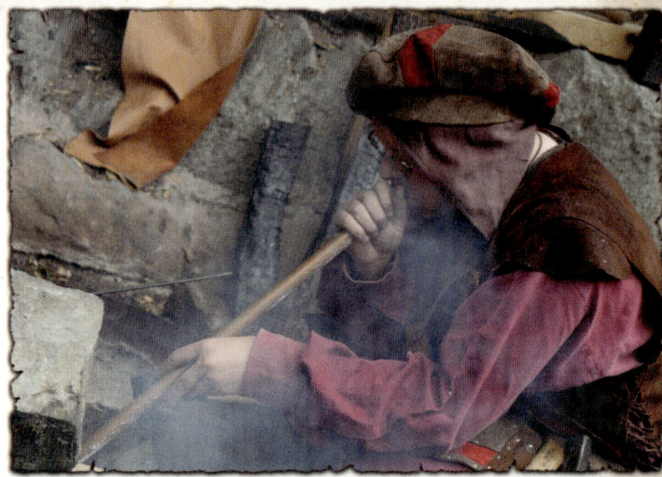

Rüstung und Sicherheit

Jeder Spieler ist selbst für die Sicherheit seiner Rüstung verantwortlich. Sie darf keine Spitzen, Ecken oder Kanten haben, die andere oder ihn selbst verletzen oder auch die Polsterwaffen beschädigen können. Spitze Nieten, Stacheln oder scharfkantige Blechkonstruktionen sind daher zu vermeiden.

Rüstung reparieren

Jeden Rüstungspunkt, den eine Rüstung im Kampf verliert, müsst ihr wiederherstellen lassen, um die Rüstung in folgenden Gefechten wieder im vollen Umfang nutzen zu können. Hier bietet sich die Möglichkeit, einen Schmied zu seinem Spiel kommen zu lassen, der sich den Schaden fachmännisch besehen und ein Angebot machen wird. Oder ihr greift selbst zu Zange und Hammer und macht euch daran, die Beseitigung des Schadens auszuspielen. Wer kein Profi-Schmied ist, kann Feldreparatursets benutzen, um dies zu tun, was allerdings auch nur durch ein Talent möglich ist. Mehr dazu bei den entsprechenden Talenten ab Seite **81**.

Kampf gegen dämonische Wesenheiten

Es kommt bei DSA doch ab und an einmal vor, dass man plötzlich einem Dämon gegenübersteht. Früher waren Dämonen nur mit magischen oder geweihten Waffen zu verletzten. Im LARP war die Folge: Die ständige OT-Ansage „magisch" oder "geweiht". Inzwischen sind Dämonen empfindlich gegen profane Waffen geworden, sie verursachen nur deutlich weniger Schaden. NSCs, die Dämonen darstellen, sollten daher von der Orga gebrieft werden, welche Waffen ihnen besonders schaden.

DETAILREGELN ZU DEN TALENTEN

Objekte der Spielwelt

Bestimmte Gegenstände im DSA-LARP sind mit Werten versehen. Dabei handelt es sich um Objekte, die von Spielern hergestellt oder weiterverarbeitet werden können – oder die für sie ein Hindernis darstellen. Darunter fallen Tränke, Gifte, Kräuter, Werkzeuge zur Rüstungsreparatur, Schlösser oder Fallen. Sie alle besitzen eine eigene Stufe. Diese gibt z. B. an, wie schwierig ein Schloss zu knacken oder eine Falle zu entschärfen ist, wie schwer ein Gebräu herzustellen ist und wie potent ein Trank oder ein Gift ist und dementsprechend wie viele LeP der Trank zurückgibt oder das Gift raubt. Bei Kräutern entscheidet die Stufe darüber, wie leicht sie zu identifizieren sind und zu was sie weiterverarbeitet werden können. Die Stufe, oder Qualitätsstufe (QS), wird in Schritten von 1-5 angegeben. Wie das im Einzelnen genau funktioniert, wird jeweils beim entsprechenden Talent beschrieben. Die Tabelle auf Seite **54** gibt Überblick über die verschiedenen Objekte, wie sie benutzt und erstellt werden können.

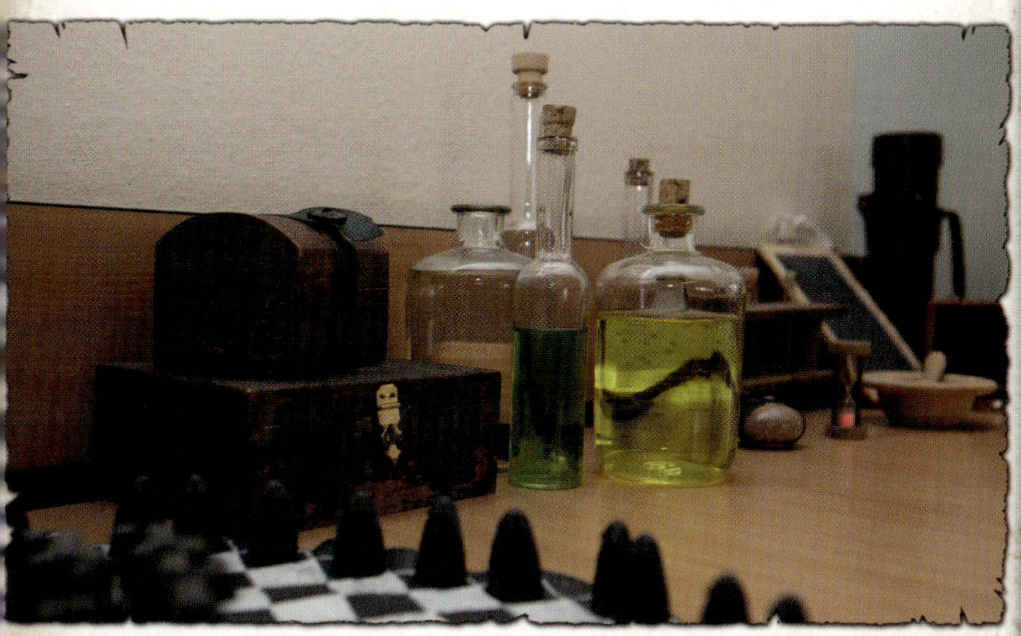

Name des Objekts	Wirkung	Herstellung durch Talent
Feldreparaturset QS: 1-3	Repariert notdürftig eine Rüstung, gibt pro QS einen RS zurück, jedoch wird die Rüstung nie vollständig repariert.	Schmieden: Feldreparaturset herstellen,.1 QS pro 10 Minuten oder TaP
Schloss QS: 1-5	Versperrt eine Tür oder Kiste	Trifft nicht zu
Heilkraut, Giftpflanze QS: 1-5	Dient zur Herstellung von Tränken und Giften	Wird nicht hergestellt sondern mitgebracht oder ausgegeben.
Heiltrank QS: 1-5	Heilt pro QS 1 LeP und 1 Wunde	Tränke brauen: Heiltrank, Kräuterkunde (QS 1-3), Experten-Kräuterkunde (QS 4-5), 1 QS pro 10 Minuten oder TaP
Gift QS: 1-5	QS 1-3: Verursacht pro QS und pro Minute 1 Punkt Giftschaden; QS 4: 8 Punkte über 4 Minuten; QS5: 10 Punkte direkt	Tränke brauen: Gifte und Gegengifte, Kräuterkunde (QS 1-3), Experten-Kräuterkunde (QS 4-5), 1 QS pro 10 Minuten oder TaP
Gegengift QS: 1-5	QS 1-4: Hebt Wirkung von Giften analoger QS auf, heilt pro QS 1 durch Gift entstandenen Schadenspunkt; QS5: Heilt sämtlichen Giftschaden	Tränke brauen: Gifte und Gegengifte, Kräuterkunde (QS 1-3), Experten-Kräuterkunde (QS 4-5), 1 QS pro 10 Minuten oder TaP
Ausdauertrank QS: 1-5	Spendet pro QS 1 TaP.	Tränke brauen: Ausdauertrank, ansonsten wie Heiltrank
Astraltrank QS: 1-5		Tränke brauen: Astraltrank, ansonsten wie Heiltrank
Falle QS: 1-5	QS gibt Grad der Entschärfungs-Schwierigkeit an, Wirkung je nach Beschreibung.	Mechanik und Rüstungsschmied: Fallen bis QS3 stellen

Nötige Ressourcen	Nutzung durch Talent
Leder- und Metallreste für Herstellung, vom Schmied mitzubringen	Amateur-Rüstungsschmied, Dauer: 20 Minuten pro RSP, der wiederhergestellt werden soll (maximal 3)
Dietriche o.ä. zum Nutzen.	Schlösser knacken, Dauer: 5 Minuten oder 1 TaP/QS
keine	Erkennen und direkt Nutzen durch Kräuterkunde (QS 1-3), bzw. Experten-Kräuterkunde (QS 4-5)
Heilkräuter (QS 1-5) für QS4 oder mehr: Heilkräuter der Stufen 4 oder mehr	Frei für alle
Giftige Kräuter (QS 1-5) für QS4 oder mehr: Giftige Kräuter der Stufen 4 oder mehr	Frei für alle
Giftige Kräuter und Heilkräuter (QS 1-5) für QS4 oder mehr: Giftige Kräuter der Stufen 4 oder mehr	Frei für alle
Passende Kräuter	Frei für alle
Passende Kräuter	Frei für alle Magier
Vorhandene Fallenbestandteile oder Mitgebrachtes zum Stellen von Fallen	Mechanik und Schlösser knacken: Fallen entschärfen, Dauer: 5 Minuten oder 1TaP/QS

Heilkunde

Mit den Talenten aus dem Bereich Heilkunde kann ein Held Wunden und Vergiftungen behandeln.

Heilkunde Wunden

Ein Charakter kann durch die Waffen eines Gegners wie auch durch Magie, Liturgien oder Fallen Verletzungen erleiden und Lebenspunkte verlieren. Wer keinen Lebenspunkt mehr hat, ist schwer verletzt und damit kampf- und zauberunfähig. Er wird, wie im Kapitel **Kampf** (Seite **42**) beschrieben, ohnmächtig. Diese Ohnmacht hält im Regelfall so lange an, bis die Wunden fachgerecht versorgt sind.

Damit es gar nicht so weit kommt, sollte der Charakter sich natürlich schon vor Verlust des letzten Lebenspunktes in die fähigen Hände eines Heilers begeben. Schließlich würde niemand länger als notwendig mit einer offenen Wunde herumlaufen.

Wunden behandeln

Einen notdürftigen Verband anbringen, um eine gespielte Blutung zu stillen, darf jeder Charakter, ohne dass er ein Talent dafür benötigt. Allerdings hat ein solcher Verband keine regeltechnische Auswirkung.

Um die tatsächliche Heilung durchzuführen, müssen die Wunden von einem Charakter versorgt werden, der über das Talent *Heilkunde Wunden* verfügt und Heilkräuter und Salben benutzt, um sein Handwerk zu verrichten.

Mit *Heilkunde Wunden* versorgte Wunden heilen, sobald der Heiler mit seiner Arbeit fertig ist, meist braucht er 5 Minuten, um eine einzelne Wunde zu versorgen.

Die Lebenspunkte, die mit jeder Wunde verlustig gegangen sind, werden jedoch nicht sofort regeneriert, sondern auf die Regenerationsphase aufgeschlagen. Sofern der Charakter sich also nicht auch noch magisch heilen lässt, kehren seine LeP erst nach der Ruhepause zurück.

Es ist selbstverständlich nicht möglich, das Talent *Heilkunde Wunden* anzuwenden, ohne dass eine Wunde existiert, nur um die Regeneration zu verstärken.

Wer auf diese Art geheilt wird, sollte – auch wenn er theoretisch wieder kampfbereit ist – natürlich weiterhin die Folgen seiner Wunde und der Behandlung ausspielen. Er kann zwar kämpfen und laufen, doch es sollte ihm Schmerzen bereiten.

Passende Kräuter können noch einmal einen Bonus auf die Wirkung der Heilkunde geben.

Im Zauber- und Gebetbuch findet ihr eine Liste mit Heilkräutern. Die Wirkung bei der Einnahme ist dabei unabhängig vom Heilkunde-Talent. Bei der Darstellung von *Heilkunde Wunden* sind Kräuter und Salben ein toller Bonus, aber wie wirksam die Heilkunde ist, hängt am Ende nicht von den Werten des jeweiligen Krauts ab, sondern davon, wie lange und gut sie ausgespielt wird (oder wie viele TaP benutzt werden). Einige Kräuter geben allerdings einen Extrabonus auf Heilkunde-Talente.

Realismus?

Ein Schwerverwundeter, der nach fünf bis 30 Minuten wieder auf den Beinen ist, ist sicherlich nicht sonderlich realistisch. Aber auch wenn eine Heilung fünf oder zehn Stunden dauern würde, wäre sie kaum wirklichkeitsnäher. Realistisch wäre es eher, wenn der verletzte Held wochenlang auf dem Krankenlager dahinsiecht, seine verletzten Extremitäten amputiert werden und er den Rest seines Lebens als schwerversehrter Bettler fristet – wenn er nicht gleich an Wundfieber stirbt. Klingt nicht nach Spaß, oder?

Behandlungsdauer

Grundsätzlich darf eine Behandlung so lange dauern, wie die Beteiligten daran Spaß haben. Eine komplizierte Operation dauert aber natürlich etwas länger als ein einfaches Verbinden der Wunde. Pro Wunde, die geheilt werden soll (und damit verbundenem LeP, der in der Regenerationsphase zurückerlangt werden kann), dauert es 5 Minuten, bis eine Wunde ordentlich ausgewaschen und versorgt ist. Eingesetzte TaP können diese Zeit verkürzen.

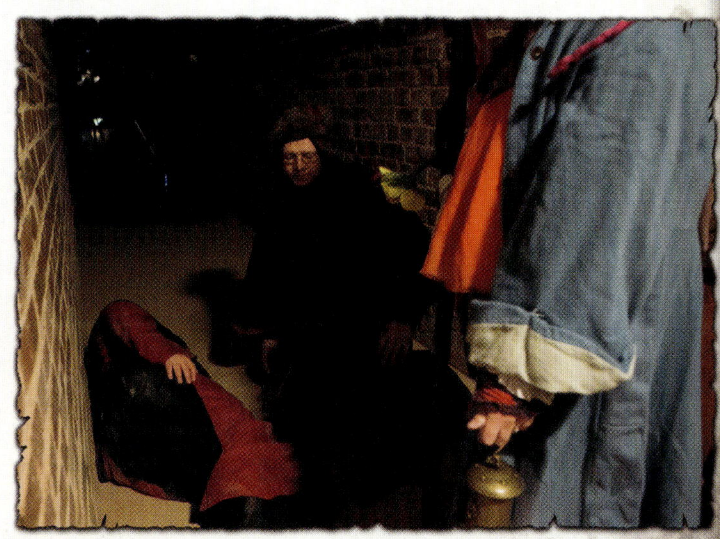

Ausspielen

Wie ein Charakter eine Wunde versorgt, bleibt dem Spieler überlassen. Zumindest sollte sie gereinigt und mit einem Stoffstreifen oder einer Mullbinde verbunden werden. Darüber hinaus sind Aufwand und Phantasie nur wenig Grenzen gesetzt. Wenn Heiler und Patient Spaß daran haben, können sie auch eine längere Operation simulieren und jede Menge Kunstblut verbrauchen.

Regeltechnisch haben alle Verletzungen die gleichen Auswirkungen: Sie kosten Lebenspunkte und behindern beim Kampf. Schön ist es, wenn ein Heilkundiger in seiner Darstellung der Wundversorgung etwas auf die Ursache der Wunde eingeht. Denn natürlich verursacht ein Goblinbiss eine andere Wunde als ein Schwertschlag, eine Pfeilwunde müsste anders behandelt werden als die Verbrennungen, die ein Feuerball verursacht hat. Spieltechnisch kann er aber alle Wunden gleich gut behandeln.

Magische Heilung

Heilung durch Tränke

Heiltränke schließen nicht nur Wunden, sie bringen auch direkt Lebensenergie zurück. Dafür ist ihre Herstellung aufwändig.

Pro Lebenspunkt, der durch einen Trank geheilt wird, braucht es 5 Minuten, bis sich die Wunde ordentlich geschlossen hat und man sich wieder neu ins Abenteuer stürzen kann. Ist die Wunde unter besonderen Umständen entstanden, z. B. durch den Biss eines Werwolfs, ist es aber je nach Spielleitung fraglich, ob damit auch wirklich alle Gefahren, die die Verletzung mit sich bringt, beseitigt sind. Eine magische oder gar dämonische Spätfolge könnte immer noch auftreten.

Heilung durch Magie und Liturgien

Magie und Liturgien sind die effektivste Methode, um sowohl Wunden zu heilen als auch direkt verlorene LeP zurückzubringen. Meist muss dafür aber im Verhältnis 1:1 Astral- oder Karmaenergie gespendet werden.

Auch hier gilt: Jeder verlorene Lebenspunkt stellt im Spiel zumeist eine sichtbare Verletzung dar. Bis der Knochen geheilt, die Wunde geschlossen und alles wieder belastbar ist, braucht es 1 Minute pro verlorenem LeP.

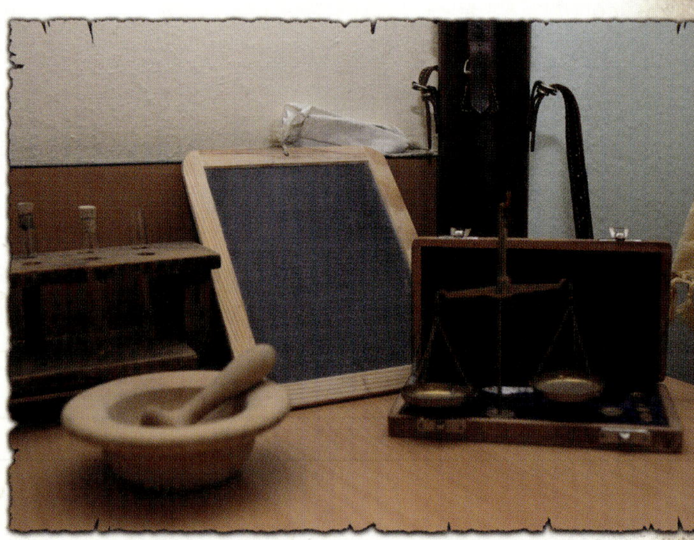

Heilkunde Gift

Die Auswirkungen von Gift und manchen anderen alchimistischen Gebräuen können mit dem Talent *Heilkunde Gift* behandelt werden. Der Schaden, der durch Gift entsteht, kann nicht einfach wie eine Wunde geheilt werden. Gefährliche Vergiftungen kommen im LARP meist als besondere dramaturgische Elemente vor und es ist ratsam, sie auch nur wohl dosiert einzusetzen. Die Lösungsmöglichkeiten, die eine Spielleitung in diesen Fällen vorsieht, sollen nicht durch ein starres Regelkonstrukt eingeschränkt werden.

Als Richtlinie gilt, dass ein Charakter das Talent *Kräuterkunde* beherrschen muss, um *Heilkunde Gift* wählen zu können. Mit beiden Talenten hat er oder sie eine gute Chance, die Auswirkungen von leichten Vergiftungen (QS 1-3) zu erkennen und zu behandeln.

Wer zudem über *Experten-Kräuterkunde* verfügt, ist mit Giften bis QS 5 vertraut und kann gegen sie vorgehen.

Verlorene LeP bringt *Heilkunde Gift* nur in der Regenerationsphase zurück, in der gleichen Rate wie *Heilkunde Wunden*. Die Behandlung stoppt auf jeden Fall das Voranschreiten des Giftes. Passende Kräuter können noch einmal einen Bonus auf die Wirkung der Heilkunde geben.

Im Zauber- und Gebetbuch findet ihr eine Liste mit Heilkräutern. Die Wirkung bei der Einnahme ist dabei unabhängig vom Heilkunde-Talent. Bei der Darstellung von *Heilkunde Gift* sind Kräuter und Salben ein toller Bonus, aber wie wirksam die Heilkunde ist, hängt am Ende nicht von den Werten des jeweiligen Krauts ab, sondern davon, wie lange und gut sie ausgespielt wird (oder wie viele TaP benutzt werden). Einige Kräuter geben allerdings einen Extrabonus.

Krankheiten

Krankheiten haben wir absichtlich im Regelwerk nicht abgedeckt, da das Spiel mit Kankheiten im Allgemeinen den wenigsten Leuten Spaß macht. *Heilkunde Gift* kann aber auch angewendet werden, falls doch mal ein NSC erkrankt sein sollte. Magische Zustände zählen nicht als Krankheiten.

Dennoch: Auch ein Charakter in einer Fantasywelt kann unter kleinen Wehwehchen leiden. Für deren Umsetzung sind allerdings keine Regeln nötig. Von den betroffenen Spielern wird allenfalls etwas schauspielerisches Können gefordert, schließlich kann schon eine leichte Krankheit unangenehm sein und den Charakter schwächen.

Es wird kriminell!

Diebesspiel

Einem anderen Charakter etwas zu stibitzen, ohne dabei bemerkt zu werden, kann ein tolles Gefühl sein. Leider bedeuten Diebescharaktere oft ziemlich viel Stress für die Orga und die Beklauten. „Dieben", also das In-Time-Bestehlen anderer Charaktere, ist daher nur mit Einschränkungen erlaubt. Egal ob es sich um einen goldenen Kelch oder eine Waffe handelt – fremdes Eigentum verschwinden zu lassen ist grundsätzlich tabu. Aber auch Plot-Gegenstände oder andere Spielrequisiten der Orga sollten nicht ungefragt eingesackt werden.

Wie Dieben gehandhabt wird, ist grundsätzlich der jeweiligen Orga überlassen. Einige Orga-Teams lassen entsprechende Spielhandlungen in einem eng gesteckten Rahmen zu. Im Regelwerk haben wir uns für die folgende Version entschieden:

Gediebt werden dürfen ausschließlich IT-Münzen, Schriftstücke und von der SL ausgegebene Plot-Gegenstände, niemals Waffen. Dabei wird die Schnur-Methode genutzt. Will ein Dieb bei dieser Methode einem anderen Charakter etwas stehlen, muss er versuchen, heimlich ein Stück Bindfaden am Gegenstand zu befestigen. Anschließend informiert er die SL. Die Fäden sind im Idealfall jeweils so markiert, dass die SL eindeutig erkennen kann, welcher Dieb sie eingesetzt hat. Der Vorteil dieser Methode: Der Dieb muss keine Verantwortung für fremdes Eigentum übernehmen. Auch die ver-

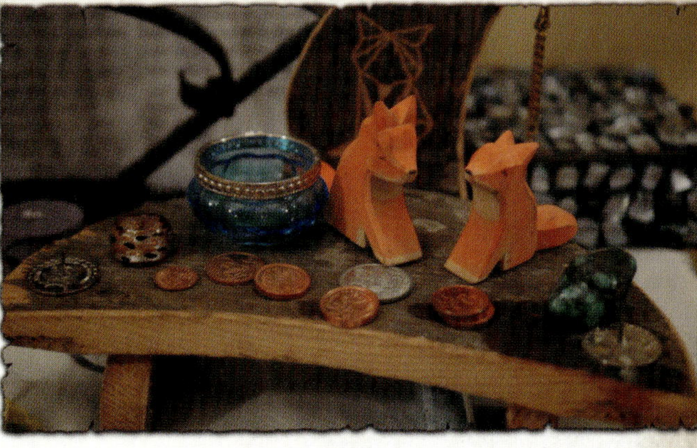

sehentliche Aneignung von Out-Time-Gegenständen entfällt. Der markierte Gegenstand wird entweder vom bediebten Spieler selbst aus dem Spiel genommen oder im SL-Zimmer gelagert. Wurde ein Beutel mit Münzen markiert, kann – je nachdem ob mit Spielgeld der Orga oder privaten Münzen gespielt wird – das Geld über die SL als Mittelsmann übergeben werden.

Die Entscheidung, ob und wie viele Münzen ein Spieler aus seinem Privatbesitz an einen erfolgreichen Dieb gibt, ist ganz ihm überlassen: Ein Dieb sollte seinen Spielspaß aus den Herausforderungen, denen er sich stellen muss, beziehen und nicht aus dem Bedürfnis heraus, mit Gegenständen belohnt zu werden, die er Out-Time behalten darf.

Nach vorheriger Absprache mit der Orga erhalten Charaktere mit dem Talent *Hoher Sozialstatus* spezielle Geldsäckel. Diese von der Orga ins Spiel gebrachten Beutel sollten von den Diebesspielern eindeutig erkannt werden können, im besten Fall durch ein vorheriges Briefing. Sie dürfen dann versuchen, die Beutel (und nur diese!) ihren Besitzern zu entwenden, und können deren Out-Time wertlosen Inhalt zumindest bis zum Spielende behalten.

Natürlich kann die Orga solche Beutel auch an bestimmte NSCs herausgeben, die dadurch zu wertvollen Zielen werden und vielleicht sogar für den Plot wichtige Gegenstände oder Informationen bei sich tragen.

Für die Ausgabe eines TaP kann der Faden durch eine Wäscheklammer ersetzt werden, was das Dieben merklich erleichtert.

Schlösser knacken

Real verschlossene Türen, Schatztruhen und Ähnliches dürfen selbstverständlich nicht einfach geknackt oder gar aufgebrochen werden (zumindest nicht ohne ausdrückliche Erlaubnis der Spielleitung). Aus diesem Grund gibt es das Talent *Schlösser knacken.*

Die einfachste Möglichkeit, Schlösser im Spiel darzustellen, ist es, sie durch einen Zettel zu symbolisieren. Diesen bringt die Spielleitung oder der Charakter an der verschlossenen Tür oder dem verschlossenen Gegenstand an (bei beidseitig zugänglichen Türen natürlich auf beiden Seiten), und zwar so, dass er nicht versehentlich übersehen werden kann. Will ein Charakter ein Schloss öffnen, für das er keinen Schlüssel hat, informiert der Schlosszettel darüber, welche Stärke das Schloss hat.

Orgas, die sich besonders viel Mühe geben wollen, können statt eines Zettels auch ein ganzes Türschloss aus Pappe basteln und dieses locker über das eigentliche Schloss kleben. Auf diesem IT-Schloss ist dann ebenfalls die relevante Info über die Schlossstärke vermerkt. Ein Charakter mit dem Talent *Schlösser knacken* kann theoretisch alle Schlösser öffnen. Dazu benötigt er je Qualitätsstufe des Schlosses ca. fünf Minuten. Das muss er natürlich entsprechend ausspielen und passendes Werkzeug wie Draht, alte Schlüssel etc. mit sich führen. Neben Schlosszetteln sind auch weitere Darstellungsvarianten möglich. So kann das Talent relativ einfach mit Hilfe von Zahlenkombinationsschlössern dargestellt werden. Diese werden unauffällig überall da angebracht, wo im Spiel ein Schloss symbolisiert werden soll, und simulieren die Schwierigkeit des jeweiligen Schlosses. Je mehr TaP ein Charakter dann schon vor Conbeginn für das Talent reserviert, desto mehr der im Spiel verwendeten Kombinationen bekommt er von der SL mitgeteilt. Kennt er die passende Kombination für ein Schloss nicht, kann er auch versuchen, es durch Ausprobieren zu öffnen. Oder die Orga denkt sich kleine Rätsel aus, z. B. können kleine Matheaufgaben auf dem Infozettel geknackt werden, deren Lösung die Kombination für ein Zahlenschloss ist. Je mehr TaP der Spieler ausgibt, desto mehr der Variablen kennt er dann. Geduldsspiele haben sich ebenfalls für richtig harte Schlösser bewährt. Kommt der Spieler nicht auf die Lösung, muss er länger herumprobieren oder TaP ausgeben – wobei es hier immer befriedigender ist, das Rätsel wirklich zu lösen. Welche Methode zum Einsatz kommt, entscheidet jeweils die Spielleitung der Veranstaltung.

Unknackbare Schlösser

Es kann gut sein, dass der Plot der Orga vorsieht, dass eine Tür oder eine Kiste erst zu einem bestimmten Moment von den Spielern geöffnet werden kann und dass sie dafür erst einen – oft magischen – Schlüssel benötigen. Manch einer mag argumentieren, dass dies schlechtes oder veraltetes Plotdesign sei – es bringt aber auch einen klassischen Charme mit sich, und wenn nicht der ganze Plot ins Stocken gerät, weil der einzige Schlüssel noch nicht gefunden werden, sollte das auch nicht weiter stören. In diesem Fall sollte die Orga ein Schloss mit der Qualitätsstufe 6 versehen oder anderweitig erklären, weshalb es nicht geknackt werden kann.

Entführung und Gefangennahme

Wenn ein Dieb von der Stadtwache erwischt wurde oder die Orks im Wald einen unbewaffneten Kräutersammler gefangen genommen haben, stellt sich schnell die Frage: Was nun tun mit dem Gefangenen? Denn kaum ein Spieler wird Lust haben, sich stundenlang alleine im Kerker zu langweilen. In solchen Fällen liegt es in der Verantwortung derer, die jemanden gefangen oder entführt haben, möglichst schnell eine Lösung zu finden, die dem Spielspaß beider Seiten dient. Die Stadtwache könnte ihren Gefangenen nach ei-

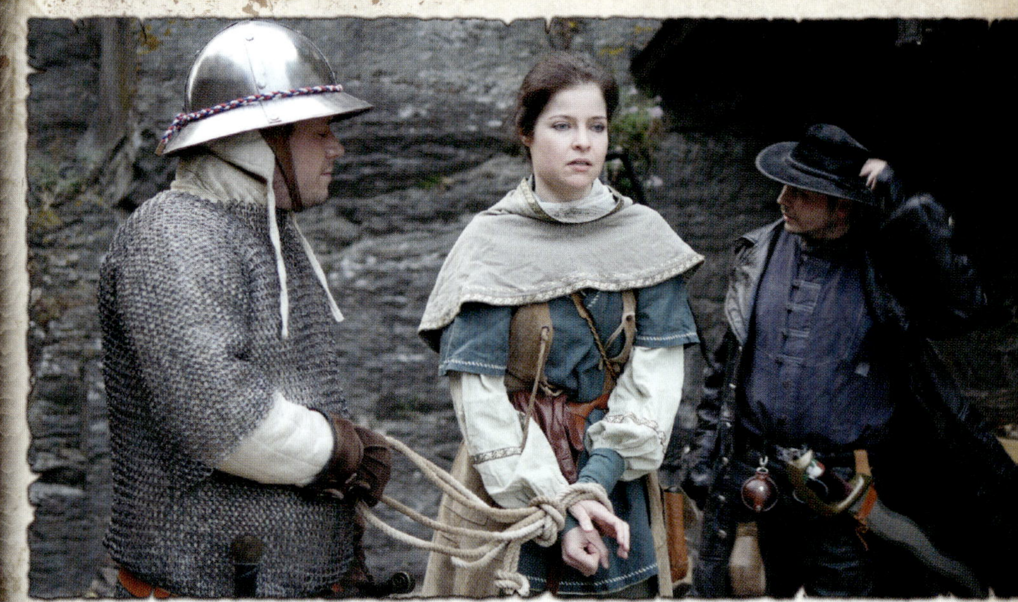

ner Weile entkommen lassen, die Orks könnten den Heiler schwer verletzt „als Warnung“ zurückschicken.

Außerdem gilt natürlich: Kein Spieler darf gegen seinen Willen wirklich festgehalten oder eingesperrt werden. Wenn einem Spieler eine Situation unangenehm ist, darf er sie jederzeit verlassen.

Fallen

Fangeisen im Gebüsch, tonnenschwere rollende Steinkugeln im Dungeon oder vergiftete Pfeile, die dem Dieb beim Öffnen einer verschlossenen Truhe um die Ohren fliegen – Fallen können im LARP eine Menge Spaß und Spannung erzeugen.

Spieler mit dem Talent *Mechanik* können nicht nur einfache Mechanismen bedienen, sondern sie durchschauen auch die Wirkweise von Fallen. In Kombination mit den Talenten *Schlösser knacken* und *Rüstungsschmied* kann ein Charakter versuchen, fremde Fallen zu entschärfen oder selbst eigene zu bauen.

Fallensimulation

Fallen können mit Hilfe von passenden harmlosen Requisiten simuliert werden. Außerdem werden sie durch einen speziellen Fallenzettel gekennzeichnet. Auf diesem Zettel stehen neben der Qualitätsstufe der Falle (1-5) auch ihre Auswirkungen, sobald sie ausgelöst wird.

Berührt jemand eine offensichtliche Falle, so wird sie ausgelöst. Versteckte Fallen werden bereits durch das Hineinlaufen oder Anfassen des gesicherten Bereichs ausgelöst. Nach dem Auslösen der Falle liest der entsprechende Spieler den Zettel und sein Charakter befolgt die Anweisungen zur Wirkungsart. Anschließend reißt er den Zettel leicht ein, als Zeichen, dass die Falle ausgelöst wurde, und lässt ihn an Ort und Stelle zurück.

Orgas, die sich Mühe geben wollen, können natürlich auch wirklich Mechanismen bauen, die dann eine harmlose Wirkung entfalten, z. B. einen Baumstamm aus Schaumstoff, der in Brusthöhe herabsaust, eine Bärenfalle aus einem weichen Material oder Ähnliches – die Wirkung dieser Fallen muss dann meist nicht noch schriftlich festgehalten werden, sie dürfte den Spielern analog zu Kampfregeln klar sein: Der Baumstamm sollte mindestens 2 LeP kosten, die Bärenfalle durch ihre zweifache Wunde ebenfalls.

In Dungeons, in denen die SL immer gut abschätzen kann, wo sich die Spieler gerade befinden und was sie als nächstes tun werden, hat es sich zudem bewährt, Fallen direkt von NSCs „steuern" zu lassen. Sie bewegen versteckt eine Reihe von „Klingen", die hinter einer Tür hin und her sausen, sie schwingen von einem erhöhten Platz aus ein Pendel oder stellen verborgen in einem Wandschrank eine Armbrustfalle dar, die auslöst, wenn sich ein Spieler auf eine bestimmte Bodenkachel stellt.

Fallen entschärfen

Das Entschärfen muss natürlich ausgespielt werden. Dazu sollte der Spieler sich pro Qualitätsstufe der Falle ca. 5 Minuten Zeit nehmen oder 1 TaP investieren. Natürlich kann er nur Fallen entschärfen, die er rechtzeitig entdeckt hat, also bevor sie ausgelöst wurden. Fürs Entschärfen sind die Talente *Mechanik* und *Schlösser knacken* nötig.

Fallen stellen

Komplexe und tödliche Fallensysteme fallen in den Aufgabenbereich der Spielleitung. Helden mit dem Talent *Mechanik* und zusätzlich dem Talent *Rüstungsschmied* sind jedoch in der Lage, zumindest einfache Fallen (QS 1-3) selbst zu stellen.

Die von SCs gestellten Fallen müssen weiterhin real absolut ungefährlich sein. Zur Darstellung bieten sich beispielsweise Bäreneisen aus Schaumstoff an – oder Schaumstoffsteine, die beim Auslösen der Falle auf das Opfer herabfallen. Auf gar keinen Fall dürfen Fallen oder Auslöser zu realen Stolperfallen werden. Im Idealfall werden von Spielern nur Fallen repariert und gegen NSCs eingesetzt, die von der Orga bereits etabliert und von den SCs entschärft wurden. In diesem Fall ist die Stufe der Falle egal.

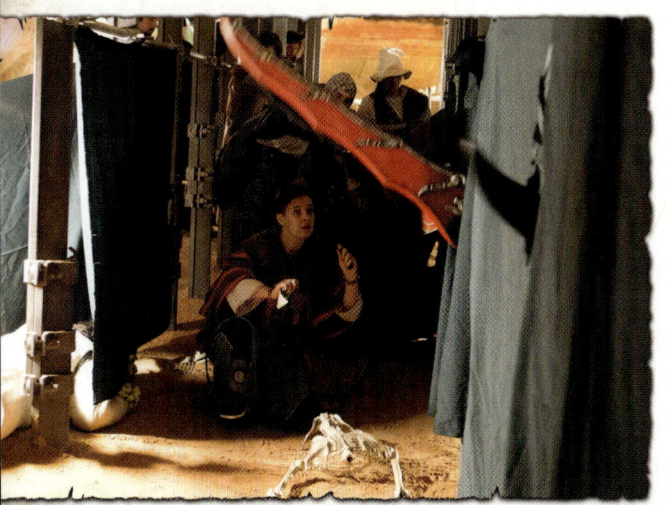

Fälschen und Betrügen

Zum Fälschen und Betrügen ist keine besondere Fertigkeit nötig. Wenn es ihm gelingt, kann jeder Charakter einem anderen Charakter ein runenverziertes Stück Holz als magisches Artefakt oder ein wertloses Pergament als Schatzkarte verkaufen. Dabei ist zu beachten: Wenn ein Charakter einem anderen suggeriert, ein Gegenstand habe eine spieltechnische Wirkung (wenn er z. B. ein Fläschchen mit einfachem Quellwasser als Heiltrank verkauft), muss der Betrüger dafür sorgen, dass der Spieler, dessen Charakter den Trank konsumiert, spätestens dann bemerkt, dass sein Charakter Opfer eines Betrugs wurde.

Zu Risiken und Nebenwirkungen ...

Tränke brauen

Heiltränke, Gifte und Liebeselixiere – Talente aus dem Bereich *Tränke brauen* regeln die Herstellung übernatürlicher Mittelchen. Diese werden im Folgenden allesamt vereinfacht als Tränke bezeichnet, auch wenn einige in Pulverform oder gar als Kerzen daherkommen. Dabei soll das Talent auch dann funktionieren, wenn es bei einem Spiel keine speziellen Plots für Alchimisten und Tränkebrauer gibt.

Die Tränke-Talente stehen nicht für sich alleine. Um sie nutzen zu können, ist das Talent *Kräuterkunde* Voraussetzung. Helden mit diesen Talenten können die meisten Standardgebräue (QS 1-3) eigenverantwortlich herstellen, ganz ohne die Spielleitung einbeziehen zu müssen. Zu diesem Zweck sind alle Standardtränke in Qualitätsstufen von 1 bis 3 eingeteilt. Wer *Experten-Kräuterkunde* besitzt, darf auch Tränke der QS 4 und 5 brauen. Hierbei kann die SL jedoch entscheiden, dass (aufgrund der aktuellen Sphärenkonstellation, des Mondstands o. Ä.) Tränke mit einer QS von 5 nur unter Aufwendung von TaP möglich sind.

Pro Tranktalent darf ein Spieler einen passenden Trank mit auf eine Con bringen, wobei Gifte immer mit der SL abgesprochen werden müssen.

Zutaten

Wenn die Spielleitung keine anderslautenden Vorgaben macht, darf ein Charakter mit dem Talent *Kräuterkunde* bis zu fünf Kräuter nach Wahl (QS 1-3) mit auf die Con bringen. Eine tabellarische Übersicht über alle möglichen Kräuter findet ihr im **Zauber- und Gebetbuch** ab Seite **52**. *Experten-Kräuterkunde* erlaubt es, bis zu zehn Kräuter (QS 1-5) mitzubringen. Giftige Kräuter und Tränke müssen in jedem Fall gesondert bei der SL angemeldet werden,

Viele Orgas platzieren weitere nützliche Kräuter im Spielgebiet, wofür meist normale Kräuter aus dem Supermarkt genutzt werden, die mit Zetteln versehen sind, um sie als IT-Gegenstände zu erkennen. Weitere Zutaten für mehr Tränke erfordern entweder eine Absprache mit der Spielleitung oder müssen im Spiel erworben werden (z. B. durch einen Handel mit anderen Kräuterkundlern).

Welche Kräuter zur Zubereitung welches Trankes dienen, ist ebenfalls der Übersicht zu entnehmen. Es gibt dabei keine Regelung, wie welches Kraut dargestellt werden muss, also ob eine Alraune durch einen Rettich oder ein Stückchen Ingwer dargestellt wird, solange irgendwie deutlich gemacht wird, dass es sich um eine Alraune handelt. Sollten passende Zutaten für einen bestimmten Trank nicht vorliegen, dieser aber dringend gebraucht werden, ist es immer möglich, Zutaten durch andere zu substituieren, solange genug Aufwand und Rollenspiel betrieben wurde, diese Zutat zu erlangen, bzw. zu erklären, warum sie denn nun als Ersatz taugt.

Natürlich kann es immer wieder vorkommen, dass die SL dem Brauen in ihrem Plot einen wichtigen Stellenwert einräumt und ein bestimmter Trank, der für die Lösung einer Aufgabe nötig ist, auf einer bestimmten Con nur durch ganz bestimmte Zutaten herzustellen ist, die erst erspielt werden müssen. Dann hat diese Setzung der jeweiligen Orga Vorrang vor allgemeinen Regeln. Auch kann eine Spielleitung natürlich immer bestimmen, dass bestimmte oder gar alle Rezepte genau definierte Zutaten benötigen und ihr diese grundsätzlich im Spiel erwerben müsst.

Herstellung

Die Herstellung eines Tranks sollte natürlich möglichst schön dargestellt werden. Wie dies genau geschieht, liegt im Ermessen des Brauers. Dieser kann Ingredienzien zerkleinern, geheimnisvolle Pülverchen miteinander vermischen, (falsche) Molchaugen in brodelnde Kessel werfen oder – die entsprechende Ausrüstung vorausgesetzt – Flüssigkeiten destillieren. Am besten ist es, wenn der Vorgang etwas öffentlich abläuft – und so dem einen oder anderen Mitspieler eine kleine Show geboten wird.

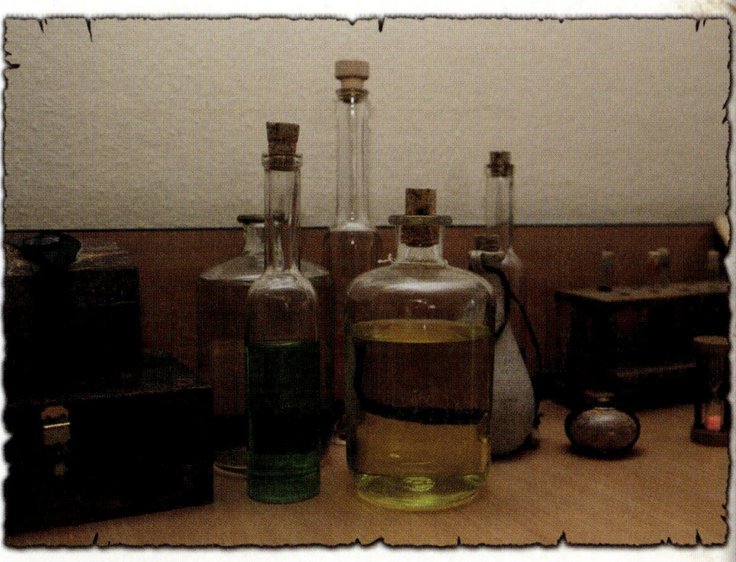

Brauzeit

Die Herstellung eines Tranks der Qualitätsstufe 1 benötigt 10 Minuten Arbeitszeit, ein Gebräu mit QS 2 braucht 20 Minuten und so weiter. Grundsätzlich entsteht bei jedem Brauvorgang nur eine Dosis des Tranks, die für eine einmalige Anwendung gedacht ist. Mit einem in 10 Minuten hergestellten

Heiltrank könnt ihr also nur einen Charakter behandeln. Möchtet ihr mehrere Heiltränke herstellen, so multipliziert sich die benötigte Zeit entsprechend.
Pro investiertem TaP kann die Brauzeit um 10 Minuten reduziert werden, wobei keine Trankherstellung unter 10 Minuten möglich ist.

Haltbarkeit

Tränke können nicht einfach von einem Spiel zum nächsten mitgenommen werden. Ein Trank, der auf einem früheren Spiel hergestellt wurde, hat auf dem aktuellen Spiel keine Relevanz mehr, er ist „verfallen". Ausnahmen liegen im Ermessen der Spielleitung. Pro Tranktalent darf ein Spieler jedoch einen passenden Trank mit auf die Con bringen.

Darstellung der Tränke im Spiel

Im Spiel sind der Giftzahn einer Nesselviper oder Pferdeschweiß sicher stimmungsfördernde Zutaten – in Wirklichkeit dürfen Tränke natürlich keine giftigen oder ekligen Bestandteile enthalten. Am besten ist es, wenn ein Trank – vor allem, wenn er an andere weitergegeben wird – möglichst aus keinen anderen Zutaten als Wasser und eventuell Lebensmittelfarbe besteht. Insbesondere Alkohol darf in keinem Fall verwendet werden. Vorsicht auch vor möglichen allergischen Reaktionen. Selbst eigentlich harmlose Zutaten können euren Mitspielern ernsthaft gefährlich werden. Vergewissert euch daher immer, welche Bestandteile ein Trank enthält, den ihr trinkst, bzw. weist die Personen, auf die ihr einen Trank anwendet, auf die Inhaltsstoffe hin. Im Zweifelsfall tut lieber nur so, als ob der Trank wirklich konsumiert wird, und schüttet ihn unauffällig weg.

Tränke markieren und identifizieren

Zu einem fertigen Trank gehört eine Out-Time-Beschreibung seiner Wirkung. Dafür könnt ihr beispielsweise einen zweifach gefalteten Zettel nutzen. Darauf notiert ihr die genaue Wirkung, faltet ihn einmal, vermerkt die Trankstärke und faltet ihn erneut. Diesen Zettel darf im Spiel nur der Anwender öffnen, damit die Zielperson auch erfährt, welche Wirkung sie ausspielen darf oder auch muss, oder ein Charakter mit dem Talent *Tränke brauen*, der ihn identifizieren möchte.

Und was ist mit ...

In unserer Tabelle fehlen bewusst Angaben zu bekannten Tränken und Giften, die eigentlich typisch aventurisch sind, und wir haben uns für allgemeine Trank- und Giftkategorien entschieden. Somit haben wir auch besonders tödliche Gifte wie Boabungaha, Gonede, Kukris und Purpurblitz ausgeklammert, da sie kaum unter den Begriff „Standardgebräu" fallen. Derartige Gifte dürfen nur in enger Absprache mit der Spielleitung gebraut oder von ihr ins Spiel gebracht werden. Diese entscheidet, ob und unter welchen Bedingungen die Herstellung und auch Anwendung erfolgen darf.
Ebenso sind viele Gebräue nicht aufgeführt, die Eigenschaften verändern, wie Mut-, Stärke-, Klugheits-, Charisma-, Gewandtheits- und Fingerferti-

gkeitselixier. Mangels geregelter Eigenschaften sind sie im Rahmen dieses Regelwerkes wirkungslos. Das heißt, Alchimisten dürfen derartige Tränke gerne brauen. Ob und welche Wirkung sie haben, liegt allerdings ganz in der Hand der Helden, die sie anwenden. Es steht ihnen also frei, eine Wirkung sichtbar für andere auszuspielen oder einfach nur von der Wirksamkeit überzeugt zu sein, ohne dass es eine für andere erkennbare Veränderung im Verhalten gibt. Wer bewusst einen dummen, feigen oder ungeschickten Charakter spielt, kann nach Einnahme eines entsprechenden Trankes recht leicht verbesserte Eigenschaften ausspielen. Andererseits ist es verständlicherweise nicht möglich, dass ein Charakter durch einen Stärketrank stärker wird als der Spieler, der ihn darstellt.

Alchimistische Experimente

Ob Roter Leu, mit dem sich unedle Metalle in Gold verwandeln lassen, das Lebenselixier, welches Unsterblichkeit verheißt, oder der sagenhafte Stein der Weisen – neben der Herstellung der hier beschriebenen Tränke und Gifte gibt es natürlich weitere mögliche schöne und stimmige alchimistische Spielhandlungen. Es spricht daher nichts dagegen, dass Helden in Absprache mit der Spielleitung aufwändige Experimente durchführen, um Tränke mit neuen Wirkungen zu entdecken. Vielleicht ist ein derartiges Experiment sogar Teil des Plots. Feste Regeln dafür gibt es nicht. Über Anforderungen und Erfolg entscheidet die Spielleitung der jeweiligen Veranstaltung. Als grober Anhaltspunkt gilt: Je aufwändiger und länger ein Experiment ist, desto größer ist die Chance auf Erfolg.

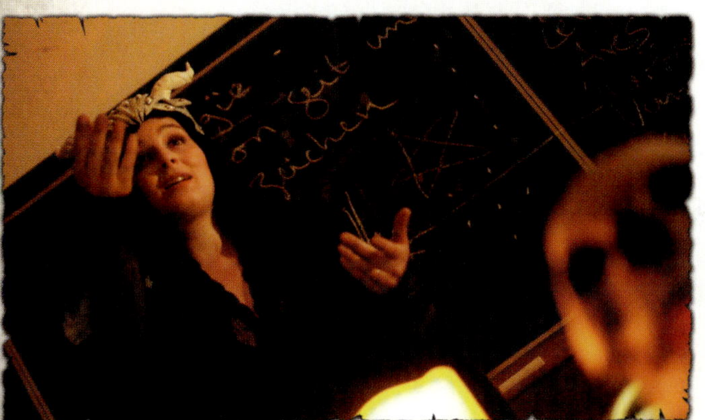

Nicht unterstützte Talente

Es gibt eine Vielzahl an Talenten aus dem Pen and Paper, die im LARP keinen Sinn ergeben – darüber haben wir schon gesprochen. Es gibt aber auch einige, die immer wieder in Regelwerken abgebildet werden, auf die wir aber dennoch verzichten, da sie eigentlich nur über Telling funktionieren können – oder da sie mit Mechanismen verbunden sind, die von vielen Spielern als störend empfunden werden.

Wissenstalente

Sowohl Lesen und Schreiben als auch alle Talente, in denen es um das Wissen des Charakters geht, haben wir absichtlich aus dem Regelwerk entfernt. Es ist somit jedem selbst überlassen, ob sein Charakter zu Lesen im Stande ist oder ob er sich mit Magiekunde oder Geschichtswissen auskennt. Natürlich sollte dieses Wissen immer zum Charakterkonzept passen, aber eine Regelung über Punkte halten wir nicht für sinnvoll.

Das gilt auch für alte Schriftsprachen u. Ä. Es ist an der SL und der Orga, jeweils einen geeigneten Mechanismus zu entwerfen, um Recherche und das Entziffern alter Texte spannend zu gestalten. Das kann über schlichte Verschlüsselungen und Geheimschriften laufen – oder über in Büchern eingebettete Smartphones mit passenden Rätsel-Apps.

Krankheiten und Heilkunde Krankheiten

Wir haben uns entschieden, alle Spielmechanismen, die mit Krankheit zu tun haben, über Bord zu werfen, da unserer Erfahrung nach schlicht niemand – aber auch wirklich niemand – Spaß an reinem Krankheitsspiel hat. Sollte ein Plot um einen kranken NSC relevant werden, sind die anderen HK-Talente einsetzbar. Es steht natürlich dennoch jedem frei, sich als Heilkundler auf Krankheiten zu spezialisieren. Ein Plot, dessen Element es ist, dass die Spieler erkranken, funktioniert aber so gut wie nie und sorgt im Gegenteil für Frust.

Kampftalente

Wir gehen auch davon aus, dass jeder Charakter in der Lage ist, eine einhändige Waffe zu führen, also ein Schwert oder einen Dolch. Jeder Magier ist dazu

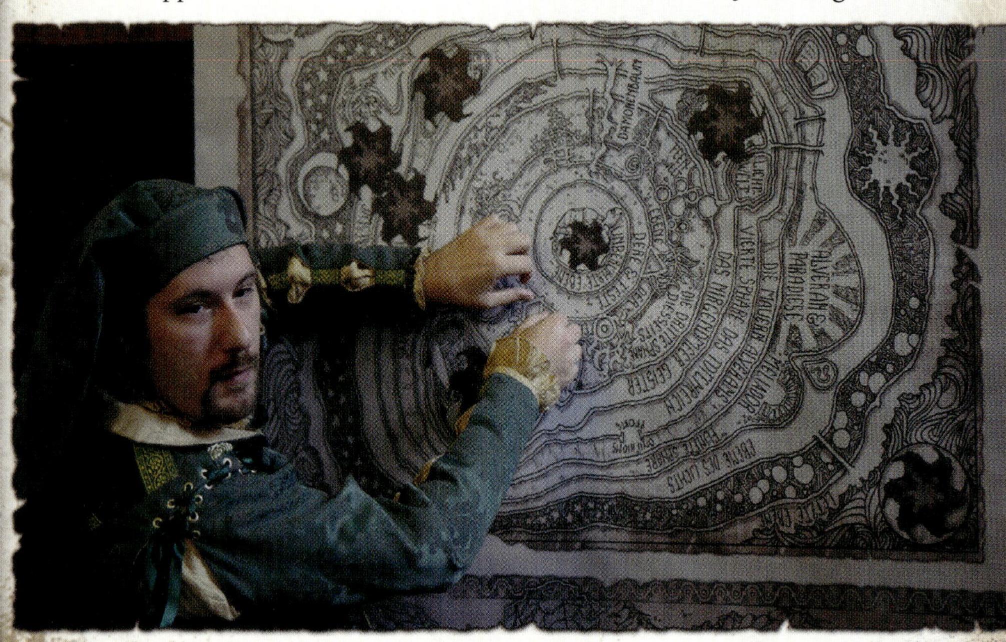

in der Lage, einen Magierstab auch im Kampf einzusetzen. Alles, was darüber hinausgeht, muss durch den Kauf des passenden Talents aktiviert werden. So z. B. das Nutzen von Fernkampfwaffen, Zweihändern oder der Kampf mit zwei Waffen.

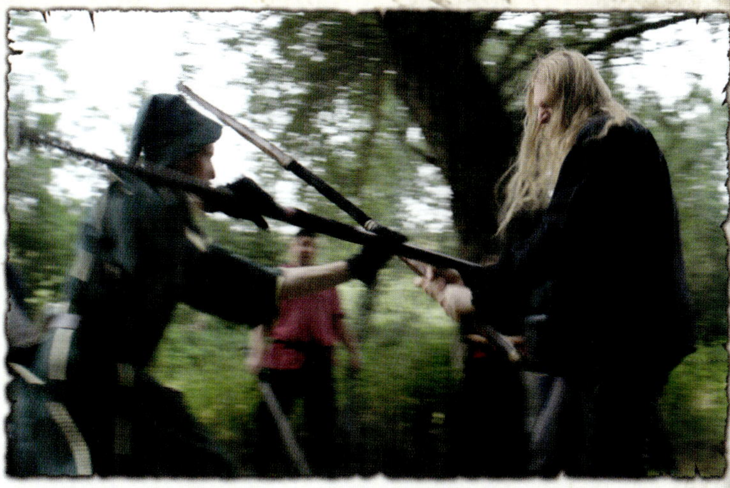

Gegenstände zwischen Cons transferieren

Es gibt verschiedene Fertigkeiten, mit denen Charaktere während einer Veranstaltung spielrelevante Objekte wie Fallen, Schlösser, Tränke oder einfache magische Gegenstände erschaffen können. Außerdem kann man solche Objekte natürlich von anderen Charakteren kaufen. Und schließlich gibt es die Möglichkeit, in vergrabenen Schätzen und monsterverseuchten Verliesen auf mächtige magische Artefakte zu stoßen.

In der Regel sind solche Gegenstände dafür gedacht, noch im selben Spiel zum Einsatz zu kommen. Doch was geschieht mit Gegenständen, die nicht verbraucht werden? Können sie einfach ins nächste Spiel mitgenommen werden?

Die Entscheidung darüber liegt bei der jeweiligen Spielleitung. Ob einfacher Heiltrank oder unbezwingbares Drachentöter-Schwert – sie entscheidet, welche Gegenstände zu ihrem Spiel passen und ob sie diese zulässt. Dies gilt sowohl für Artefakte, die eine andere Orga dem Charakter eines Spielers auf einer Con gegeben haben mag, als auch für Verbrauchsgegenstände.

Im Rahmen der Aventurien-LARP-Kampagne soll es Usus sein, Gegenstände mit auf die nächste Con zu nehmen, wobei sich Tränke je nach den Talenten der Spieler halten oder verbrauchen. Über das kommende Charaktertool wird dann jeder Gegenstand von Orga oder Spieler auf dessen Datenblatt vermerkt, sodass die Orga der nächsten Con auf jeden Fall sehen kann, was ein Charakter mit sich führt.

WIE VON ZAUBERHAND – DIE MAGIEREGELN

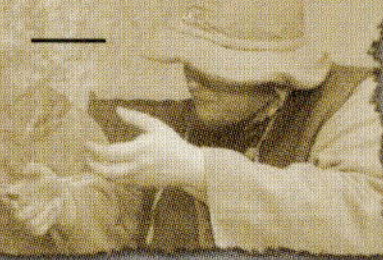

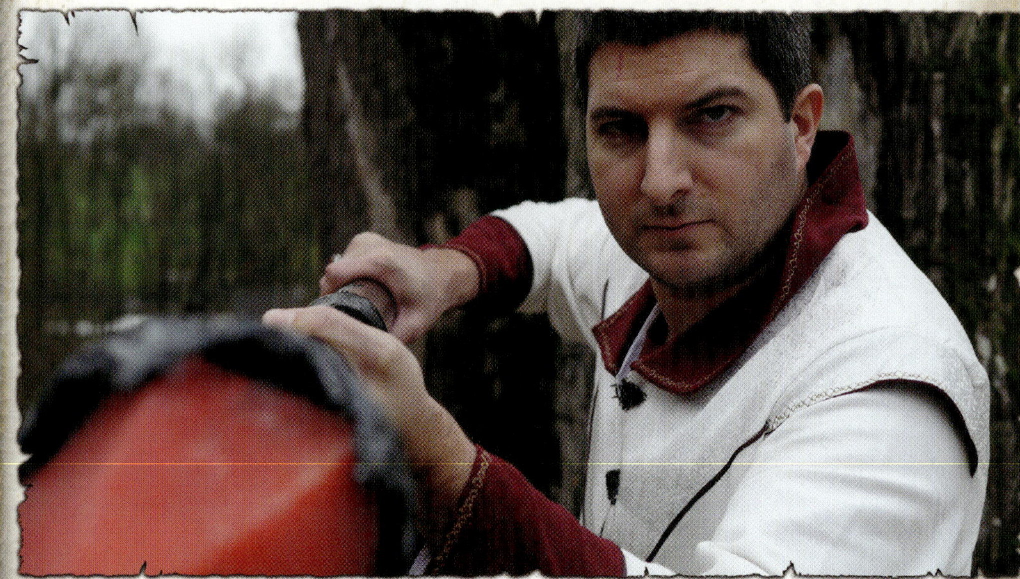

Magie ist ein integraler Bestandteil der Welt des **Schwarzen Auges.** Sie durchströmt Aventurien und es gibt zahlreiche Zauberkundige, die sich darauf verstehen, diese Kraft für ihre Zwecke zu nutzen.

In fast jeder größeren Stadt gibt es eine Akademie, in der Gildenmagier die astralen Kräfte studieren. Hier finden sich tollpatschige Zauberlehrlinge ebenso wie weise Gelehrte und skrupellose Dämonenbeschwörer. Die Elfen sind so sehr mit der Magie verbunden, dass es für sie so selbstverständlich ist, Zauber zu wirken, wie zu essen oder zu atmen. Dazu kommen die Zirkel der Hexen, die koboldhaften Schelme, die einzelgängerischen Druiden und viele mehr. Selbst die Völker der Zwerge, die der Magie üblicherweise eher misstrauisch gegenüberstehen, haben mit den erdverbundenen Geoden eine eigene Tradition von Zauberkundigen entwickelt. Nicht zu vergessen die zahllosen mächtigen und weniger mächtigen Artefakte, die sich in uralten Legenden ebenso wie in den verstaubten Regalen heruntergekommener Kuriositätenläden finden. Und dann sind da noch Wesenheiten mit magischen Kräften, wie Kobolde, Drachen, Einhörner, Feenwesen und Dämonen, um nur einige Beispiele zu nennen.

Auch im Live-Rollenspiel ist Magie ein wichtiger Bestandteil. Handlungsfäden, bei denen es um allerlei magische Gefahren, Artefakte und Rätsel geht, sind nicht ungewöhnlich. Zudem ist es möglich, ganz wie in der Vorlage, zauberkundige Helden zu spielen.

Allerdings ist die Darstellung von Magie nicht leicht –obschon sie in Aventurien immer noch einfacherer ist als in vielen anderen Fantasywelten. Man benötigt dazu ein wenig Einfallsreichtum, einige Vorbereitung und auch ein bisschen schauspielerisches Talent.

Grenzen der Magieregeln

Für dieses Regelwerk haben wir eine Abwägung getroffen und nur Zauber aufgenommen und mit festen Regeln versehen, die sich weitgehend ohne Probleme im Spiel einsetzen lassen.

Anpassungen

Zahlreiche Zauber können nicht hundertprozentig so wie in der Tischrollenspiel-Vorlage beschrieben umgesetzt werden, da LARP anderen Gesetzmäßigkeiten unterworfen ist. So müssen auch Druiden, die in der Vorlage üblicherweise stumm zaubern, ihrem Opfer durch eine Formel und die Ansage des Spruchs anzeigen, welchen Zauber sie gerade wirken.

Verschiedene Sprüche, die in der Tischvorlage ähnliche Wirkungen haben, aber unterschiedlich durchgeführt werden, haben wir in diesem Regelwerk aus Gründen der Vereinfachung zusammengelegt. Statt zwei sehr ähnlicher Furchtzauber (BÖSER BLICK, HORRIPHOBUS) gibt es nur einen Regeltext, der für beide Zauber gilt, die jedoch einzeln erworben werden müssen. Das dient insbesondere dazu, dass die Opfer dieser Zauber weniger mögliche Wirkungen im Kopf behalten müssen.

Spontane Zaubermodifikationen fallen bei den einzelnen Sprüchen ebenfalls weg. Schließlich sollte es das Ziel sein, die Out-Time-Kommunikation, die beim Einsatz von Magie notwendig ist, so gering wie möglich zu halten. Den Mitspielern wird es schwer genug fallen, die regulären Wirkungen der Sprüche, die sie betreffen könnten, grob im Kopf zu behalten.

Irrelevante Sprüche

Einige klassische Sprüche aus dem Repertoire aventurischer Zauberkundiger sind, zumindest regeltechnisch, im LARP irrelevant. Dabei handelt es sich meist um Zauber, die bestimmte Charakterwerte verändern. Ein mit einem AXXELERATUS belegter Charakter wird nicht schneller laufen können, als der Spieler es ohnehin könnte, eine durch ATTRIBUTO verbesserte Geschicklichkeit wird ihm im Kampf keinen Vorteil verschaffen etc.

Zauberkundige können derartige Sprüche zwar ins Spiel einbinden, eine regeltechnische Wirkung haben sie jedoch nicht. Die Betroffenen können frei entscheiden, ob und wie sie Effekte dieser Sprüche ausspielen.

Nicht geregelte Sprüche

Manche typisch aventurischen Zauber lassen sich gar nicht oder nur mit großem Aufwand darstellen oder sind in ihrer Wirkung derart überwältigend, dass sie einen zu großen Einfluss auf das Spiel aller Teilnehmer hätten. Das heißt jedoch nicht, dass nicht aufgeführte Zauber in der Spielwelt nicht existieren. Zauberkundige können nach Belieben über magische Barrieren und Erdbeben debattieren und unmagische Charaktere sich Geschichten davon erzählen.

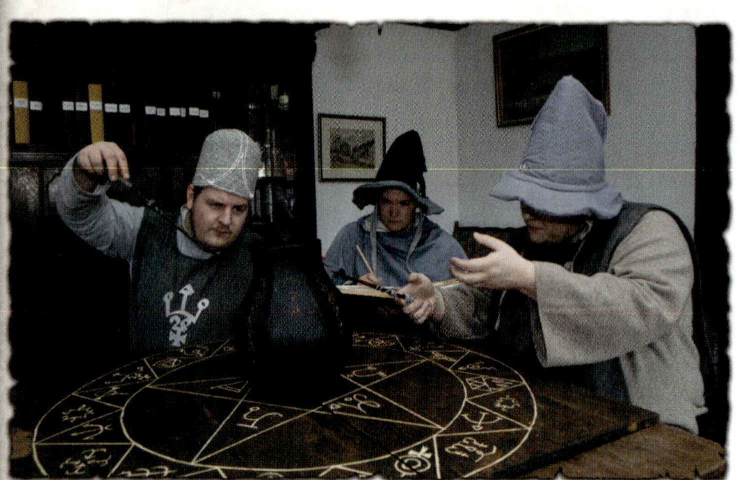

Die Spielleitung oder, in Absprache mit dieser, sogar Spieler können im Einzelfall derartige Zauber auch im Spiel verwenden. So ist es mit der richtigen Inszenierung durchaus möglich, die Illusion zu erzeugen, ein Mensch würde seinen Schatten für sich kämpfen lassen oder einen gigantischen Feuerball werfen.

Derartige Fälle sind aber nicht sinnvoll in allgemeingültige Regeln zu fassen. Daher gilt: Ob und unter welchen Bedingungen Zauber, die nicht in diesem Regelwerk aufgefüührt sind, im Spiel zum Einsatz kommen dürfen und gelingen, entscheidet die Spielleitung.

Magische Gegenstände

Als magischer Gegenstand gilt jedes Objekt, das einen oder mehrere Zauber in sich speichert – ganz egal ob es sich um ein Amulett handelt, in das eine einmalige Anwendung des Heilungszaubers BALSAM SALABUNDE gespeichert ist, oder ein Splitter der Siebengehörnten Dämonenkrone, ein Artefakt mit der Macht, ganze Landstriche ins Verderben zu stürzen.

Normalerweise bringt die Spielleitung magische Gegenstände ins Spiel und legt deren Wirkung (und vielleicht auch unerfreuliche Nebenwirkungen) fest. Charaktere können nur in Absprache mit der Spielleitung eigene Artefakte herstellen. Diese legt nach eigenem Ermessen die Bedingungen, Kosten und die Wirkung fest und bewertet, ob der Prozess der Herstellung erfolgreich ist.

Die Spielleitung entscheidet auch, ob Gegenstände, die sich ein Charakter in einem anderen Spiel erspielt hat, in das aktuelle Szenario übernommen werden dürfen. Schließlich könnte ein magischer Ring, der auf der einen Con furchtbar wichtig war, auf der nächsten den Plot sprengen.

Zaubern

Die Darstellung eines Zaubers sollte so aufwendig wie möglich geschehen. Je imposanter und überzeugender der Spieler die Magie inszeniert, desto willfähriger sind seine Mitspieler, ihn in der Darstellung zu unterstützen – als Opfer oder Bewunderer.

Beispiel: Es ist sicher nicht ratsam, einen mehrere Meter langen Feuerstrahl auf seine Mitspieler zu richten, um einen IGNIFAXIUS darzustellen. Um den Feuereffekt wenigstens anzudeuten, könnte der Zaubernde aber einen roten Schaumstoffball oder rotes Krepppapier werfen. Von Pyroeffekten jeglicher Art, egal wie harmlos sie wirken mögen, wollen wir nach Unfällen in den letzten Jahren dringend abraten.

Eine Zauberprobe oder Ähnliches gibt es nicht. Wenn ein Zauber ausgespielt wurde, gelingt er, sofern der Magier noch über genug AsP verfügt. Einzige Voraussetzung: Der Zauber muss laut, deutlich und eindeutig ausgesprochen und angezeigt werden. Der Name des Zaubers, bzw. was er bewirkt, muss der Zauberformel im Idealfall deutlich entnehmbar sein. Der Grund dafür ist simpel: Die unterbrechungsfreie Darstellung von Magie ist im LARP nicht unbedingt einfach. Im Eifer des Gefechts wird man schnell unterbrochen, man verhaspelt sich in der Formel oder vermasselt den Effekt. Außerdem schlägt ein Zauber immer fehl, wenn der Zaubernde während der Spruchanwendung gestört wird, beispielsweise, weil er von einer Waffe getroffen wird. Misslingt der Zauber, verliert der Zaubernde dennoch die entsprechenden AsP. Das gilt auch dann, wenn der Zauber an der *Seelenkraft* des Opfers gescheitert ist.

Schüttelreime

Früher wurden DSA-Zaubersprüche in für viele albern wirkende Schüttelreime verpackt, die im Lauf der Editionen angepasst und dann ganz entfernt wurden. Wir halten diese Reime jedoch für sehr LARP-tauglich, da sie altmodisch klingen und die Wirkung des Zaubers transportieren. Wir haben den Zaubern ihre aktuellen Namen gegeben (nach DSA4 oder 5, die Unterschiede sind gering und es liegen noch nicht alle Zauber in der 5er-Version vor), wollen aber ausdrücklich dazu aufrufen, den alten Codex aus DSA3-Zeiten aus dem Regal zu holen und die Schüttelreime ins LARP einzubauen!

Zaubersprüche lernen

Für Zaubersprüche gelten ähnliche Regeln wie für Talente. Ein Spieler erhält den gewünschten Spruch für seinen Charakter, indem er so viele Abenteuerpunkte in Astralpunkte umwandelt, wie der Spruch kostet, und diese dann für den Spruch investiert. Das heißt nicht, dass ihm Astralpunkte verloren gehen – er kann jedoch nur Sprüche im Wert seiner Astralpunkte erlernen (von einigen Talenten, die dies erweitern, abgesehen). Wie Talentpunkte sind Astralpunkte gleichzeitig ein Pool für den Erwerb von Fähigkeiten (in diesem Fall Zauber) und ein Pool, mit dem der Einsatz dieser erlernten Fähigkeiten im Spiel bezahlt wird.

Ob ein Spieler das Erlernen eines neuen Spruchs ins Spiel einbaut oder nicht, ist seine Entscheidung. Einige weniger mächtige Zauber gelten als Zaubertricks und sind kostenfrei wählbar. Jeder Magiebegabte darf sie wählen, sofern sie zu seiner Tradition passen. Ein Magier darf damit also z. B. nicht gratis HEXENKRALLEN wählen. Auch bei den mächtigeren Zaubern können die Kosten von der Zaubertradition abhängen, zu der ein Charakter gehört. Entspricht die Tradition eines Zaubers nicht der des Charakters, kostet er sowohl beim Kauf als auch bei jeder Wirkung je einen Punkt mehr. Zu entscheiden, ob ein bestimmter Spruch zum selbst gewählten Charakterkonzept passt oder nicht, liegt in erster Linie in der eigenen Verantwortung – und der Verantwortung der Spielleitung, die den Charakter auf ihrer Veranstaltung zulässt.

Die im Rahmen dieses Regelwerks erwerbbaren Zauber sowie die verfügbaren Zaubertraditionen sind im **Zauber- und Gebetbuch** aufgelistet und werden dort erklärt.

Astralenergie

Alle magisch begabten Lebewesen verfügen über ein Reservoir, aus dem sie die Kraft zum Zaubern ziehen, die sogenannte Astralenergie. Wenn ein Zauberkundiger eine magische Fähigkeit anwendet, verbraucht er einen Teil dieser Energie: eine bestimmte Menge an Astralpunkten (AsP).

Die für einen Zauber verbrauchten Astralpunkte können durch Ruhephasen (z. B. im Laufe einer erholsamen Nacht) zurückgewonnen werden. Im LARP ist diese Regeneration etwas höher als im Tischrollenspiel, immerhin steht zum Spielen meist nur ein Wochenende zur Verfügung. Einmal täglich, nach einer mindestens vierstündigen Ruhephase, erhält der Charakter bis zu 3 verbrauchte Astralpunkte zurück.

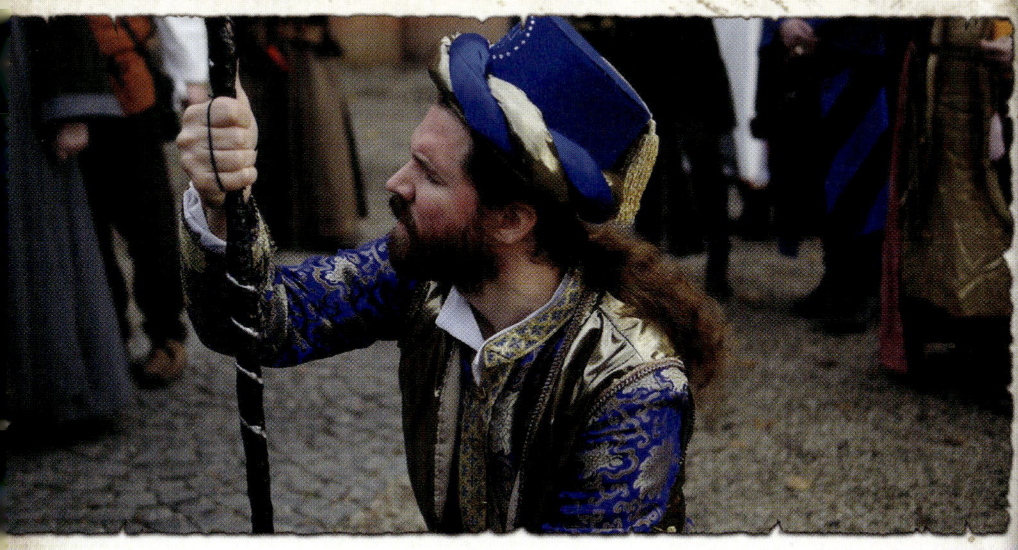

Seelenkraft

Das Talent *Seelenkraft* (SK) spielt immer dann eine Rolle, wenn der Wille eines Lebewesens gebrochen oder überwunden werden soll, also bei fast allen Einfluss- und Beherrschungszaubern, beim Gefühls- oder Gedankenlesen oder bei Versuchen, ein Lebewesen zu verwandeln. Allerdings auch bei Liturgien.

Zauber und Liturgien, die durch die SK geblockt werden können, sind bei der Beschreibung mit dem Vermerk „(Seele)" markiert.

Seelenkraft erlaubt einmalig pro Tag, einem derartigen Einfluss zu widerstehen, *Verbesserte Seelenkraft* ermöglicht, zwei Zaubern oder Liturgien pro Tag zu widerstehen, bei *Meisterhafte Seelenkraft* sind es sogar drei. Welche Zauber oder Liturgien das sind, darf der Spieler frei entscheiden. Ein solches Widerstehen sollte allerdings nicht in einfachem Ignorieren bestehen, sondern schauspielerisch dargestellt werden, z. B. indem ihr mit verbissenen Gesichtsausdruck gegen die Zauberwirkung ankämpft. Es geht darum, eurem Mitspieler zu zeigen, dass ihr seinen Zauber sehr wohl wahrgenommen habt, ihm aber widerstehen konntest.

Wichtig für die Zaubernden ist hierbei, dass ein so geblockter Zauber trotzdem die nötigen AsP kostet, auch wenn er seine Wirkung nicht entfalten konnte.

Charaktere verfügen nur dann über das Talent *Seelenkraft*, wenn sie es bei der Charaktererschaffung oder später aktiv erwerben. Schöne LARP-Zauberei ist für die Zaubernden nur mit einigem Aufwand umsetzbar, daher sollen nur Charaktere mit außergewöhnlicher *Seelenkraft* einen kleinen Vorteil erhalten.

Anmerkung: Diese Regelung gilt für Helden. Meisterpersonen können möglicherweise eine höhere *Seelenkraft* aufweisen und dementsprechend öfter Zaubersprüchen widerstehen.

GÖTTER UND GEWEIHTE

Aventuriens Götter

Der Zwölfgötterkulte ist die am weitesten verbreitete Religion Aventuriens. Er besteht aus folgenden Göttern: Praios (Gott der Sonne, der Antimagie und der Ordnung), Rondra (Göttin des ehrenhaften Kampfes), Efferd (Gott des Meeres, des Wassers und der Lüfte), Travia (Göttin der Gastfreundschaft und der Familie), Boron (Gott des Todes und des Schlafes), Hesinde (Göttin der Wissenschaft und der Kunst), Firun (Gott des Winters und der Jagd), Tsa (Göttin der Vielfalt, des Wandels, der Kinder und des Friedens), Phex (Gott der Diebe und Händler), Peraine (Göttin des Ackerbaus und der Heilkunst), Ingerimm (Gott der Schmiede und des Handwerkes) und Rahja (Göttin der Leidenschaft, Liebe und des Weines).

Weitere bekannte Götter und Halbgötter sind beispielsweise Aves (Halbgott und Schutzheiliger der Abenteurer und Reisenden), Nandus (Gott der Einsicht, Bildung und des Wissens), Swafnir (Gott der Seefahrt, als dessen Auserwählte sich die Thorwaler verstehen) oder Satuaria (Göttin des Lebens und der Hexerei). Daneben gibt es noch zahlreiche weitere mehr oder minder einflussreiche himmlische Mächte, die von mal mehr, mal weniger Anhängern verehrt werden.

Ihnen allen entgegen steht der Namenlose, eine finstere Gottheit, die für Macht, Versuchung, Lüge, Verrat, Heimtücke, Hass und Zerstörung steht und der Erzfeind der Zwölfgötter ist. Und dann wären da natürlich noch die zwölf Erzdämonen, die den gegenteiligen Aspekten der Götter zugeordnet sind. So steht Blakharaz z. B. als Gegenstück zu Praios für Rache und Thargunitoth als Gegnerin Borons für Untote.

Götter sind in der Spielwelt Aventuriens nicht nur ein abstraktes Konzept, sondern – genau wie Magie – Teil der Realität. Wenn ein bedrängter Held die Kriegsgöttin Rondra in höchster Not um Beistand anfleht, dann ist es zumindest theoretisch möglich, dass sie höchstpersönlich in das Geschehen eingreift, um das Schlachtenglück zu wenden. Üblicherweise tut sie das natürlich nicht, wie auch ihre göttlichen Geschwister sich mit direktem Eingreifen eher zurückhalten.

Dennoch ist Götterwirken ein häufiger Aspekt des aventurischen Lebens. Als Werkzeuge göttlicher Macht dienen dabei die Diener und Dienerinnen der aventurischen Gottheiten, die Geweihte genannt werden. Sie sind in der Lage, die Grenzen zwischen der göttlichen und der weltlichen Sphäre zu überwinden und durch ihre Liturgien göttliches

Wirken nach Aventurien zu tragen. Dabei sind sie allerdings nicht einfach nur Zauberkundige mit anderen Sprüchen. Wichtiger sind auch im LARP ihre Funktionen als Seelsorger und Vertreter der göttlichen Ordnung. Schließlich gilt es, eine Figur darzustellen, die ihr Leben ganz in den Dienst ihrer jeweiligen Gottheit gestellt hat, um deren Prinzipien und Einfluss zu mehren.

Weihe, Liturgien und Karmaenergie

Regeltechnisch wird das Wirken von Geweihten ähnlich wie Magie gehandhabt. Beim Charakterkonzept entscheidet ihr euch, ob euer Charakter geweiht ist oder nicht. Es ist auch möglich, das Charakterkonzept später zu ändern und einen Charakter zum Geweihten zu machen, wenn das IT ebenfalls passiert ist.

Die Kraftreserve, auf die Geweihte für ihr übernatürliches Wirken zurückgreifen können, heißt Karmaenergie (KE). Je mehr Abenteuerpunkte ein Charakter in diese Kraft investiert, desto mehr dieser göttlichen Kraft hat er im Spiel zur Verfügung. Aus Gründen der Vereinfachung läuft die Regeneration von Karmapunkten im LARP genau wie die Regeneration

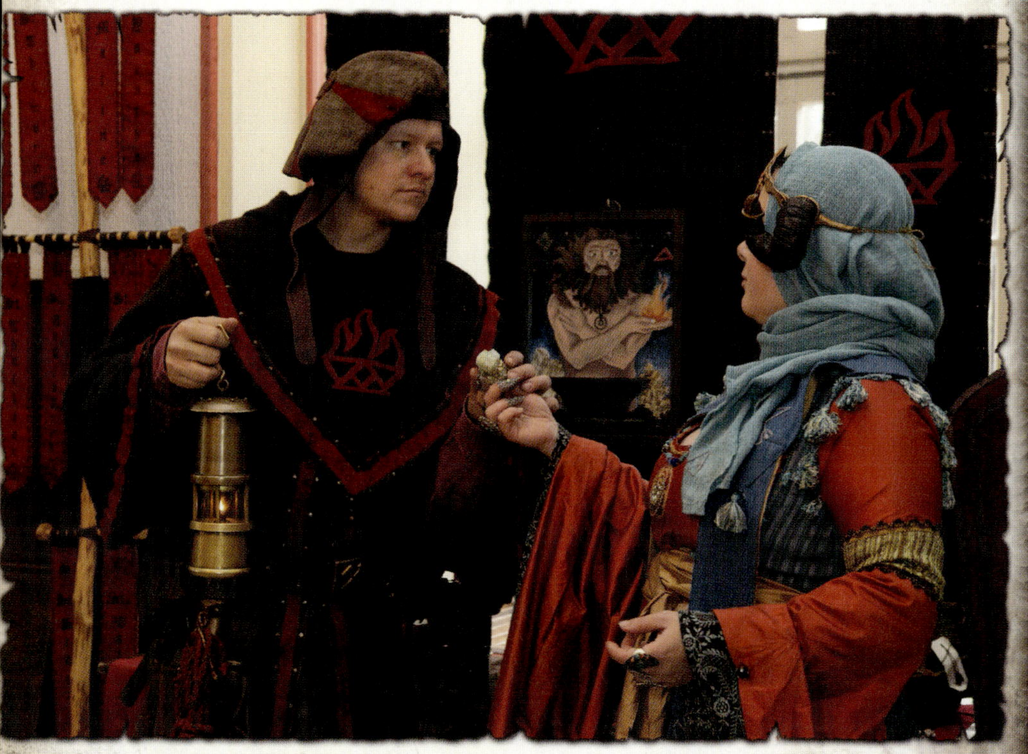

von Astralpunkten. Einmal täglich, nach einer mindestens vierstündigen Ruhephase, erhält der Charakter bis zu 3 verbrauchte Karmapunkte zurück.

Liturgien funktionieren so wie Zauber: Abenteuerpunkte werden in Karmapunkte (KP) umgewandelt und so ein KP-Poolaufgebaut. Dieser gibt an, wie viele und welche Liturgien ein Charakter erwerben kann. Ab dem 11. KP kosten Karmapunkte je 2 AP, womit wiederum auch Liturgien teurer werden.

Liturgien kosten den Charakter ebenfalls bei jeder Anwendung eine bestimmte Menge Karmapunkte.

Zwei wichtige Unterschiede zu Zaubern gibt es allerdings. Einerseits erhält der Charakter mit der Weihe bzw. Spätweihe kostenfrei Zugriff auf sechs der zwölf Standardliturgien, für die er also keine gesonderten Abenteuerpunkte ausgeben muss, die Zwölf Segnungen (siehe Seite **7** im **Zauber- und Gebetbuch**). Die übrigen Segnungen können später für je 1 AP nachgekauft werden.

Andererseits können Geweihte nicht nach Belieben alle Liturgien, die es gibt, erlernen, sondern nur solche, die ihrer Kirche entsprechen. Für Magier sind fremde Traditionen nur teurer. Bei Geweihten schließt sich das Erlernen aus. Welche Liturgien zu welchen Kirchen gehören (teils sind sie in mehreren verbreitet), steht bei den Liturgiebeschreibungen im **Zauber- und Gebetbuch**.

Geweihte von Halbgöttern suchen sich die Liturgien aus, die zu den Elterngottheiten ihres Halbgotts gehören.

Grenzen des Regelwerks

Um das Spiel eines Geweihten im LARP so einfach wie möglich zu gestalten, haben wir darauf verzichtet, alle religiösen Finessen zu reglementieren. Wie im Fall der Zaubersprüche haben wir auch bei den Liturgien für dieses Regelwerk eine Abwägung getroffen und nur solche aufgenommen und mit festen Regeln versehen, die sich weitgehend ohne Probleme im Spiel einsetzen lassen.

Anpassungen

Viele Liturgien können nicht hundertprozentig so wie in der Tischrollenspiel-Vorlage beschrieben umgesetzt werden, da LARP anderen Gesetzmäßigkeiten unterworfen ist. Auch auf Modifikationen und Varianten von Liturgien wurde aus Gründen der Vereinfachung verzichtet. Schließlich soll es das Ziel sein, die Out-Time-Kommunikation so gering wie möglich zu halten. Den Mitspielern wird es schwer genug fallen, die regulären Wirkungen der Liturgien, die sie betreffen könnten, grob im Kopf zu behalten.

Irrelevante Liturgien

Wie bei den Zaubern erübrigen sich Regeln für rituelle Handlungen, die lediglich eine Modifikation von Charakterwerten wie Mut, Klugheit etc. zum Ziel haben. Das heißt natürlich nicht, dass der Geweihte nicht spielen kann, dass er sie dennoch einsetzt: Nur Regeln braucht es dafür nicht. Ein derart Gesegneter entscheidet einfach selbst,

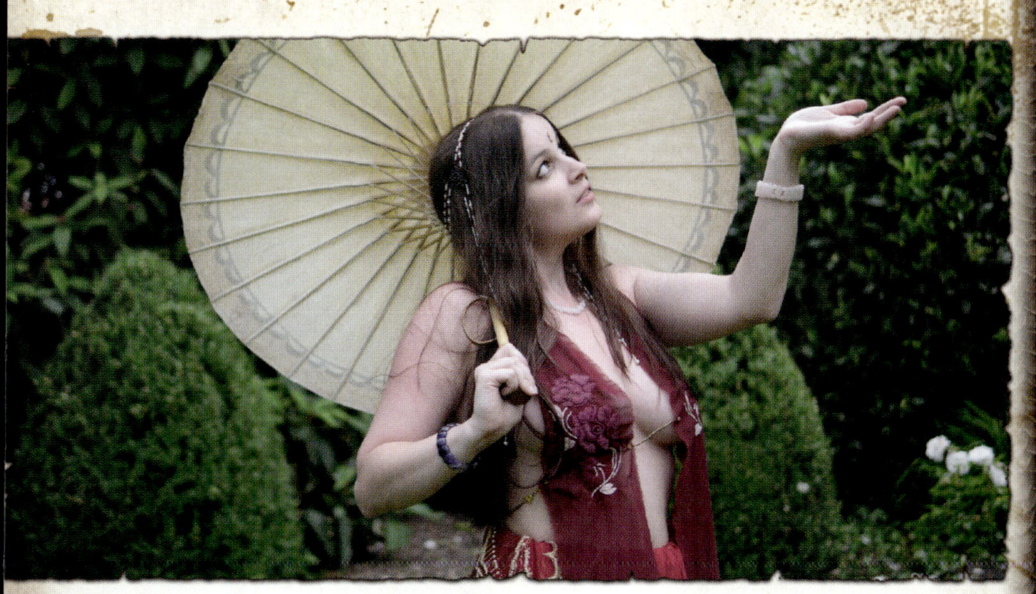

ob und wie er eine Wirkung ausspielt. Auch Mirakel oder z B. Entrückung können sehr stilvolle Elemente im Rollenspiel eines Geweihten sein, für die es jedoch ebenfalls keine festen Spielregeln braucht.

Nicht geregelte Liturgien

Auch unter den Liturgien der Tischrollenspiel-Vorlage gibt es einige, deren Auswirkungen sich nicht oder nur mit großem Aufwand darstellen lassen oder die in ihrer Wirkung derart überwältigend sind, dass sie im Normalfall einen zu großen Einfluss auf das Spiel anderer Teilnehmer oder die von der Spielleitung geplante Geschichte hätten.

Analog zu den Zaubern (siehe Seite 72) gilt daher: Ob und unter welchen Bedingungen Liturgien, die nicht in diesem Regelwerk aufgeführt sind, im LARP zum Einsatz kommen dürfen und gelingen, entscheidet die jeweilige Spielleitung.

Karmales Wirken

Das Wirken von Geweihten ist häufig subtiler als das der Magier, aber nicht weniger mächtig. Was auf den ersten Blick jedoch nach einer Erleichterung für die Spieler von Geweihten aussieht, ist tatsächlich eine zusätzliche Herausforderung: Sie müssen alle Register ihres schauspielerischen Könnens ziehen, um die Umstehenden von der Erhabenheit ihrer Handlungen zu überzeugen. Diese schauspielerische Darstellung ist natürlich von Kirche zu Kirche unterschiedlich.

Vor jeder Liturgie, wenn es sich nicht gerade um ein Stoßgebet handelt, gilt es, einen angemessenen Rahmen zu setzen, indem Handelnder und Umfeld in die jeweils passende Stimmung versetzt werden, beispielsweise durch eine kurze Predigt, ein Lied oder Ähnliches. Je nach Situation kann dies in Form einer aufpeitschenden Schlachtenpredigt geschehen, aber auch durch allgemeines Schweigen am offenen Grabe. Wie auch immer die angestrebte Stimmung aussieht: Allen Beteiligten muss verdeutlicht werden, dass im Moment der heiligen Rede nichts anderes wichtiger ist.

Jede Kirche Aventuriens hat ihre ganz eigenen Riten, Traditionen und Gepflogenheiten. Was sie jedoch eint, ist ihr Anspruch: das Werk der Götter auf Dere zu fördern. Geweihte nehmen ihre Profession deshalb ernst, ernster als alles andere auf der Welt.

Während ein Magier, ein Scharlatan vielleicht, durchaus mal betrunken einen FLIM FLAM aus dem Handgelenk schüttelt, ist jede noch so geringe Segnung eines Geweihten immer ein religiöser Akt und damit angewiesen auf Würde und Erhabenheit. Es muss deshalb schon sehr viel passieren, bevor beispielsweise ein Borongeweihter die Liturgien seiner Kirche in einer Taverne hält. Benimmt sich ein Geweihter anhaltend entgegen seiner Glaubensvorschriften und Überzeugungen, kann die Spielleitung entscheiden, dass er die Gnade seiner Gottheit verloren hat. Solange der Geweihte keine Buße getan hat, kann er keine Karmaenergie regenerieren.

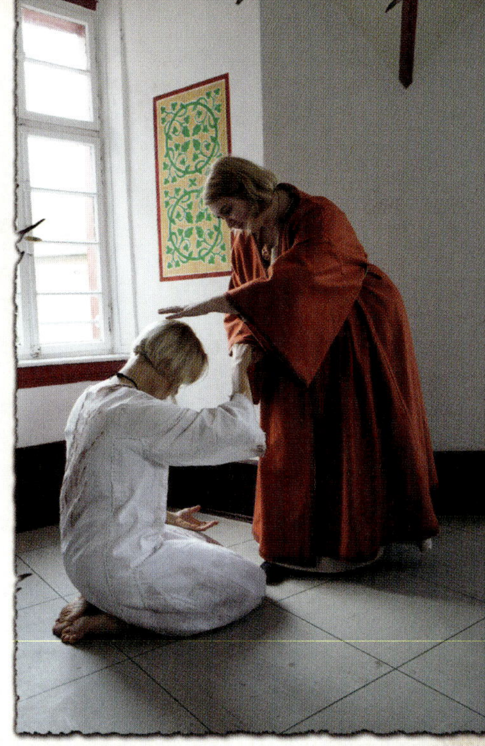

DIE LISTE DER TALENTE

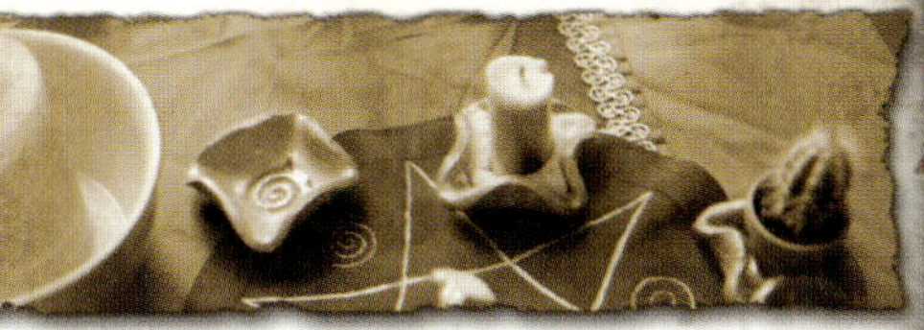

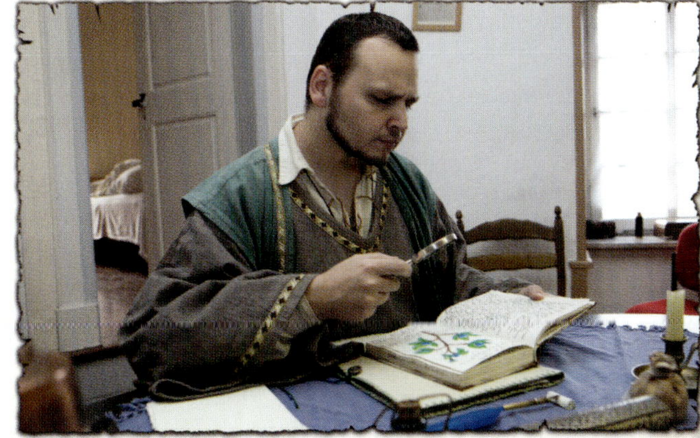

Im folgenden Kapitel listen wir alle Talente auf, die in diesem Regelwerk von Charakteren erlernt werden können. Orgas können eigene Talente hinzufügen, sollten sich dabei aber bewusst sein, dass diese möglicherweise nicht von anderen Orgas auf anderen Cons anerkannt werden.

Die bei jedem Talent aufgeführten Kosten müssen bezahlt werden, wenn das Talent erlernt werden soll.

Wer also *Zweihändige Waffen* und *Rüstungsnutzung leicht* beherrschen will, muss mindestens einen TaP-Pool von 2 besitzen.

Die TaP im Pool sind damit aber nicht verbraucht, sie stehen weiter zur Nutzung und Aufbesserung der aktiven Talente zur Verfügung. Für passive Talente werden in der Nutzung nie TaP ausgegeben.

Bei einigen Talenten ist eine Voraussetzung vermerkt. Diese Talente sind nur dann erlernbar, wenn die Voraussetzung erfüllt ist.

Passive Talente

Kosten: 1 TaP

Kräuterkunde

Der Charakter erkennt Heilkräuter und Giftpflanzen bis zu QS 3 und kann sie einsetzen. Die Kräuter werden üblicherweise von der SL markiert und verteilt. Handelt es sich um Kräuter von QS 4 oder 5, sind sie dem SC nicht bekannt. Der SC darf fünf Kräuter bis QS 3 mitbringen. Alle giftigen Kräuter müssen bei der SL angemeldet werden. Um die Kräuter weiterzuverarbeiten, sind die Talente zum Tränke b notwendig.

Magiedilettant

Der Charakter hebt die LeP-Begrenzung von Zauberkundigen auf und kann über den 6. LeP hinaus steigern, Schilde führen und den beidhändigen Kampf er-

lernen. Dafür sind AsP ab dem 6. Punkt bereits doppelt so teuer. Insgesamt darf der Charakter nur drei Zaubersprüche erlernen, dazu drei weitere der kostenfreien Zaubertricks. Diese darf er sich aus allen Traditionen aussuchen und zahlt jeweils nur die Grundkosten.
Voraussetzung: magische Begabung

Rüstungsnutzung leicht

Der Charakter kann leichte Rüstungen tragen.

Schild

Der Charakter kann einen normalen Schild führen.
Voraussetzung: keine magische Begabung

Theoretiker

Der fortgeschrittene Charakter gibt AP in Höhe der Kosten eines Zaubers oder einer Liturgie aus, erhält dafür den Zauber oder die Liturgie, aber keine AsP/KP. Er umgeht damit die verteuerten Kosten für Zauber und Liturgien ab dem 11. AsP/KP und erweitert sein Repertoire, nicht jedoch seinen Ressourcenpool.
Voraussetzung: magisch begabt oder geweiht, erst ab 10 AsP/10 KP wählbar

Turmschild

Der Charakter kann einen Turmschild führen.
Voraussetzung: *Schild*, keine magische Begabung

Zweihändige Waffen

Der Charakter kann große Waffen führen, für die zwei Hände benötigt werden. Ausgenommen ist der Stab eines Magiers, der kein Talent benötigt, nicht aber dessen Flammenschwert.

Kosten: 2 TaP

Betäubungsschlag

Der Charakter kann seine Gegner mit dem Knauf seiner Waffe oder einem anderen stumpfen Gegenstand bewusstlos schlagen, solange sie keinen Helm tragen. Er muss sich dafür unbemerkt von hinten anschleichen und dem Opfer unauffällig vermitteln, was geschieht. Es kann etwas gesagt werden wie „Ruhe sanft!“, aber auch das althergebrachte aber alberne „Pömpf“.

Rüstungsnutzung mittel

Der Charakter kann mittlere Rüstungen tragen.
Voraussetzung: *Rüstungsnutzung leicht*

Blutmagie

Ein magisch begabter Charakter kann das Blut anderer Wesen nutzen, um im Verhältnis zu deren Lebenskraft (1 LeP = 1 AsP) Astralenergie zu erhalten.
Voraussetzung: magische Begabung

Giftverträglichkeit

Der Charakter ist von Giften weniger betroffen. Die Effekte müssen dennoch ausgespielt werden. Wer das Talent einsetzt, reduziert die Giftstufe eines eingenommenen Gifts um 2. Für je 2 TaP kann die Stufe weiter reduziert werden. Die SL kann allerdings festlegen, dass ein Gift dennoch zu mächtig ist, um ihm zu widerstehen, sofern ihr Plot das vorsieht.

Fernkampf: Bogen

Der Charakter kann einen Bogen benutzen.

Fernkampf: Armbrust

Der Charakter kann eine Armbrust nutzen.

Fernkampf: Wurfwaffen

Der Charakter kann mit Wurfdolchen oder -äxten umgehen.

Niederadel

Der Charakter gehört dem Niederadel an. Er ist ein armer Baron, ein Ritter oder Junker. Er kann sich im Idealfall durch Papiere ausweisen und verfügt über ein Gefolge.
Voraussetzung: muss bei Charaktererschaffung gewählt werden.

Verbotene Pforten

Ein magisch begabter Charakter kann 1 eigenen LeP aufwenden, um 1 AsP zu erhalten.
Voraussetzung: magische Begabung

Kosten: 3 TaP

Beidhändiger Kampf

Der Charakter kann zwei Waffen führen.
Voraussetzung: *Zweihändige Waffen, Schild*, kein Gildenmagier

Experten-Kräuterkunde

Der Charakter kann auch Heilkräuter und Giftkräuter von QS 4 und 5 erkennen und einsetzen. Der Charakter darf bis zu zehn beliebige Kräuter mit auf die Con bringen. Alle giftigen Kräuter müssen mit der SL abgesprochen werden.
Voraussetzung: *Kräuterkunde*

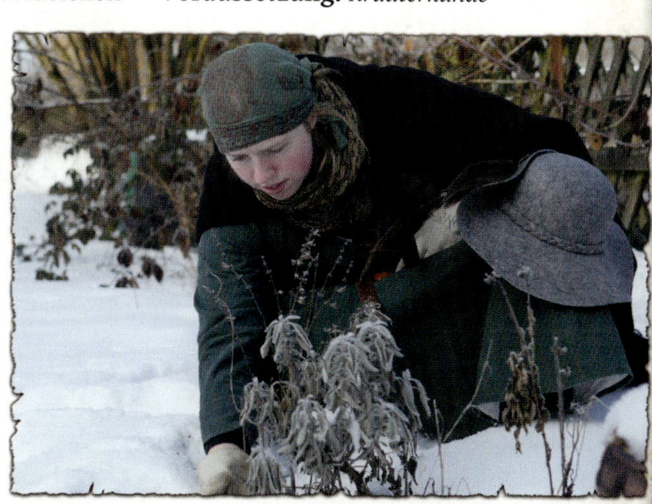

Kampfmagier

Der Charakter hebt die LeP-Begrenzung von Zauberkundigen auf und kann über den 6. LeP hinaus steigern und Schilde führen. Dafür sind AsP ab dem 6. Punkt bereits doppelt so teuer.
Voraussetzung: magische Begabung, muss bei Charaktererschaffung gewählt werden

Meucheln

Der Charakter kann sich an andere Charaktere heranschleichen und ihre LeP mit einem am Hals angedeuteten Überraschungsschnitt auf 0 senken. Der Hals des Gegenübers muss dafür frei liegen und der Meuchler muss unentdeckt geblieben sein. Der Meuchler sollte etwas sagen wie „Stirb!", jedoch nicht „Gemeuchelt!".

Rüstungsnutzung schwer

Der Charakter kann schwere Rüstung tragen.
Voraussetzung: *Rüstungsnutzung mittel*, keine magische Begabung

Schalenzauberer/ Kesselhexe

Der Charakter besitzt eine verzauberte Schale/einen verzauberten Kessel, die oder der das Analysieren und Brauen von Substanzen vereinfacht. Diese Vorgänge werden so behandelt, als wäre immer 1 Extra-AsP (Analyse) oder Extra-TaP (Brauen) investiert worden.
Voraussetzung: Gildenmagier/Hexe

Kosten: 4 TaP

Hoher Sozialstatus

Der Charakter ist etwas höher gestellt als der Niederadel und verfügt neben einem höheren Sozialstatus auch über beträchtliche Geldmittel. Es kann sich um einen wohlhabenden Kleinbaron, bekannten Ritter oder erfolgreichen Kaufmann handeln. Der Charakter erhält von der SL zu Beginn der Con möglicherweise nach Absprache Münzen oder Wechselscheine in einem bestimmten Diebessäckel.
Voraussetzung: muss bei Charaktererschaffung gewählt oder nachträglich im Spiel erspielt werden

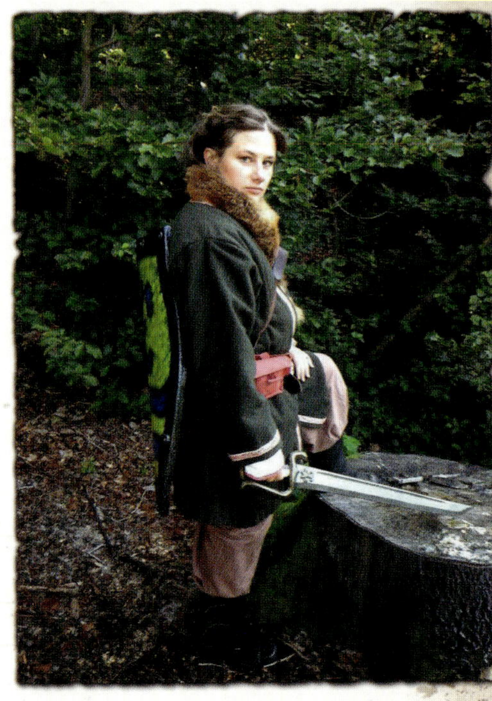

Pragmatiker

Der fortgeschrittene Charakter kann sich weiter für die Rate 1:1 für AP AsP oder KP kaufen, jedoch erlernt er dabei keine neuen Sprüche oder Liturgien.
Voraussetzung: magisch begabt oder geweiht, erst ab 10 AsP/10 KP wählbar

Vom Schicksal begünstigt

Der Charakter kann in Zukunft für je 3 AP 4 TaP kaufen. Für dieses Talent müssen aber noch wie üblich 4 AP ausgegeben werden.

Aktive Talente

Kosten: 1 TaP

Amateur-Rüstungsschmied

Der Charakter kann seine Rüstung notdürftig reparieren, sofern er über ein Feldreparaturset verfügt. Dieses muss bei einem Schmied gekauft werden. Das Set kann (je nach QS) bis zu 3 Punkte RS wiederherstellen, die Rüstung aber damit nie bis auf den Ursprungswert reparieren. Pro repariertem Punkt RS muss der Amateurschmied 20 Minuten investieren oder 1 TaP ausgeben. Die Sets verbrauchen sich nach einer Anwendung.

Fährten suchen

Der Charakter erkennt von der SL gelegte Fährten (meist in Form von Papierschnipseln, oder die SL gibt mit geflüsterten OT-Anweisungen den Weg vor). Je nach Situation kann die SL entscheiden, ob die Fährten so schwach ausgeprägt sind, dass der Suchende TaP investieren oder spezielle Vorkenntnisse besitzen muss.

Fesseln/Entfesseln

Ein Charakter mit diesem Talent kann sich entfesseln, indem er dies 15 Minuten lang ausspielt. Echte Fesselungen finden im LARP nicht statt. Eingesetzte TaP verkürzen diese Zeit auf 10 (1 TaP), 5 (2 TaP) oder 1 (3 TaP) Minute(n).

Taschendiebstahl

Gediebt werden dürfen ausschließlich folgende Dinge: IT-Münzen, Schriftstücke, Plot-Gegenstände – im Idealfall allesamt Dinge, die von der Orga bereitgestellt werden. Die SL kann festlegen, inwieweit Charaktere mit dem Talent *Hoher Sozialstatus* spezielle Säckel erhalten, die direkt gediebt werden dürfen. Waffen dürfen nicht gediebt werden. Die Gegenstände werden vom Dieb nicht selbst entfernt, stattdessen muss er heimlich ein Stück Bindfaden am betreffenden Behältnis anbringen. Nur passende Inhalte sind dann betroffen. Der Dieb weist die SL unauffällig auf den Sachverhalt hin. Das Opfer ist ebenfalls verpflichtet, unauffällig die SL aufzusuchen, sobald der Faden bemerkt wurde. Die Gegenstände wandern dann in SL-Hand und werden nach unauffälliger Prüfung dem Dieb ausgehändigt. Wer einen TaP investiert, darf statt dem Faden eine hölzerne Wäscheklammer nutzen.

Kosten: 2 TaP

Heilkunde Seele

Der Charakter kann Verzauberte von einem magischen Bann befreien, muss dafür aber ein 30-minütiges ruhiges Gespräch mit ihnen führen. Pro 2 TaP kann das Gespräch um 10 Minuten verkürzt werden, es muss aber mindestens 10 Minuten andauern. Der zu entfernende Zauber muss für *Seelenkraft* anfällig sein. Sollte der Zauber akut und heftig, aber von kürzerer Wirkungsdauer als ein paar Minuten sein, ist *Heilkunde Seele* nur in Ausnahmefällen nützlich. Die Spieler können das je nach Situation entscheiden. Auch nach dem Gespräch ist der Charakter seelisch noch geschwächt und mitgenommen.

Mechanik

Der Charakter kann einfache Geräte bedienen und die Wirkweise von Fallen durchschauen. In Kombination mit dem Talent *Schlösser knacken* kann er Fallen entschärfen, in Kombination mit dem Talent *Rüstungsschmied* kann er selbst Fallen oder andere Gerätschaften bauen. Analog zu Schlössern müssen dann pro QS der Falle 1 TaP oder 5 Minuten investiert werden.

Schlösser knacken

Im Idealfall sind verschlossene Türen tatsächlich mit kleinen Rätseln gesichert. Werden sie gelöst, ist das Schloss sofort geöffnet. Ansonsten sind sie mit Zetteln markiert, auf denen die Schlossstufe vermerkt ist. Pro QS (1-5) muss der Schlossknacker 5 Minuten investieren. Pro ausgegeben TaP wird diese Zeit um 5 Minuten reduziert, mindestens 1 Minute muss allerdings immer investiert werden. Die SL kann festlegen, dass bestimmte Schlösser nur mit der Ausgabe von TaP oder nur mit bestimmten Schlüsseln zu knacken sind.

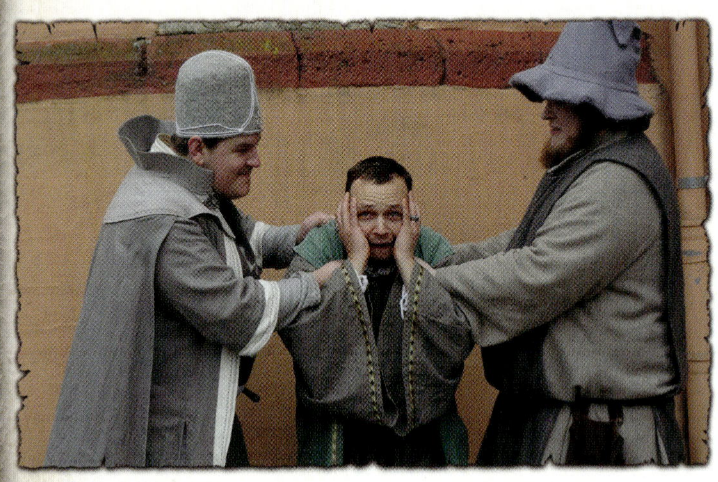

Tränke brauen: Heiltrank

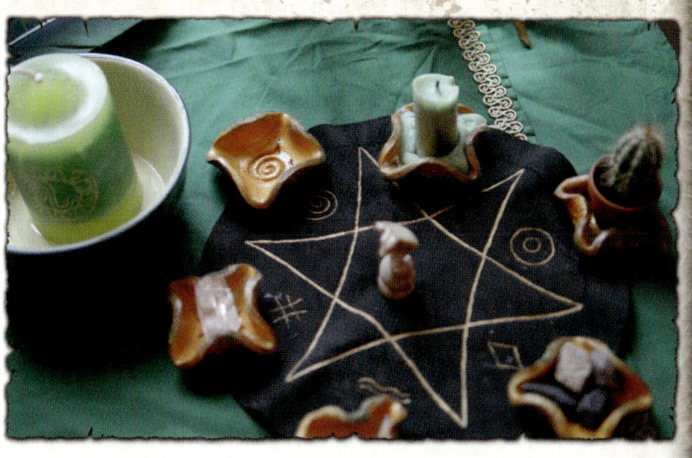

Der Charakter kann Heiltränke brauen und identifizieren. Die Qualität aller Tränke (QS 1-5) wird über die investierte Zeit gemessen. Pro 10 Minuten, die in das Brauen eines Trankes investiert wurden, steigt seine Qualität.
Alternativ können 1-4 TaP eingesetzt werden, um die Zeit zu verkürzen, mindestens 10 Minuten müssen allerdings immer investiert werden. Dargestellt werden muss das Brauen in jedem Fall. Der Alchimist muss über die richtigen Heilkräuter verfügen, die er selbst mitbringt (und die von der Orga im Zweifel abgesegnet wurden) oder auf der Con erspielt hat. Einen Trank pro Tranktalent darf der SC mit auf die Con bringen. Bei Heiltränken steht jede Qualitätsstufe für 1 LeP, der wiederhergestellt wird. Die SL kann festlegen, dass Tränke der QS 5 nur mit dem Investieren von TaP möglich sind.
Voraussetzung: *Kräuterkunde* (Heiltränke QS 1-3), *Experten-Kräuterkunde* QS 4-5)

Tränke brauen: Gifte und Gegengifte

Analog zum Heiltrank kann für 10 Minuten Brauzeit oder 1 TaP ein Gift oder Gegengift der QS 1-5 hergestellt werden. Ein Gift oder Gegengift darf der SC nach Absprache mit auf die Con bringen. Bei Giften steht jede QS für die Menge an LeP, die bei Einnahme mit der Rate 1/Minute eingebüßt werden. Ausnahme: Ein Gift der QS 4 verursacht 8 Schadenspunkte über 4 Minuten, ein Gift der QS 5 verursacht sofort 10 Punkte Schaden. Der Alchimist muss über die entsprechenden Giftkräuter verfügen. Einen Trank pro Tranktalent darf der SC mit auf die Con bringen.Anders wirkende Gifte finden sich im Anhang.Durch Gifte verursachter Schaden ist nur durch Gegengifte oder *Heilkunde Gift* aufzuheben.
Voraussetzung: *Kräuterkunde* (Gifte und Gegengifte QS 1-3), *Experten-Kräuterkunde* (Gifte und Gegengifte QS 4-5)

Tränke brauen: Sonstiges (diverse Talente)

Jeder weitere, hier nicht aufgeführte Trank, den ein Tränkebrauer beherrschen will, kostet ebenfalls 2 TaP. Die Brauzeit und TaP stehen im gleichen Verhältnis zur QS wie bei den oben genannten Tränken, falls der Trank verschiedene QS besitzt. Die Voraussetzungen sind analog.
Einen Trank pro Tranktalent darf der SC mit auf die Con bringen.

Mögliche Tränke sind: Schlaftrunk, Berserkertrank, Unsichtbarkeitselixier, Liebestrank (zu finden ab Seite **64** im **Zauber- und Gebetbuch**)
Ein Schlaftrunk erhöht die Regeneration um 2 LeP pro QS.
Ein Berserkertrank bringt pro QS eine Minute der Wirkung, während der der Anwender keine Schmerzen spürt, durch Wunden nicht eingeschränkt wird und alle Waffen nutzen darf.
Beim Unsichtbarkeitselixier wird der Anwender pro QS eine Minute unsichtbar, seine Kleidung jedoch nicht).
Durch den Liebestrank fühlt sich der Anwender pro QS zum Verabreicher 5 Minuten lang hingezogen.

Kosten: 3 TaP

Heilkunde Wunden

Der Charakter kann Verletzte heilen. Pro investierten 5 Minuten oder pro TaP schließt sich eine Wunde, sodass angeschlagene Glieder wieder nutzbar werden. Pro geheilter Wunde kehrt während der Regenerationsphase 1 LeP zurück. *Heilkunde Wunden* kann mit *Kräuterkunde* verbessert werden: Passende Kräuter können noch einmal einen Bonus auf die Wirkung der Heilkunde geben.

Heilkunde Gift

Der Charakter kann Vergiftungen behandeln. Pro investierten 5 Minuten oder pro TaP gewinnt der Behandelte 1 durch Gift verlorenen LeP in der Regenerationsphase zurück. Für jede QS des Giftes müssen 5 Minuten oder 1 TaP aufgewendet werden. Durch Gifte verursachter Schaden ist nur durch Gegengifte oder *Heilkunde Gift* aufzuheben. Mit *Heilkunde Gift* können nach dem gleichen Schema auch Krankheiten geheilt werden, falls es nötig wird. Passende Kräuter können noch einmal einen Bonus auf die Wirkung der Heilkunde geben.
Voraussetzung: *Kräuterkunde* (Gifte QS 1-3), *Experten-Kräuterkunde* (Gifte QS 4-5)

Prophezeien

In einer 30-minütigen Meditation kann der Charakter um Visionen der Zukunft bitten. Pro 2 TaP kann die Dauer um jeweils 10 Minuten verkürzt werden. Über Wirkung und Ausmaß der Prophezeiung entscheidet die SL
Voraussetzung: muss bei Charaktererschaffung gewählt oder nachträglich im Spiel erspielt werden

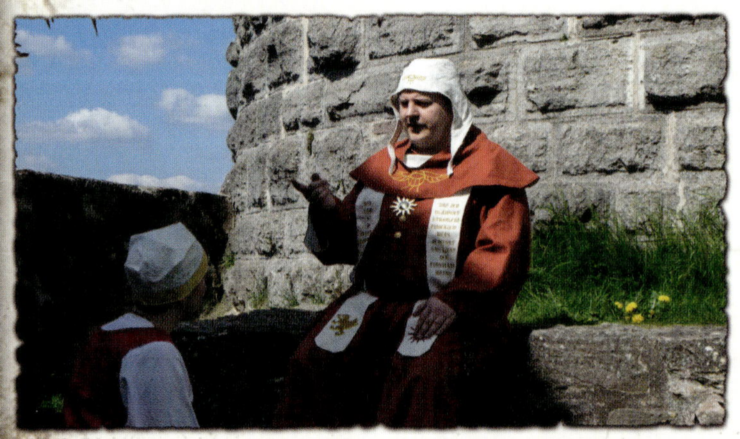

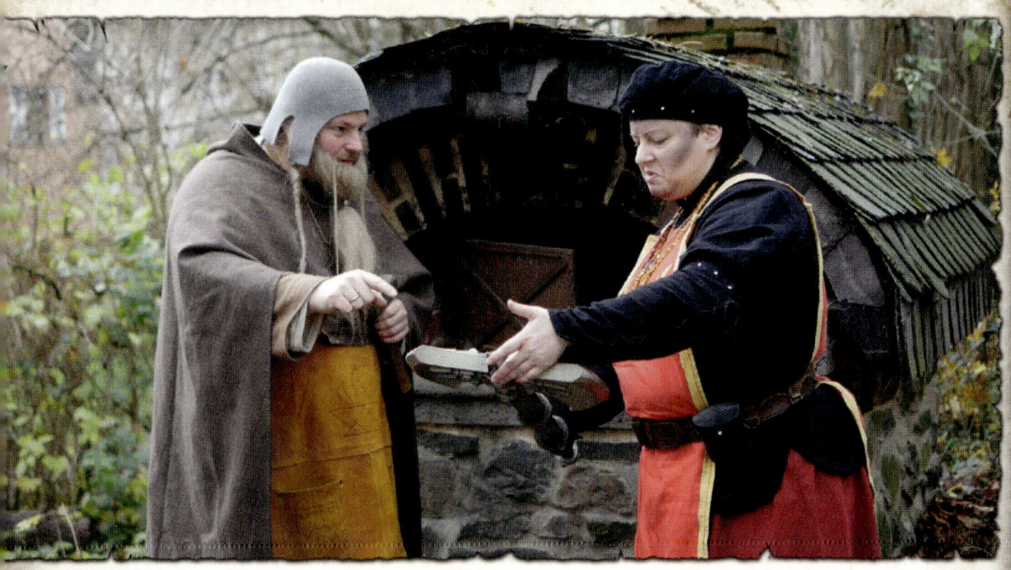

Rüstungsschmied

Der Schmied kann den Rüstungsschutz einer Rüstung wiederherstellen.Pro 10 Minuten, an denen an einer Rüstung gearbeitet wird, oder pro investiertem TaP, erhält die Rüstung 1 Punkt RS zurück.
Voraussetzung: *Amateur-Rüstungsschmied*

Schmieden: Feldreparaturset herstellen

Der Schmied kann kleine Sets aus Leder, Metall und billigen Werkzeugen herstellen, die helfen, Rüstungen im Feld zu flicken. Nur wer das Talent *Amateur-Rüstungsschmied* besitzt, kann diese anwenden. Die Sets verbrauchen sich nach einer Anwendung. Die QS des Sets hängt von der investierten Zeit ab. Pro 10 Minuten oder pro TaP erhält das Set eine Stufe, bis maximal QS 3.
Voraussetzung: *Rüstungsschmied*

Tränke brauen: Astraltrank

Alles analog zum Heiltrank, nur für AsP.
Voraussetzung: *Kräuterkunde* bzw. *Experten-Kräuterkunde*

Tränke brauen: Ausdauertrank

Alles analog zum Heiltrank, nur für TaP. Ausdauertränke sind also nichts anderes als TaP-Speicher.
Voraussetzung: *Kräuterkunde* bzw. *Experten-Kräuterkunde*

Punktepflichtige Talente (TaP-Kosten variabel)

Diese Talente kosten als einzige im Einsatz immer TaP. Jedoch: Wer nicht mit einem TaP-Pool spielen will, muss auch hier natürlich nicht über sein TaP-Konto nachdenken. Da die theoretischen Einsatzkosten der Talente den Kaufkosten entsprechen, bleibt das Balancing gewahrt. Spieler, die im Spiel keine TaP ausgeben möchten, haben die für diese Talente nötigen TaP sowieso immer übrig.

TaP-Kosten: 2

Meditation

Ein magisch begabter Charakter kann während seiner Meditation pro investiertem TaP und 10 Minuten Zeitaufwand 1 AsP erhalten. In diesem Fall ist die Ausgabe von TaP zwingend.
Voraussetzung: magische Begabung

Zähigkeit

Ein am Boden liegender Charakter mit 0 LeP kann TaP in LeP umwandeln und trotz des Verlusts aller LeP wieder aufstehen. Pro LeP werden 2 TaP ausgegeben. Pro Kampf kann *Zähigkeit* nur einmal eingesetzt werden. Die Bewusstlosigkeit nach einem *Betäubungsschlag* betrifft diese Charaktere nur eine Minute lang.

TaP-Kosten: 3 oder mehr

Seelenkraft

Kosten: 3
Der Charakter kann einem Zauber oder einer Liturgie pro Tag widerstehen. Der innere Kampf muss dabei ausgespielt werden.

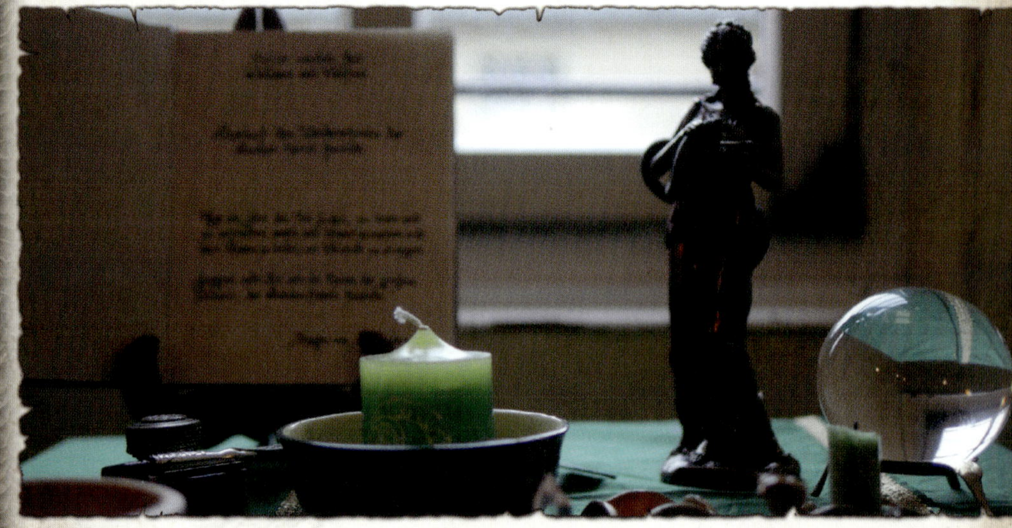

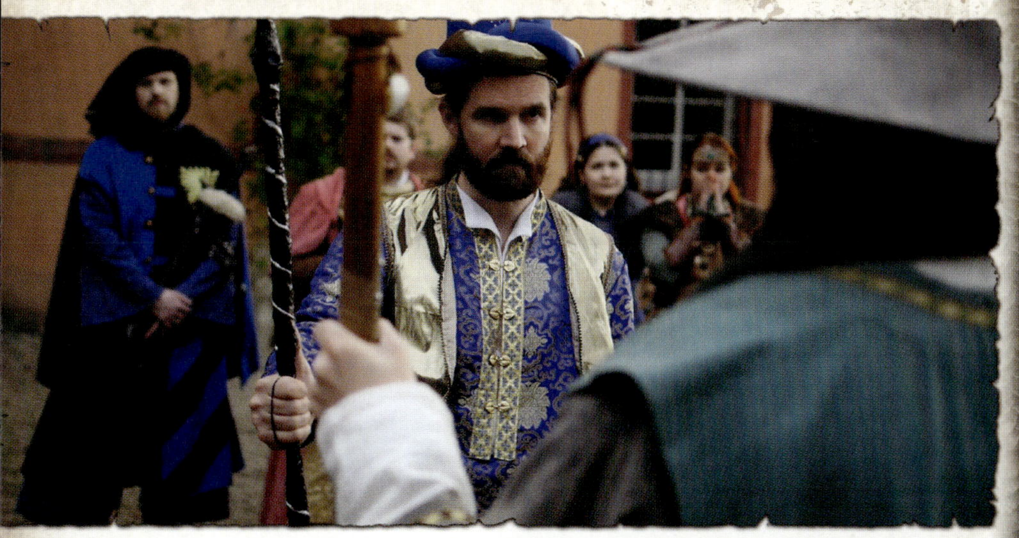

Verbesserte Seelenkraft

Kosten: 5
Der Charakter kann zwei Zaubern oder zwei Liturgien pro Tag widerstehen. Der innere Kampf muss dabei ausgespielt werden.
Voraussetzung: *Seelenkraft*

Meisterhafte Seelenkraft

Kosten: 7
Der Charakter kann drei Zaubern oder drei Liturgien pro Tag widerstehen. Der innere Kampf muss dabei ausgespielt werden.
Voraussetzung: *Verbesserte Seelenkraft*

Anmerkung zur Seelenkraft
Seelenkraft hilft immer ausschließlich gegen direkte Verzauberungen oder Liturgien. Nicht gegen die Wirkung der durch Magie manifestierten Effekte, wie z. B. den Feuerstrahl des IGNIFAXIUS. Bei den Zaubern ist im **Zauber- und Gebetbuch** jeweils durch den Vermerk „(Seele)" markiert, ob dieses Talent dagegen hilft oder nicht. Wer das Talent beherrscht, sollte also auch die Zauber kennen, gegen die es hilft, um Telling zu vermeiden.

ALTERNATIVE REGELN: DU KANNST, WAS DU DARSTELLEN KANNST

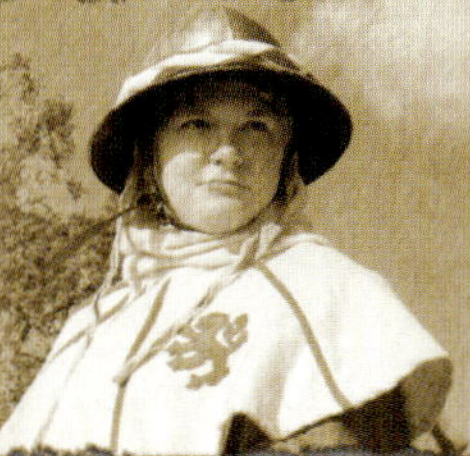

Vereinfachte Charaktergenerierung

Das Regelwerk auf den Seiten ab **32** basiert auf Abenteuer- bzw. Erfahrungspunkten. Wer Abenteuer erlebt, wird im Laufe der Zeit neue Fertigkeiten lernen und kann sich damit neuen, noch größeren Herausforderungen stellen. Dieses System hat aber auch Schwachstellen. Zum einen ist es kaum nachweisbar, wenn ein Spieler betrügen möchte und sich Erfahrung hinzuschummelt. Zum anderen bedeutet es einen großen Verwaltungsaufwand für Spielleiter, die sich mit den eingereichten Charakterbögen beschäftigen wollen, um sie auf Stimmigkeit zu überprüfen. Und schließlich sind die Unterschiede zwischen erfahrenen und weniger erfahrenen Charakteren im LARP weit weniger bedeutsam als beispielsweise im Tischrollenspiel – da es bei den meisten Spielsituationen eher auf persönliches Können ankommt als auf abstrakte Punktewerte, sind Erfahrungspunkte und die damit erwerbbaren Fertigkeiten mehr ein Sahnetupfer als ein zentrales Spielelement. Natürlich kann es trotzdem großen Spaß machen, seinen Charakter vom Frischling zum erfahrenen Veteran weiterzuentwickeln. Eine Spielleitung kann für ihr Spiel allerdings auch einfach entscheiden, auf das Erfahrungssystem zu verzichten, und die Spieler frei entscheiden lassen, welche Fertigkeiten und Zauber sie für ihren Charakter für angemessen halten. Das ermöglicht es allen Beteiligten, einfach genau die Helden zu spielen, die sie darstellen wollen, ohne um Punkte feilschen zu müssen. Falls die Spielleitung befürchtet, dass es Spieler geben könnte, die dieses System ausnutzen, um endlich mal einen unbesiegbaren Krieger-Geweihter-Gildenmagier-Dieb-Waldelfen zu spielen, kann sie darauf bestehen, dass trotzdem Charakterbögen eingereicht werden müssen. Absurde Fertigkeitssammlungen und Charaktere können dann möglicherweise ausgesiebt werden (etwas, das eine Spielleitung übrigens auch dann tun sollte, wenn auf der Veranstaltung nach dem normalen Erfahrungssystem gespielt wird und der Krieger-Geweihter-Gildenmagier-Dieb-Waldelf sich alle seine Fertigkeiten auf anderen Veranstaltungen "ehrlich erspielt" hat). Grundsätzlich läuft das System aber darauf hinaus, den Spielern Vertrauen zu schenken (und sich selbst weniger Arbeit und Gedanken machen zu müssen).

Die Alternative lautet also DKWDDK: Du kannst, was du darstellen kannst. Auch dieses System ist natürlich nicht vor Kritik gefeit. Der Schwachpunkt ist der durchaus berechtigte Vorwurf, Spieler könnten dieses System leicht ausnutzen, indem sie eben immer gerade das können, was sie gerade für den Plot oder die Herausforderung brauchen. Natürlich gibt es solche Spieler – aber es gibt genauso Punktschummler. Letztlich ist es eine Frage der persönlichen Philosophie.

Auch punktelose Systeme kommen nicht ganz ohne Regelwerk aus – irgendwie müssen ja Magie, Liturgien und Kämpfe geregelt werden. Ihr könnt natürlich einfach nur die Sprüche und die Kampfregeln nutzen, die wir weiter oben anbieten – und den Punkteansatz über Bord werfen. Schon habt ihr die nötigen Richtlinien für ein DKWDDK-Spielsystem. Außerdem haben wir im Folgenden noch ein paar Tipps gesammelt. Ein sehr durchdachtes punkteloses System findet sich z. B. auch auf den Seiten des Codex e.V.: **www.larp-codex.de**.

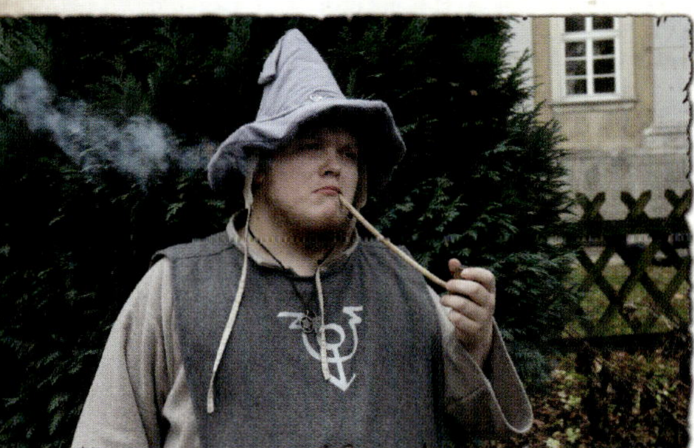

Tipps für punkteloses Spiel

Im Grunde gelten all die folgenden Tipps auch fürs Punktespiel. Im DKWDDK sind sie aber noch einmal deutlich wichtiger.

1. Wählt eine Rolle, die zu euch passt

Sowohl Statur als auch Auftreten des Spielers sollten mit der gewählten Rolle übereinstimmen. Dabei sollte der Spieler bei der Rollenwahl möglichst ehrlich zu sich selbst sein.

2. Spielt nur, was sich auch darstellen lässt

Tendenziell gilt immer: Lass weg, was du nicht darstellen kannst – selbst, wenn es zum Charakter passen würde, etwas zu können oder zu haben.

Beispiel: Der Magier aus Drakonia kann, seinem Hintergrund nach, den Zauber IGNISPHAERO, der einen großen Feuerball erzeugt. Da der Zauber nicht ohne enormen Aufwand und Risiko darstellbar ist, kann der Magier zwar seinen Mitspielern sagen, dass er diesen Zauber beherrscht, setzt ihn allerdings niemals auf einem LARP ein, da er den Zauber nicht darstellen kann.

3. Weniger ist oftmals mehr

Es ist besser, eine einfache Rolle besonders gut darzustellen, als eine besonders anspruchsvolle Rolle nur mittelmäßig darzustellen.

Beispiel: Die darstellerischen Anforderungen, einen frischen Abgänger einer Magierakademie zu spielen, sind deutlich geringer, als einen langjährigen Magus darzustellen, der über enormes Fachwissen und ein passendes, ehrfurchtgebietendes Auftreten verfügen muss.

4. Darstellung sollte immer erkennbar sein

Wenn man etwas darstellt, ist die Gewandung ein wichtiges Spielelement, das in keinem Fall vernachlässigt werden soll. Die Gewandung sollte bereits auf den ersten Blick widerspiegeln, welchen Charakter der Spieler darstellt.

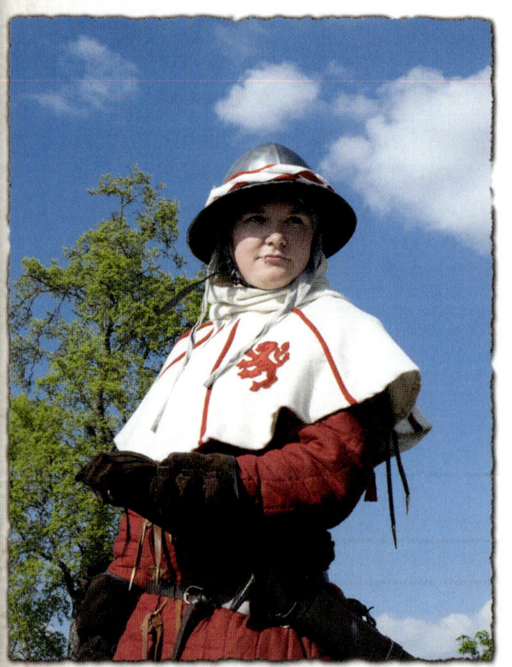

Beispiel: Der Ritter hat sich gerade gewaschen und tritt in Hemd und Bruche aus dem Zelt. Sein Knappe ruft ihn zu einer wichtigen Versammlung im Heerlager. Der Spieler des Ritters geht erst zurück ins Zelt und kleidet sich schnell mit dem Nötigsten an, um seine Rolle darzustellen: Standesgemäße Kleidung und Standessymbole wie beispielsweise den Schwertgurt mit Schwert.

5. Beschränkt und spezialisiert euch

Es ist absolut legitim, seinem Charakter eine Fähigkeit zu geben, die er besonders gut kann. Dabei ist es allerdings wichtig, diese Palette an Fähigkeiten stark zu beschränken, um anderen Spielern möglichst viel Mitspielgelegenheiten zu geben. Wenn ein Charakter auf nur ein Gebiet spezialisiert ist, braucht er öfter die Hilfe von anderen Charakteren, bietet also automatisch seinen Mitspielern die Gelegenheit, ihren Teil beizutragen. Alleskönner neigen eher dazu, anderen Spielern ihr Spiel wegzunehmen.

6. Der Aufwand bestimmt das Ergebnis

Wenn der Spieler einen bestimmten Effekt erzielen möchte, muss er ihn möglichst gut darstellen. Umso besser die Darstellung ist, desto sicherer ist auch die Reaktion des Gegenübers.

Beispiel: Der Hesindegeweihte Argelion versucht, einen Dämon zu exorzieren. Er gibt sich besonders viel Mühe und spielt den Exorzismus ausführlich und eindrucksvoll aus. An dieser Stelle ist es egal, wie mächtig der Hesindegeweihte ist – wenn der Spieler des Dämons davon überzeugt wurde, dass er gerade von einem fähigen Hesindegeweihten exorziert wurde, verschwindet der Dämon.

7. Spielt nicht, um zu gewinnen

LARP kann man nicht gewinnen, denn LARP ist ein Miteinander, kein Gegeneinander.
Als Spieler sollte man niemals versuchen, zwanghaft zu gewinnen, sondern seinen Mitspielern auch die Gelegenheit geben, die Situation für sich zu entscheiden. Halten sich beide Seiten daran, kann möglichst viel bereicherndes Spiel entstehen.

Beispiel: Der Krieger Alrik wird von einem Schwarzmagier konfrontiert. Er hat die Gelegenheit, noch bevor der Schwarzmagier seinen Zauber ausgesprochen hat, diesen zu Boden zu werfen. Da der Magier sich allerdings viel Mühe dabei gibt, seinen Zauber darzustellen, bewegt sich der Spieler von Alrik absichtlich einen Moment zu langsam, damit der Zauber in Kraft tritt. Der Spieler von Alrik spielt den Zauber aus, der Schwarzmagier freut sich darüber. Anschließend kommt es zum Kampf, der Schwarzmagier unterliegt den Kampfkünsten des Kriegers, der Spieler von Alrik freut sich darüber. Beide Spieler hatten Spaß an der Szene.

8. Erwartet keine bestimmte Reaktion auf das, was ihr spielt

Es ist spielfördernder, keine spielerische Erwartungshaltung gegenüber seinen Mitspielern zu zeigen, sondern die Reaktionen, die auf die eigene Darstellung folgen, zu akzeptieren.

Beispiel: Ein Magier zaubert einen Beherrschungszauber auf sein Ziel, weiß aber nicht, dass sein Ziel einige Momente zuvor einen PSYCHOSTABILIS auf sich selbst gewirkt hat, da er möglicherweise dessen Darstellung nicht realisiert hat.
Der Magier ist verwirrt, warum sein Zauber nicht wirkt.
An dieser Stelle ist es besser, sein Ziel auf die Reaktion (in diesem Fall das Ausbleiben der Beherrschung) anzuspielen: „Was? Wie könnt Ihr meinem Zauber widerstehen!?“ Dadurch gibt man wiederum seinem Mitspieler die Möglichkeit, das Spiel weiter voranzutreiben.

9. Vermeidet OT-Handlungen, wo immer möglich

Zu einer guten Darstellung gehört die Vermeidung von Out-Time-Handlungen. Soweit möglich, sollten sämtliche Unklarheiten oder nötigen Kommunikationen zu Out-Time-Inhalten IT geklärt werden. Ist das nicht möglich, sollte man die Handlung möglichst unbemerkt von anderen vollziehen.

Beispiel: Der Medicus Alrizio findet nach der Schlacht einen verwundeten Soldaten am Rand des Feldes.
Statt ihn zu fragen: „Sehe ich irgendwelche Wunden?“, spielt er den Soldaten darauf an: „Wo seid Ihr verletzt?“. Auch oft zu hören sind Sätze von besonders immersiv spielenden Spielern an die SL, wie: „Die silbern lackierte Prunkkutsche eines neureichen Garethers versperrt den Weg zum Festplatz!“ (deutsch: Der Mercedes von Spieler XY ist immer noch nicht weggefahren worden und stört meinen Spielspaß) oder „Könntet Ihr einen Hausdiener ins obere Badezimmer schicken? Etwas kreucht aus der Kanalisation hervor.“ (deutsch: SL, die Klos im ersten Stock sind schon wieder verstopft!).

WEITERE REGELVARIANTEN

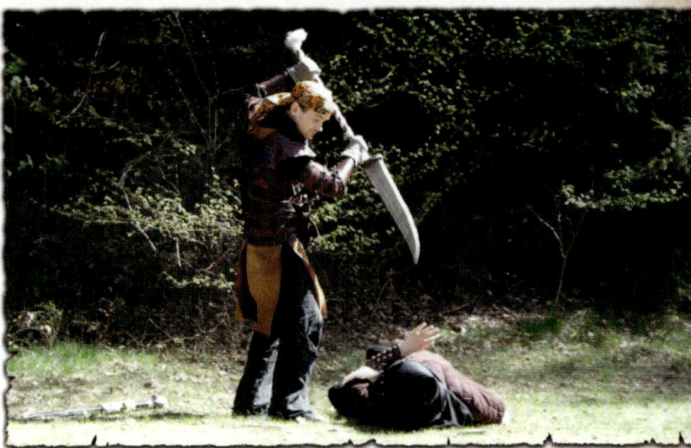

Spielvorstellungen und -vorlieben sind unterschiedlich. In vielen Tischrollenspielrunden gelten daher Hausregeln, mit denen bestimmte Regelungen der Tischvariante von **Das Schwarze Auge** modifiziert werden. Auch im LARP wird man häufig auf Cons stoßen, bei denen kleinere oder größere Regelmodifikationen gelten. Manche haben dramaturgische Gründe, z. B. weil eine Spielleitung nur aufgrund bestimmter Änderungen bestimmte Spielinhalte oder Stimmungen vermitteln kann. Andere entstehen einfach, weil die so modifizierten Regeln der Spielleitung besser gefallen oder logischer erscheinen. Im Folgenden haben wir ein paar mögliche Regelvarianten aufgeführt.

Hinweis für Spielleiter
Regelvarianten sollten nicht zu komplex sein und klar ausformuliert werden, damit die Spieler sie sich einfach merken können. Je größer ein Live-Rollenspiel ist, desto wichtiger ist es, möglichst frühzeitig allen Teilnehmern die gültigen Regelvarianten zu vermitteln.

Der Todesstoß

Wie fürchterlich die Verletzung auch sein mag, Helden sterben im LARP nur selten (siehe die Kampfregeln ab Seite **42**). Eine Spielleitung kann allerdings entscheiden, dass auf ihren Cons der Todesstoß als optionale Regel gilt. Ein besiegter Held kann dann von seinem Gegner mit einem gezielten, tödlichen Stoß ins Jenseits befördert werden. Das funktioniert allerdings nur, wenn das Opfer zuvor alle Lebenspunkte verloren hat (z. B. im Kampf oder durch Gift) und kampfunfähig ist. Hierbei ist es wichtig, dass sowohl Täter als auch Opfer den Todesstoß als solchen erkennen.

Darüber hinaus können Charaktere auch durch Fallen oder Gift getötet werden. Die Spielleitung kann den Todesstoß allerdings auch einschränken, z. B. in der Form, dass Helden nur durch NSCs oder Fallen getötet werden können und sich nicht gegenseitig töten dürfen.

Hochstufigere Startcharaktere

Wer eine weniger drastische Variante bevorzugt, kann seinen Spielern eine bestimmte maximale Punktzahl vorgeben, mit der sie ihren Charakter nach Belieben erstellen können. Statt 12 Abenteuerpunkten dürfen sie dann also beispielsweise 30 oder 50 Punkte ausgeben. Das umgeht die Beschränkungen eines aufstiegsorientierten Systems, bietet den Mitspielern aber gleichzeitig einen Rahmen. Ein Nachteil: Eine festgelegte Höchstpunktzahl regt tendenziell dazu an, sie auch irgendwie auszuschöpfen.

Diebe und Diebstahl

Für eine Orga stellt sich oft die Frage, was sie den Diebescharakteren auf ihrem Spiel ermöglichen möchte. Und was lieber nicht. Man kann es sich einfach machen und davon ausgehen, dass Taschendieb oder Einbrecher auch nur eine Hintergrundgeschichte wie jede andere ist und deshalb keine besondere Aufmerksamkeit verdient. Die Diebe werden sich schon irgendwie ihren Spaß suchen und sei es als leichte Plänkler im Kampf, die sich von hinten an die gegnerischen NSCs anschleichen. Vielen ambienteorientierten Mitspielern, die eine schurkische Rolle verkörpern, dürfte es auch reichen, nach außen hin kühn und verwegen zu wirken. Sie wollen den anderen Spielern den Eindruck vermitteln, sie könnten jederzeit ein mehr oder minder schlimmes Verbrechen begehen und man dürfe ihnen eigentlich nicht über den Weg trauen. Komplizierter wird es, wenn Diebesspieler das Bedürfnis haben, ihrer Profession wirklich nachzugehen. Hier fangen die Probleme an. Was darf unter welchen Umständen gediebt werden? Und wie ist mit dem Diebesgut umzugehen? Darf man gediebte Spielmünzen, die für den Mitspieler oftmals einen realen Out-Time-Wert haben, einfach so behalten? Und wenn ich meinem Mitspieler Münzen im Wert von 5 oder 10 Euro stehlen und behalten darf, warum dann nicht auch andere Kleinigkeiten in dieser Preisklasse?

Die SL kann einen Hehler organisieren, der wahllos vom Dolch bis zum Trinkhorn jeden Trödel ankauft, den raffgierige Diebe anschleppen. Dabei muss sie sich jedoch unbedingt Gedanken um Haftungsfragen und Verantwortlichkeiten machen: Wer haftet dafür, wenn der gediebte gläserne Pokal am Ende des Spiels nur noch ein Scherbenhaufen ist? Und was sage ich dem aufgebrachten Krieger, der schon zum dritten Mal im SL-Raum steht, weil ihm vor einer Stunde sein Schwert gediebt wurde, der Dieb seine Beute aber noch nicht heimlich zum Hehler schaffen konnte? Wer auf solche Diskussionen keine Lust hat, sollte das Dieben nur mit Einschränkungen erlauben und insbesondere das Eigentum anderer Spieler für tabu erklären.

Um derartigen Problemen entgegenzuwirken, kann es sich lohnen, ein Spielumfeld zu schaffen, in dem spannendes Spiel Belohnung genug ist. Was im Bereich Taschendiebstahl und Beutelschneiderei mit dem Diebesbeutel funktioniert (siehe Seite **59**), geht auch mit anderen Gegenständen.

Man kann beispielsweise, ähnlich wie in unseren Diebesregeln vorgeschlagen, auf einen Out-Time-Mechanismus zurückgreifen und nur den Diebstahl markierter Gegenstände erlauben. Dabei kann es sich um Out-Time relativ wertlose Requisiten wie Modeschmuck oder billige Kunstgegenstände, aber auch um plot-relevante Geheimunterlagen handeln, die beispielsweise mit einem farbigen Klebepunkt markiert werden. Was mit gediebten Gegenständen geschieht, obliegt der Spielleitung, die etwa einen Hehler zur Verfügung stellen könnte, der die heiße Ware ankauft.
Noch einen Schritt weiter geht eine Variante, bei der die Diebe im Spiel Aufträge erfüllen müssen. Jeder Dieb erhält den Auftrag, einen bestimmten Gegenstand (oder mehrere) zu beschaffen. Diese Aufgabenstellung kann aus dem Spiel erfolgen, beispielsweise über einen Hehler oder eine Diebesgilde, genauso gut aber auch im Vorfeld als Out-Time-Information an die Spieler gegeben werden. Auch hier kann es sich um Out-Time billige Gegenstände handeln, die im Spielhintergrund aber als sehr wertvoll definiert werden (z. B. das Diamantcollier der Fürstin, der Ring des Praiosgeweihten etc.). Dabei können durchaus zwei Diebe unwissentlich den gleichen Auftrag haben, wenn zum Beispiel zwei Auftraggeber den gleichen Gegenstand in ihren Besitz bringen wollen.
Ein Auftrag könnte auch die Zusammenarbeit mit anderen Dieben erfordern, vielleicht weil der Gegenstand zu gut bewacht oder mit Fallen gesichert ist. Je nachdem wie viel Aufwand sich eine SL machen möchte, lässt sich bei Bedarf ein ganzer Plot stricken, der von den Beteiligten einen Coup im Stil von Oceans 11 erfordert.
Ist ein Dieb erfolgreich, könnte er die Beute je nach Auftrag bei der Spielleitung oder einem In-Time-Kontaktmann abgeben. Eventuell muss er sie aber auch bis zum Spielende in seinem Besitz behalten, was Nachforschungen der Obrigkeit (und damit weiteren Nervenkitzel) ermöglicht. Bei dieser Variante des Diebesspiels ist es nicht erlaubt, ohne einen entsprechenden Auftrag auf Raubzug zu gehen.
Bei allen hier vorgestellten Möglichkeiten ist es sehr wichtig, dass die verantwortliche Spielleitung allen Diebesspielern möglichst im Vorfeld sehr genau deutlich macht, wie sie sich das Diebesspiel vorstellt und was sie sich von den Diebescharakteren wünscht. So ist es denkbar, in einer Art Gentlemen's Agreement bestimmte mögliche und logische, von den Mitspielern im LARP aber nur schwer zu erwidernde Maßnahmen auszuschließen, zum Beispiel das Verstecken der Beute im Wald oder im Out-Time-Gepäck.

SPIELTIPPS (NICHT NUR) FÜR EINSTEIGER

Aller Anfang ist schwer und fast jeder Einsteiger macht zu Beginn seiner LARP-Karriere die gleichen Fehler, stellt die gleichen Fragen und steht vor den gleichen Problemen. Aus der Erfahrung Einzelner und den gesammelten Weisheiten des Internets haben wir deshalb ein paar Überlegungen und Antworten zusammengestellt, die den Einstieg in dein neues Hobby leichter machen. Der eine oder andere der hier aufgeführten Tipps mag aber auch für alte Hasen interessant sein.

Charakterwahl

Ihr habt eure erste Einladung in der Hand, eure Freunde überredet und seid fest entschlossen, dem Ganzen eine Chance zu geben. Nur: Mit welchem Charakter? Mit Forgrimm Eisenarm, dem uralten Geoden, Träger des Rubinauges in der Kampagne **Die Sieben Gezeichneten**? Oder Fernanda Guerreira, die Meisterin der Masken, Fassadenklettererin extraordinaire aus dem Horasreich und Geliebte von hundert Edelmännern?

Unser Rat: Fangt klein an. Spielt lieber Alrik, den Abenteurer aus Andergast. Denn gerade zu Beginn hält Live-Rollenspiel so viele neue Erfahrungen bereit, dass man mit einem verhältnismäßig simplen Charakter viel besser auf die ganzen fremden Eindrücke reagieren kann. Außerdem gelingt es den wenigsten Anfängern, ihre Rolle auf

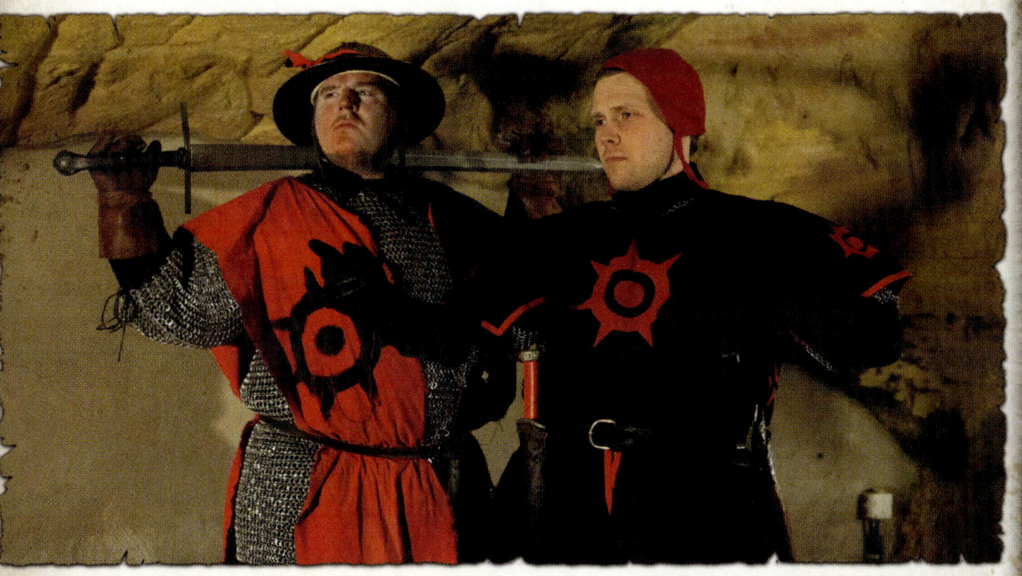

der ersten Veranstaltung mit der notwendigen Souveränität zu spielen, die zum Beispiel bei einer erfahrenen Meisterdiebin und Verführerin angebracht wäre. Zwar ist auch Erfahrung kein Freifahrtschein für allzu abgedrehte und übertriebene Konzepte, aber ein erfahrener Spieler wird es deutlich leichter haben, erfahrene Charaktere darzustellen. Und dann können sich die hundert Edelmänner in Acht nehmen ...

Eine 1:1-Übertragung von Pen and Paper-Charakteren mit all ihren Erlebnissen aus Kaufabenteuern sollte sowieso tabu sein.

Echt coole Typen

Wäre es nicht echt cool, wenn man einen maraskanischen Untergrundkämpfer spielen würde, der seinen Gegnern die Kehle aufschlitzt? Der finster wie Aragorn in der hintersten Ecke der Taverne sitzt und den alle fürchten? Oder eine mächtige Feuermagierin aus dem Konzil der Elemente, die mit Dschinnen ringt und Drachen bändigt?

Nein, das wäre wahrscheinlich eher peinlich. Eine goldene Regel lautet nämlich: „Spiele niemals cooler als du bist." Der Grund liegt auf der Hand: Im LARP kann man nicht einfach behaupten, ein cooler Typ zu sein. Man muss diese Behauptung auch einlösen: Taten statt Worte. Und leider sind die wenigstens von uns Otto-Normalbürgern sinistre Eckensitzer, die anderen Leuten durch bloße Präsenz Furcht einflößen oder sich lautlos wie ein Ninja bewegen können.

Natürlich kann im Live-Rollenspiel ausnahmslos jeder über sich hinauswachsen. Aber das geschieht ungezwungen, urplötzlich und von selbst. Nicht durch Ansage und Behauptung oder einen extracoolen Charakter. Es geschieht zum Beispiel, wenn neben euch völlig unerwartet die Heerführerin wegen eines Zaubers zusammenbricht und ihr sie beschützt, bis Verstärkung kommt. Es geschieht während der Nachtwache, wenn plötzlich Orks angreifen und ihr das Tor bis aufs Blut verteidigt, bis ein Kamerad alle anderen geweckt hat. Es geschieht aber nicht, indem man auf den Charakterbogen schreibt: „Mutiger Beschützer und heldenhafter Verteidiger." Den Ruf muss man sich verdienen.

Des Kaisers neue Kleider

Was braucht ein Held, um Abenteuer zu erleben? Ein magisches Schwert? Einen mächtigen Schild? Einen mystischen Zauberstab? Bestimmt. Zunächst aber braucht er Hemd, Hose, Gürtel und Schuhe. Sonst wäre er nackt und sähe mit seinem magischen Schwert ziemlich albern aus.

Wenn ihr also ein Kostüm zusammenstellt, fangt mit den Grundlagen an. Die wenigsten Spieler kaufen sich für ein paar Hundert Euro ein Komplettpaket an Ausrüstung, vielmehr besorgt man sich die einzelnen Teile oft über einen größeren Zeitraum verteilt. Dabei empfiehlt es sich, von innen nach außen vorzugehen: Erst das Hemd, dann das Wams, dann das Kettenhemd. Erst die Hose, dann die Schuhe, dann die Beinschienen.

Beim Tischrollenspiel vergisst man häufig, dass ein Charakter nicht nur aus Rüstung und Waffen besteht. Aber tatsächlich ist es ja ganz anders: Wenn

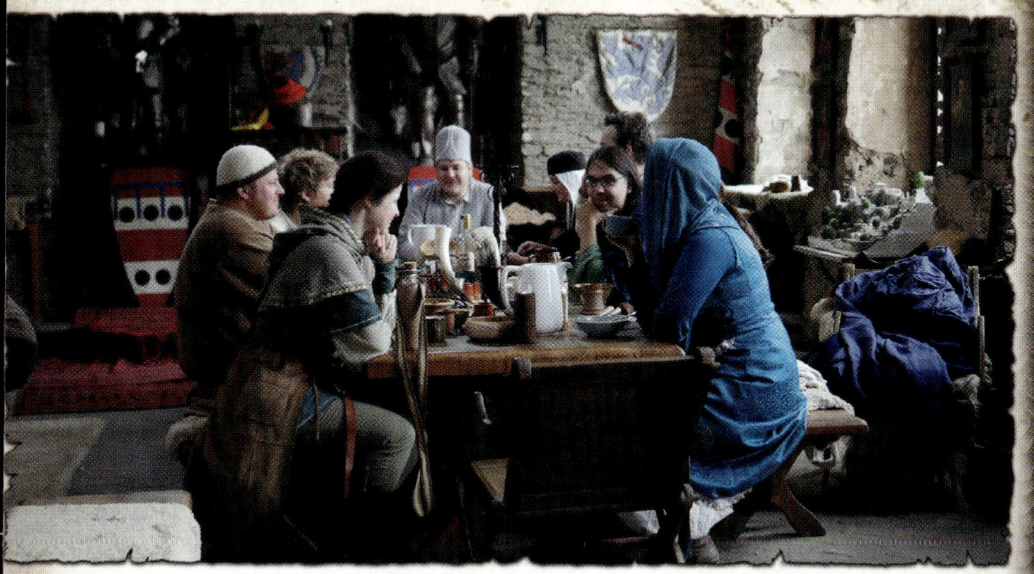

man sich zum Beispiel die Figuren aus den guten Fantasyverfilmungen der letzten Jahre anschaut, ist Rüstung oft nur ein kleiner Teil von dem, was den Charakter optisch beeindruckend macht. Es sind stattdessen der verzierte Gürtel, das bestickte Wams, der schöne Köcher oder das ganze andere Brimborium, das der Held sonst noch so am Leibe trägt.

Stirb an einem anderen Tag?

Auch wenn, wie im Kapitel **Weitere Regelvarianten** (ab Seite **96**) beschrieben, auf einer Veranstaltung Todesstöße gegen andere Spielercharaktere erlaubt sind: Mit einem Todesstoß oder einem tödlichen Gift nimmt man einen sehr radikalen Einfluss auf das Spielerlebnis eines Mitspielers. Solche Spielelemente sollten daher nur sehr vorsichtig eingesetzt werden. Bevor ihr den Helden eines Mitspielers tötet, solltet ihr gründlich darüber nachdenken, ob dies wirklich nötig und angebracht ist. Viele Spieler hängen sehr an ihren liebevoll entworfenen Charakteren, die sie möglicherweise schon seit Jahren spielen. Auf keinen Fall solltet ihr einen Charakter aus Unüberlegtheit, Langeweile oder falsch verstandener Konsequenz töten.

Euer Charakter mag das Bedürfnis verspüren, jeden umzubringen, der die hochheilige, unantastbare Ehre seiner Familie oder seines Gottes verletzt. Ihr als Spieler habt allerdings die Kontrolle darüber, ob er das wirklich durchführt. Schließlich gibt es jede Menge elegantere und spielerisch wertvollere Alternativen: Er könnte grummelnd eine Entschuldigung annehmen, es bei einer Tracht Prügel bewenden lassen oder, wenn denn unbedingt Waffen gezogen werden müssen, sein Opfer niedermachen, für tödlich verwundet halten und liegen lassen – ohne einen Todesstoß anzusagen. Im Gegenzug solltet ihr, wenn ihr zum Opfer einer solchen Aktion werdet und ein Gegner, bzw. dessen Spieler, euch offensichtlich einen Ausweg konstruiert, der es eurem Charakter ermöglicht, am Leben zu bleiben, diese Geste honorieren. Keinesfalls solltet ihr diesen Umstand dazu ausnutzen, nun eurerseits einen Weg zu suchen, möglichst schnell und effizient seinen Charakter zu töten.

Drama vs. Realismus

Eine ständige Streitfrage: Soll man im LARP seinen Charakter möglichst realistisch spielen, oder eher auf eine dramatische Geschichte hinarbeiten? Es gibt keine optimale Antwort. Einerseits wirken Charaktere, die zu sehr unlogisch gegen ihre eigenen Interessen handeln, sehr schnell lächerlich. Ein Kerkerwächter, dem seine Gefangenen immer entkommen können, weil er versehentlich den Schlüssel im Schloss stecken lässt, ist eher eine Karikatur als eine realistische Figur. Andererseits sorgen die Beschränkungen des LARPs dafür, dass gut durchdachte Pläne schnell zu todsicheren Plänen werden.

Die Grenzen des Spielgebiets sind meist eng umrissen, sodass es Dieben und Räubern leichtfällt, mit ihrer Beute zu verschwinden. Alles, was sie tun müssen, ist, den Rand des Spielgebietes zu erreichen und danach ins Out-Time zu gehen. Tagelange Hetzjagden durch das Unterholz sind nicht zu befürchten.

Selbst mit kaltblütigem Mord kommt man meist ziemlich einfach davon. Es ist im LARP recht leicht, einen Mitspieler mit fadenscheiniger Begründung in eine entfernte Ecke zu locken oder ihm gar in der Nähe der Sanitäranlagen aufzulauern (irgendwann wird er da schon vorbeikommen ...), um ihn, möglichst mit einer Übermacht, zu überrumpeln und mit ein paar schnellen Hieben umzubringen. Im realen Leben würden die Täter bei ihrer Rückkehr zu den Mitspielern vermutlich zumindest ein paar Blessuren oder Blutspuren aufweisen, ein gespielter Kampf hinterlässt derartige Spuren (zum Glück) nicht. Da kaum ein Toter nachts stundenlang irgendwo im Gelände liegen bleiben will, bis zufällig irgendjemand über ihn stolpert, wird sogar die Leiche von selbst verschwinden: Ein perfektes Verbrechen ohne Zeugen. Die Mitspieler werden nur irritiert zur Kenntnis nehmen, dass das Opfer nun einen anderen Charakter spielt, und möglicherweise versuchen, Nachforschungen anzustellen, die aber ins Leere laufen dürften. Ein höchst unbefriedigendes Ende für eine Heldenfigur, die vielleicht seit Jahren gespielt wurde und viele Freund- und Feindschaften geknüpft hat.

Die Kunst ist also, einen Mittelweg zu finden und den Mitspielern dramatische Szenen auch zum eigenen Nachteil zu ermöglichen: geheime Dokumente oder wichtige Plot-Gegenstände so zu platzieren, dass Mitspieler sie mit etwas Aufwand in ihre Hände bringen könnten, statt sie unauffindbar im Wald zu verstecken. Dem auserkorenen Mordopfer vorher eine Drohbotschaft zukommen zu lassen, die sein baldiges Ende ankündigt. Geheime Pläne an einem Ort zu schmieden, an dem andere Charaktere sie vielleicht hören könnten. Einen Dummy als Leiche platzieren. Den Schrein immer nur so gut zu bewachen, dass ein geschickter Dieb sich anschleichen und seinen Inhalt stehlen könnte.

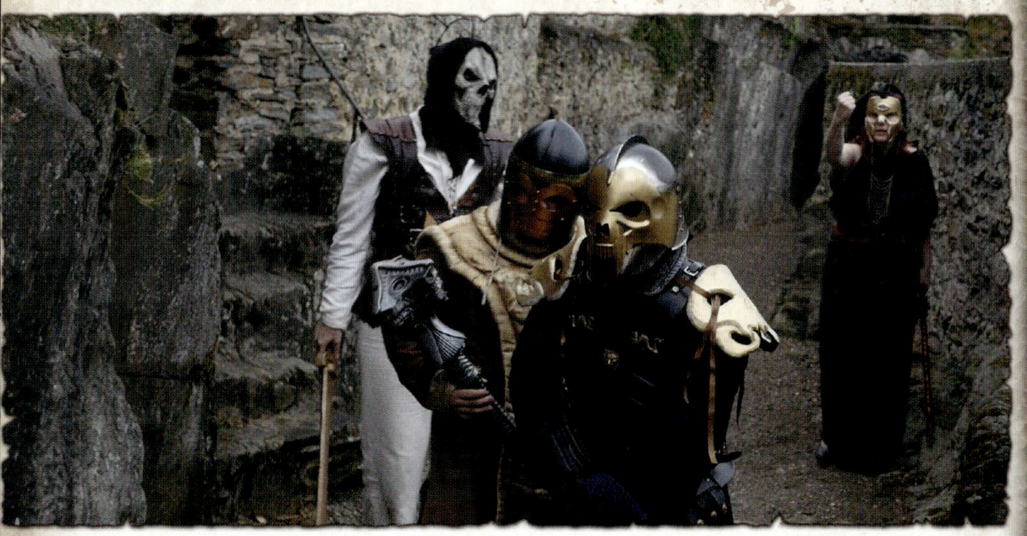

Von Fehlern, Logikbrüchen und Besserwissern

Euer Charakter müsste eigentlich wissen, wer im Mittelreich gerade auf dem Thron sitzt, aber ihr als Spieler könnt euch einfach nicht erinnern? Die Auelfe, die sich euch angeschlossen hat, macht ständig Dinge, von denen ihr genau wisst, dass eine „echte“ Elfe sie nie machen würde? Der ungerüstete NSC fällt auch nach dem dritten klaren Treffer auf seine Brust einfach nicht um? Vorhin hat euch der eine Spielleiter gesagt, dass euer ODEM ARCANUM keinerlei Spuren von Magie auf der rätselhaften Holzkiste feststellen kann – nun erzählt ein anderer irgendetwas von mächtigen Strömen, die sich genau an diesem Gegenstand manifestieren? Und dann ist da noch dieser blöde Besserwisser, der geradezu darauf zu lauern scheint, jedem, der nicht schnell Ausflüchte findet, sein überlegenes Hintergrundwissen zu irgendwelchen unwichtigen Aventuriendetails zu demonstrieren.

Ärgerlich? Absolut.

Vermeidbar? Eher nicht. Es wird immer jemanden geben, der mehr Ahnung von der Spielwelt hat als ihr selbst (oder es zumindest glaubt). Es wird immer Spieler geben, die ihre Charaktere völlig anders spielen, als es die Spielwelt eurer Meinung nach vorgibt. Es wird immer unterschiedliche Sichtweisen und Wahrnehmungen in Kampfsituationen geben. Und es werden immer Spielleiterfehler passieren. Der beste Weg damit umzugehen, liegt nach unserer Erfahrung darin, Wege zu finden, um solche Fehler, nervende Mitspieler und Logikbrüche möglichst geschickt auf die eine oder andere Weise zu umschiffen. Anfangen sollte jeder bei sich selbst, indem ihr von vornherein eine Rolle wählt, die zum eigenen Hintergrundwissen über die Spielwelt passt. Von einem Bauernmädchen, das von zu Hause weggerannt ist, wird niemand erwarten, dass es Fragen zur politischen Situation im Horasreich, Geschichte der Magiermogule oder Beschaffenheit der dämonischen Sphären

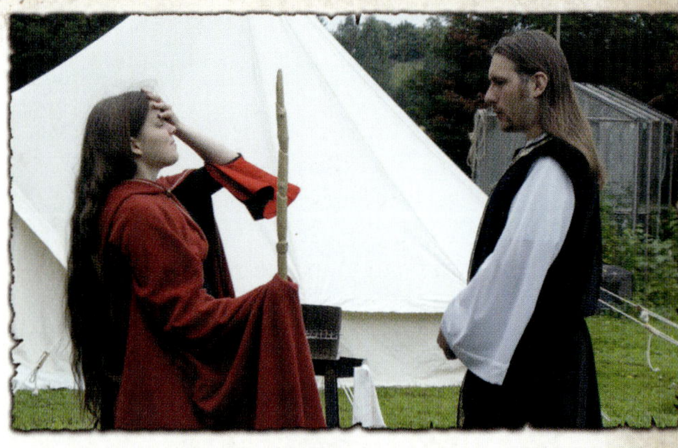

beantworten kann. Bei einer reisenden Gelehrten mit einer Spezialisierung auf Geschichte und magische Phänomene sieht das ganz anders aus.

Bei allen Fehlern eurer Mitspieler ist meist die beste Lösung, diese so gut es geht zu ignorieren. Wenn jemand mit wenig Aventurienerfahrung offensichtlich zwei Namen vertauscht und statt den Totengott Boron den Dämonenmeister Borbarad preist, könnt ihr ihm daraus einen fiesen Strick drehen – oder ihr entscheidest euch, dass euer Charakter diesen Fehler überhört hat und nutzt in eurer Antwort demonstrativ den richtigen Namen.

Ähnliches gilt für SL-Fehler sowie Fehler in der Charakterdarstellung von Mitspielern. Hier eine Diskussion anzufangen, bringt meist nichts. Der einzige Effekt: Das Spiel für euch und die Umstehenden stockt, während ihr euch streitet, wer Recht hat. Ebenfalls solltet ihr vermeiden, im Anschluss immer wieder In-Time über dieses seltsame Vorkommnis zu debattieren. So würde sich der Logikbruch immer und immer wieder manifestieren. Auch hier sollte Ignorieren und gemeinsam über Fehler Hinwegspielen statt darauf Rumzureiten das Mittel der Wahl sein.

Gegen aggressive, nervende Besserwisser hilft letztlich nur, sie in einer ruhigen Minute beiseitezunehmen und das Problem anzusprechen (vielleicht ist es ihnen gar nicht bewusst) oder, falls das nicht hilft oder dir das Ansprechen unangenehm ist, ihnen aus dem Weg zu gehen.

Spielersünden und SL-Sünden

Wir können es uns nicht verkneifen, an dieser Stelle auf die beiden fast schon viralen Videos von Orkenspalter TV hinzuweisen, in denen einige der ärgerlichsten Anfängerfehler von sowohl Spielern als auch SLs festgehalten sind. Ihr findet sie auf www.youtube.com/lnlfan – bzw. hier in der Kurzfassung:

Die 10 wichtigsten Tipps für Spieler

- Gebt euch so viel Mühe bei der Darstellung und Ausstattung eure Charaktere, wie ihr es auch von anderen erwarten würdet.
- Falls ihr einen Schelm oder einen anderen Charakter mit hohem Nervpotenzial spielen wollt, überlegt euch vorher gut, ob ihr euren Mitspielern damit nicht doch zu sehr auf den Wecker geht.
- Versucht, euch in die Position anderer Menschen hineinzuversetzen. Gerade die SL ist eigentlich immer im Dauerstress. Ist euer aktuelles Problem es wirklich wert, die SL damit zu behelligen, oder findet ihr vielleicht auch eine andere Lösung?

- Die NSCs sind keine Menschen zweiter Klasse. Auch sie haben für die Con bezahlt und sind jetzt hier, um euch zu bespaßen. Das heißt aber nicht, dass es ihr Job ist. Behandelt sie gut! Lasst sie nicht eure Zelte abbauen und lootet nicht ungefragt ihre Leichen, bzw. klaut ihnen nicht ihr OT-Zeug.
- Vermeidet Telling und trennt OT und IT. Wenn ihr einen Gegenstand OT nicht bei euch habt, habt ihr ihn auch IT nicht. Springt nicht wild zwischen IT und OT hin und her. Lasst euer OT-Wissen außen vor, wenn es nicht zur Rolle passt.
- Spielt keine Rollen, die einfach nicht zu euch passen.
- Vermeidet Powergaming, nehmt euren Mitspielern also nicht durch das Ignorieren der Regeln oder auch nur des Realismus den Spaß.
- Macht den Plot nicht kaputt, indem ihr sinnlose Gerüchte streut, Plot-Gegenstände versteckt oder den Plot absichtlich sabotiert. Bunkert keinen Plot, also teilt eure Erkenntnisse bitte mit dem Rest der Spieler.
- Nutzt nicht die Ausrede, dass das alles „nur IT ist und zur Rolle passt“, um das andere Geschlecht zu belästigen. Zwingt niemandem eine Folter- oder gar Vergewaltigungsszene auf, der damit nicht hundertprozentig einverstanden ist! Meidet, wenn es nicht vorher klar thematisiert wurde, solche Szenen generell. Ihr wisst in der Regel nie, wer auch nur auf das Vorhandensein solcher Themen z. B. mit Panikattacken reagieren wird, weil es einen euch unbekannten empfindlichen Punkt getroffen hat.
- Zerstört niemals die mühevoll aufgebaute Stimmung und Atmosphäre, indem ihr dem Drang nachgebt, einen lustigen Spruch abzugeben, der dann alle ins OT reißt.

5 Tipps für Orgas und SLs

- Versucht, Klischees zu meiden, wie die 17 Uhr-Endschlacht und das Ritual, für das sieben Plot-Gegenstände gesammelt werden müssen.
- Seuchen-, Krankheits- und Vampir-Plots bergen die Gefahr, die Spieler für den Großteil der Con auszuschalten oder auszugrenzen.
- Nehmt euch nicht zu ernst! Nehmt eure Con und das Ambiente dort nicht zu ernst. Zumindest nicht so ernst, dass es zu Lasten der Gesundheit eurer NSCs oder Spieler geht.
- Wenn ihr als SL eine NSC-Rolle übernehmt, geht nicht zu sehr in dieser Rolle auf. Ihr müsst immer als SL ansprechbar sein. Ihr müsst über alles informiert sein, was auf der Con passieren kann. Es ist von euren Spielern und NSCs nicht erwünscht, dass ihr selber nicht den ganzen Plot kennt, nur um mitspielen zu können.
- Wenn ihr NSCs verkörpert, stehlt den SCs nicht die Show. Es sollte niemals ein NSC den Plot lösen oder den Endgegner erschlagen. NSCs auf Seiten der Spieler sollten dazu dienen, das Scheinwerferlicht auf die Spieler zu lenken.

FÜR FORTGESCHRITTENE: METAGAMING

Die folgenden Texte wurden stark von der Seite AugederGasse.de inspiriert, der wir an dieser Stelle noch herzlich danken wollen. AugederGasse.de wurde als DSA-LARP-Ratgeber von unserem langjährigen Mitspieler Andreas Reif begründet und dient als Plattform und Wegbegleiter für alle, die sich für Live-Rollenspiel in Aventurien interessieren. Einige der Bilder auf der Seite entstanden auf Conventions der Autoren dieses Buches und fanden auch hier Einzug. Die Seite ist allerdings stark von der DKWDDK-Ausrichtung geprägt und geht nur wenige Kompromisse ein. So manche Orga sieht einige Dinge sicher deutlich entspannter. Auf AugederGasse.de finden sich auch umfangreiche Tipps zum Geweihtenspiel oder zum Spiel mit magischen Schriftzeichen.

Völlig neutral betrachtet, bezeichnet Metagaming den Einsatz von Informationen von außerhalb des Spiels, um selbiges von innen zu verändern oder zu beeinflussen. Der Begriff kann oft im negativen Kontext verwendet werden, wenn etwa ein Spieler Out-Time Informationen besitzt, die sein Charakter nicht haben kann – wie z. B., dass er von einem NSC, der sich auf der Anfahrt zur Con verplappert hat, erfahren hat, dass eine wichtige Tür nur mit dem Losungswort „Käsetoast“ zu öffnen ist, oder indem er sich als Söldner durch Wissen über Hintergründe, das eigentlich nur ein Erzmagier besitzen kann, in den Vordergrund drängt.

Dass solche Vorkommnisse ein großes No Go sind, haben wir bereits zur Genüge erörtert – und falls nicht: Sie sind ein großes No Go! Im folgenden Abschnitt soll es jedoch um wünschenswertes Metagaming gehen; jenes nämlich, dass die Spielerfahrung für alle bereichern kann.

Allzu oft sind es nämlich die eigenen Charakterkonzepte und die Logik der Spielwelt, die einem befriedigenden Spielerlebnis für alle Spieler im Wege stehen. Ein geradlinig ausgespielter Inquisitor verhandelt nicht mit dem Oberschurken. Ein cleverer Streuner teilt seine Erkenntnisse über den Plot nicht mit jedem x-beliebigen anderen Spielercharakter. Über das Schicksal eines festgesetzten Magiers hat ein Gildengericht nach der Con zu entscheiden.

Das alles ist zwar In-Time logisch, leider aber auch oft entweder total langweilig, für andere Spieler frustrierend oder sogar tödlich für den Plot. Es gibt einen Grund, warum sich Hollywood-Dreh-

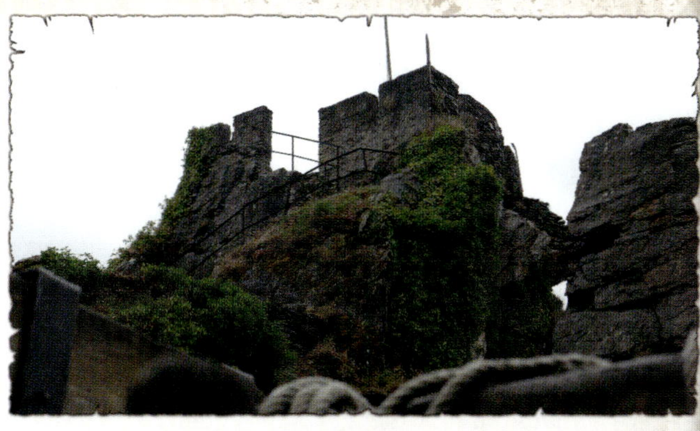

buchautoren eben nicht immer an die Logik halten. „Warum rennst du nach oben, austauschbare Horrorfilm-Blondine? Da kriegt dich der Axtmörder doch erst recht!", rufen wir (zumindest in Gedanken) immer wieder im Kino. Doch der durchschnittlich begabte Autor weiß nun mal, dass das Finale seines Films eher fad wäre, würde die Blondine direkt aus dem Haus und zur Polizeiwache laufen.

Das ist natürlich trotzdem kein gutes Geschichtenerzählen und wir erwarten auch nicht, dass ihr euch auf LARP-Cons jetzt benehmt wie die letzten Deppen, nur damit ihr immer wieder in die Fallen der Orga stolpern könnt und der Plot funktioniert. Aber es gibt einige Grundlagen, die man beherzigen kann, um das LARP nach diesem Prinzip zu bereichern.

Augedergasse.de nennt ein sehr schönes Beispiel für sinnvolles LARP-Metagaming, das wir hier verkürzt wiedergeben wollen:

Ein zwölfgöttergläubiger Krieger hat es sich zur Aufgabe gemacht, ganz bestimmte Dämonenanbeter auszulöschen, und überrascht auf einer Con eine genau solche Übeltäterin bei einem aufwändigen Ritual mit mehreren Plot-Gegenständen. Die Szene ist offenbar lange vorbereitet worden, das Kostüm der Dämonenanbeterin schick und offenbar nicht improvisiert. Unser Krieger hat zwei Möglichkeiten:

a) Er folgt seinem Charakterkonzept, tötet die Magierin und zerstört ihre unheiligen Artefakte.

Das ist logisch, aber kein anderer Spieler hatte etwas von der Szene und die Orga und der NSC haben vermutlich stundenlange Vorbereitungen in eine Szene gesteckt, die in wenigen Augenblicken vorbei war.

b) Der Spieler nutzt sein Metagaming-Wissen: Offenbar war die Szene nicht dazu gedacht, so schnell von ihm beendet zu werden, dafür ist sie zu aufwändig. Sicher hat die Orga noch mehr vor. Der Spieler versucht also, möglichst viel Spiel herauszuholen – und das, ohne sein Charakterkonzept zu verraten. Er ruft einem Begleiter zu „Halt mich zurück, sonst erschlage ich die Dämonenbuhle sofort!" – und deutet den Angriff dann auch an, lässt sich aber beruhigen. Die NSC-Dämonenanbeterin wird gefangen genommen, ihre Ritualgegenstände werden mitgenommen und analysiert. Es werden noch viele andere Spieler Spaß mit den Ergebnissen dieser Szene haben.

Wider das Plotbunkern: Umgang mit IT-Dokumenten und Plot-Gegenständen

Plotbunkern bezieht sich auf die verpönte Tätigkeit, die Plot-Infos und -Gegenstände auf einer Con an sich zu reißen und sie mit keinem oder nur sehr wenigen der anderen Spieler zu teilen, sodass diese am Ende gar nicht mitbekommen, um was sich der Plot eigentlich drehte. Meist wird das Bunkern von dafür ausgelegten Plothunter-Charakteren betrieben, oft Geweihten, Magiern oder Gelehrten. Gerade bei DSA lässt sich dieses Verhalten leider sehr gut IT-logisch begründen:

- „Das niedergeschriebene Wissen ist gefährlich und ketzerisch – und somit dürfen nur Geweihte und Weißmagier das Dokument lesen."
- „Der Gegenstand hat große Macht und darf nicht in die Hände von einfachen Abenteurern geraten. Stattdessen sollte er in den Bleikammern der Praioskirche verschwinden! Oder direkt vernichtet werden!"
- „Der Namenlose hat uns sicher bereits unterwandert, wird dürfen diese Informationen nicht preisgeben, sonst weiß der Feind, was wir vorhaben!"

All diese Argumente sind schlüssig, klar. Aber sie ersticken auch viel Rollenspiel und so manchen Plot im Keim. Sie können sogar das komplette Con-Wochenende in eine dröge Erfahrung verwandeln. Dadurch führt dieses Syndrom oft zu Out-Time-Unmut und nicht selten schlägt dieser auch der SL entgegen: „Das hättet ihr euch doch denken können, dass genau das passiert! Und überhaupt: Ein Plot um ein böses, magisches Schmuckstück, das *eigentlich* nicht vernichtet werden kann, das ist ja auch so was von abgedroschen!"

Das ist im Grunde auch richtig: Viele Plots drehen sich um magische, göttliche oder dämonische Artefakte, die eigentlich schnell vernichtet gehören. Das ist nun mal ein Standardmotiv der Fantasy, das gut funktioniert und eine Portion Epik vermittelt. Eine größere Gefahr im Hintergrund wird dadurch spürbar gemacht, die sonst nicht im LARP darzustellen wäre.

Das IT-logische Verhalten würde dann aber dazu führen, dass jede Orga solche Plots nur noch für acht Charaktere anbieten könnte, die in einer generell feindlichen Welt einem weisen Magier-NSC folgen, um mit dem Artefakt das anzustellen, was eben dramaturgisch am meisten hergibt (und das sind nicht die verfluchten Adler!).

Leider sind in Aventurien die Zuständigkeiten bürokratisch genau geregelt, und wer sagt, dass ein dämonisches Artefakt der Praioskirche übergeben werden sollte, der hat leider Recht!

Und genau hier muss jetzt das Metagaming ansetzen, um zu verhindern, dass solche Gegenstände und Dokumente aus dem Spiel genommen werden, bevor sie ihren Zweck erfüllt haben. Dazu sollten Spieler Folgendes im Kopf behalten:

- Die Orga wird sich viel Mühe mit den betreffenden Gegenständen und Schriftstücken gemacht haben. Das hat sie nicht für einen Spieler allein getan. Vielleicht hängt da noch ein ganzer Plot-

Strang mit vielen NSCs dran, der wegfällt, falls ihr das Objekt vernichtet. Wollt ihr das wirklich?

- Könnt ihr eine sinnvolle Ausrede finden, den Gegenstand nicht zu vernichten oder aus dem Spiel zu nehmen? Z. B. „Es war keine Zeit" oder „Vielleicht hätte die Vernichtung gefährliche Energien freigesetzt. Ein Experte für XY sollte sich das nochmal ansehen." Oder auch einfach „Ich hatte das Gefühl, dass es noch wichtig sein würde."
- Findet ihr eine Ausrede, die Infos aus den Dokumenten oder die Analyse des Gegenstands mit möglichst vielen Spielern zu teilen? Muss sie jemand übersetzen, abschreiben? Versteht ihr einen Fachbegriff nicht? Ist euch das Material eines Gegenstands unbekannt? Vielleicht kennt es ja der Schmied? Oder der Maraskaner? Heuert Helfer an!
- Lest die Texte so vor, dass sie möglichst viele Mitspieler mitbekommen und nicht alleine im stillen Kämmerlein.
- Falls ein Gegenstand zerschlagen wird, dann tut es nicht OT, sondern markiert ihn nur mit einem Zettel als zerstört. Er sollte so zerstört werden, dass er zu reparieren ist.
- Stellt euch als Gegenpol zur Praioskirche auf. Diese ist sicher fast immer für eine endgültige Lösung, doch andere Geweihte können da weit toleranter sein. Bindet andere Spieler in eure Kampagne ein, indem ihr lautstark Fürsprecher und Experten sucht.
- Verplappert euch auch mal absichtlich!

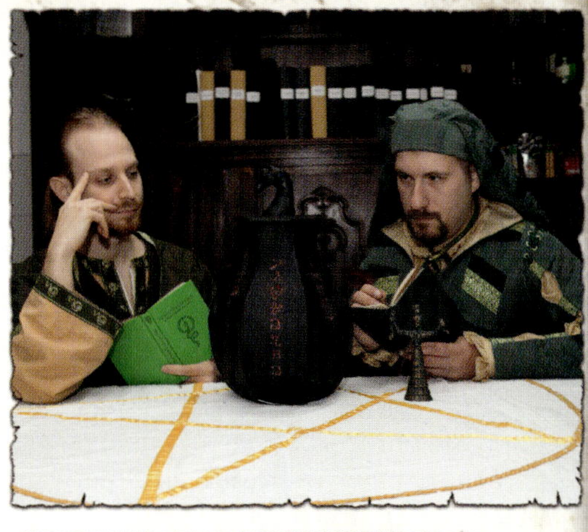

Aber was, wenn es einen Verräter gibt?

Sind wir mal ehrlich: Es gibt bestimmt einen Verräter – oder zumindest einen NSC, der eure Bemühungen mitbekommt und gegen euch arbeitet. Und wenn das so ist, dann hat die SL das so eingerichtet und selbst, wenn ihr euch nicht verplappert, wird er irgendwann seinen Auftritt haben. Ihr spielt somit der SL in die Hände und diese ist nicht euer Feind! Sie will, dass ihr einen coolen Plot erlebt und eure Sorglosigkeit, so unlogisch sie auch sein mag, wird vermutlich belohnt werden.

Natürlich gibt es auch Orgas und SLs, die euch eure Dummheiten unter die Nase reiben werden und euch dafür bestrafen, indem der Plot in Versagen endet. Herauszufinden, mit welcher Art von Orga man es zu tun hat, ist in diesem Zusammenhang wichtig.

Metagaming bei NSCs

NSCs zu töten, ruiniert selten den Plot. Aber es kann ihn ärmer machen. Umgekehrt kann es für die SL und den betreffenden NSC problematisch sein, wenn ein als Schwertfutter gedachter NSC nicht getötet wird. Den Unterschied zu erkennen, ist nicht immer einfach. Generell sollte mit NSCs nicht wie mit Dienstleistern umgegangen werden, denn auch sie geben sich viel Mühe, um die Spieler zu bespaßen, obwohl sie Geld für die Con bezahlt haben. Die folgenden Tipps sollen da helfen:

Kampfbegegnungen

- Auch die Räuber im Wald haben gutes Rollenspiel verdient. Gebt ihnen eine Chance, ihre Charaktere auszuspielen. Redet und verhandelt mit ihnen, bevor ihr sie niedermacht!
- Bietet ihnen spannende Kämpfe und Gelegenheiten zu glänzen. Vermutlich ist ihr Auftrag, euch gut aussehen zu lassen und euch eine Show zu bieten, nicht euch auszulöschen. Erwidert das!
- Wenn eure Gegner gefallen sind, behandelt sie mit Respekt: Lasst ihre „Leichen" nicht im Matsch liegen, sondern in würdigen (OT: bequemen, sauberen) Positionen. Spielt weiter mit ihnen, in dem ihr ihnen ein kurzes Gebet oder bewundernde Kommentare zukommen lasst. Auch tote Räuber (oder sonstige Gegner) sind vergeudetes Leben und sollten Helden nicht kalt lassen. Behandelt sie wie Menschen.
- Lootet die Leichen nur unter Absprache. Nehmt den Gegnern niemals ihre Waffen ab, sondern legt diese zu den Leichen.
- Spielt nicht direkt neben den Gefallenen weiter, sondern zieht eures Weges. Damit gebt ihr ihnen Gelegenheit, endlich vom kalten Waldboden aufzustehen und in die warme NSC-Bude zu fliehen – oder die nächste Szene vorzubereiten.

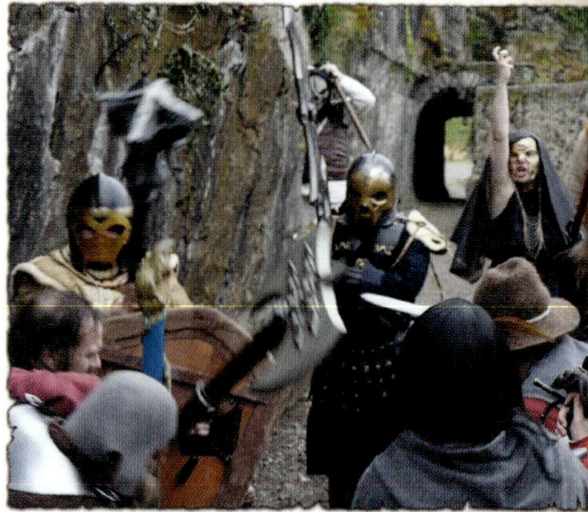

Begegnungen mit Oberbösewichten und Endgegnern

In Konflikte mit Endgegnern geht meist viel Vorbereitung – und jeder gute Schurke verdient auch ein gutes Finale. Hier also ein paar Ideen, wie man aus solchen Szenen als SC mehr herausholen kann.

- Macht den Gegner nicht direkt mit einer Übermacht an Schwertschlägen nieder. Auch ein Pfeil ins Gesicht oder ein Hinterrücks-Meucheln, bevor der Bösewicht auch nur einen Satz sagen konnte, sind nicht cool. Lasst den Mann oder die Frau ihren Bond-Monolog halten!

- Sprecht erst einmal mit eurem Feind. Vielleicht lässt er sich ja noch bekehren? Vielleicht sollte er einfach wissen, wer ihn da besiegen wird und warum? Haltet ihm seine Vergehen vor. Verdammt ihn im Namen der Zwölfe, um seine Moral zu schwächen.
- Wenn ihr den Feind besiegt habt, müsst ihr ihn nicht sofort töten. Vielleicht ist auch eine Gefangennahme oder ein Verhör angebracht?

Gefangennahme

Manche NSCs sind dazu gedacht, im Plot noch eine Rolle zu spielen, und sollten daher nicht einfach niedergemacht werden. Andere sind Schwertfutter, für die eine Gefangennahme das Leben massiv erschwert – immerhin sollen sie in 20 Minuten im Dorf eine andere Rolle spielen. Wie soll man das als Spieler erkennen?

- Ist der Charakter ein einfacher Scherge, hat die SL vermutlich nicht mehr viel mit ihm geplant und er kann bedenkenlos getötet werden. Das ist für den Darsteller besser, als wenn er sich im Kerker langweilt und seinen Pflichten nicht nachgehen kann, der SL also ein NSC fehlt.
- Besetzt der NSC ein wichtiges Amt und verfügt über wichtige Plot-Infos, empfiehlt es sich, ihn erst einmal festzusetzen.
- Wird klar, dass ein Gefangener für den Plot nicht mehr nützlich ist und er eigentlich anderweitig gebraucht wird, kann man ihn einfach mit einer Warnung an seine Kumpanen laufen lassen, töten oder entkommen lassen.
- Jeder Gefangene sollte als Mittel gegen Langeweile auch ins Spiel eingebunden werden: Jeder, der ihn verhören will, sollte das tun dürfen. Er muss Essen erhalten und eine Wache zugeteilt bekommen, mit der er sich austauschen oder sogar anfreunden kann.
- Wurde ein Erzschurke festgesetzt, ist oft nicht klar, wie mit ihm zu verfahren ist. Meist sind dies hochgestellte Persönlichkeiten, die einer höheren Instanz überantwortet werden sollten. Viele Spieler trauen sich dann nicht, die Verantwortung zu übernehmen. Wir sagen: Riskiert es! Ein Gericht auf der Con generiert viel, viel, viel mehr Spiel als eines, das OT unter dem Vorsitz abstrakter PnP-Meisterpersonen nach dem Ende der Con stattfindet.
- Alternativ kann auch ein Götterurteil entscheiden: Der Erzschurke und ein mutiger Spieler duellieren sich. Oder der Bösewicht fällt einem Attentäter zum Opfer, begeht Selbstmord, ihm wird doch zur Flucht verholfen, er zeigt sich reumütig und erhält eine Bußqueste – oder es wird entschieden, dass er jetzt schon von der höheren Gerichtsbarkeit abgeholt wurde und nicht mehr das Problem der Spieler ist (falls diese noch andere Aufgaben vor sich haben). Eine Flucht sollte übrigens immer plausibel und nicht wie Willkür wirken. Die letztgenannten Maßnahmen sind dann nützlich, falls der Erzschurke eben doch kein Spiel mehr zu bieten hat, sondern der Darsteller anderweitig gebraucht wird.

Die Legenden der anderen

Auch die Mit-SCs können vom Metagaming profitieren. Die simpelste Anwendung dafür ist sicherlich, ihnen das Metagaming überhaupt erst zu ermöglichen. Wenn also ein junger Geweihter mitten auf dem Schlachtfeld den Dialog mit dem Erzschurken sucht, sollte sich der in der Nähe stehende Krieger nicht denken „Was für ein Spinner!“, sondern dergestalt eingreifen, dass die Szene ermöglicht wird: Er deckt den Geweihten und schützt ihn vor den Hieben der Orks oder vor Zaubern des Erzschurken. Spieler sollten bei allem Ruhm, den sie im LARP erringen können, nicht nur an sich selbst denken, sondern auch an ihre Mitspieler. Je öfter sie sie öffentlich (und gerne etwas überzogen) loben, umso mehr tragen sie zur Legendenbildung bei. Jeder sollte versuchen, so viele andere Spieler wie möglich zu einer bestimmten Aufgabe dazu zu holen. Es gibt fast immer einen Spezialisten, der etwas besser kann.

Torheiten und ihre Folgen

Wir hatten es weiter oben schon mal erwähnt: Verplappert euch gern auch mal, um Informationen zu streuen. Generell ist es ratsam, nicht immer alles perfekt zu machen. Eure Fehler sind die Spielansätze der anderen Con-Teilnehmer. Vor allem dann, wenn diese Fehler auf den Schwächen eures Charakters basieren, die er laut Konzept haben sollte. Ein adliger Ritter kann dadurch aufgrund seines Jähzorns wütend die wichtigen Verhandlungen mit den Orks hinschmeißen und ein anderer Spieler muss den Karren aus dem Dreck ziehen. Ein Magier malt sein Pentagramm bei der Dämonenentschwörung falsch, weil er weiß, dass gleich mehrere Spieler ankommen werden, die das wichtige Anti-Dämonen-Plot-Item hergestellt haben (hoffentlich!).

Solange eure Fehler dazu führen, dass Mitspieler glänzen können, war es das wert. Elegant ist es natürlich, den anderen zwischen den Zeilen klarmachen zu können, dass der Fehler Absicht war. Vor allem Charaktere, die sonst eher im Rampenlicht stehen, haben durch solches Vorgehen schnell einen Stein bei unerfahrenen LARPern im Brett.

Es ergibt auch Sinn, die SL vorher in die eigenen Versagens-Pläne einzuweihen, damit diese eventuelle NSCs auf das vorbereiten kann, was kommen wird – und so verhindert wird, dass diese NSCs die Situation falsch interpretieren und ausnutzen. Und auch die Konsequenzen all dieser Fehler können wiederum für viel Spiel und Spaß sorgen. Sollte der eigene Charakter ab jetzt an sich und seinen Fähigkeiten zweifeln, sollte er vielleicht einen Seelenheiler aufsuchen und diesem damit etwas zu tun geben.

Auch absichtlich verpatzte Zauber sorgen für gutes Aventurien-Flair und kosten keine AsP! Es schadet also nichts, öfters mal zu patzen! Ausnahmen sind natürlich Zauber, die durch *Seelenkraft* geblockt wurden. Sie kosten die vollen AsP.

Aber was tun, wenn ein Spieler unbeabsichtigt eine Dummheit begangen hat – und die Folgen das Ableben seines Charakters wäre. Eigentlich greift hier ja die Opferregel: Der Spieler entscheidet, ob der Charakter stirbt – aber manchmal ergibt ein Weiterleben, oder auch ein Lebenlassen, einfach keinen Sinn mehr. Hier ein paar Beispiele und Lösungen:

- Ist die Szene episch genug, kann der Spieler sich überlegen, ob es das nicht doch wert war, und den Charakter sterben lassen.
- Wird der Spieler alleine von der Gegenpartei überwältigt, kann diese ihn auch gefangen nehmen, vor den Anführer der Bösewichte schleifen, befragen, gefangen setzen – und ihm schließlich die Chance zur Flucht geben.
- Sollte der Spieler darauf nicht anspringen, könnte er auch schlicht die Seiten wechseln.
- Wird der Charakter deutlich und vor Zeugen von Gegnern (vielleicht auch mehrfach) niedergemacht, sollte er sich überlegen, ob er von seiner Weiterleben-Option wirklich Gebrauch machen muss, oder ob er damit nicht die Immersion der anderen immens stört.
- Ein solcher Charakter könnte sich zumindest den Rest der Con aufs Krankenlager zurückziehen, auf weiteren Events mit schlimmen Verletzungen weiterspielen, die ihn fürs Leben gezeichnet haben, und auf der fraglichen Con (in Abprache mit der SL) als NSC oder anderer SC weiterspielen.

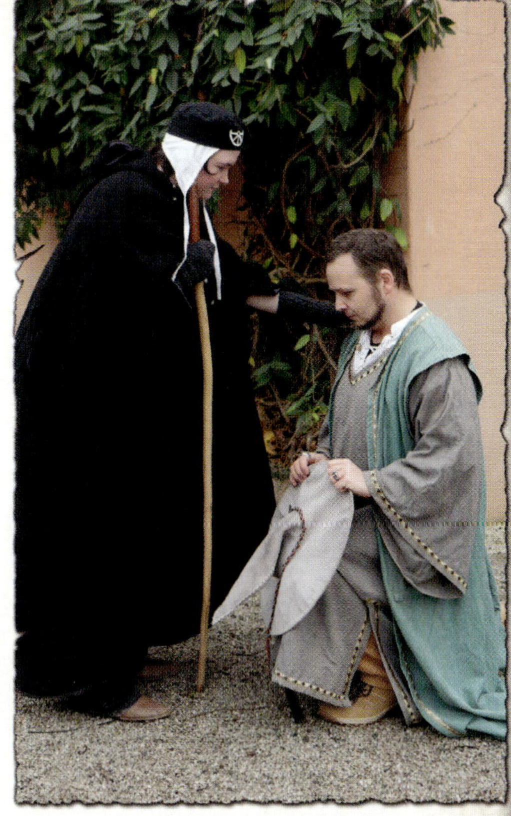

- Wird ein Charakter wegen eines großen Vergehens geschnappt, ist es oft nur logisch, dass er festgesetzt wird. Will man dem Spieler ermöglichen, als anderer Charakter wiederzukommen, kann mit dem Charakter verfahren werden wie mit einem NSC: Er könnte fliehen, verjagt werden oder einer höheren Instanz übergeben werden.

FÜR FORTGESCHRITTENE: AMBIENTE UND GELUNGENE SZENEN

Viele sind sich einig, dass ein erfolgreiches LARP oft davon abhängt, ob man einen „IT-Flash“ hatte, also wirklich vom Geschehen mitgerissen und mitgenommen wurde. Das Gefühl, völlig in die Spielwelt abzutauchen, wird auch Immersion genannt. Je weniger störende Einflüsse auf einer Con vorkommen, desto einfacher kann diese Immersion erreicht werden, desto intensiver ist das Erlebte für die Spieler.

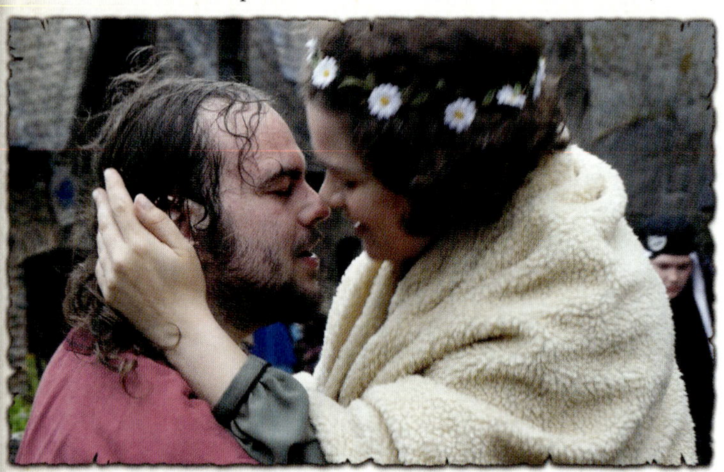

Störende Einflüsse können Dinge sein, die einfach nicht nach Aventurien gehören, wie ein Auto, ein Durchfahrt-Verboten-Schild oder ein Jäger mit Schrotgewehr, der die Spieler fragt, was zur Hölle sie in seinem Wald zu suchen haben, ob sie denn das Durchfahrt-Verboten-Schild nicht gesehen hätten.

Es kann aber auch eine schlichte PET-Flasche sein, eine Armbanduhr oder sogar die eigenen Alltags-Gedanken, die einem während der Con im Kopf herumschwirren. („Habe ich meine Steuererklärung gemacht?“ ... „Die Boroni ist echt sympathisch, ich sollte sie nach der Con nach ihrer Nummer fragen“ ... „Vielleicht kann ja die Boroni meine Steuererklärung machen?“).

All diese Einflüsse auszublenden oder noch besser komplett zu eliminieren ist für viele der beste Weg zu einem gelungenen Spielerlebnis, auch wenn nicht wenige Orgas hier relativ locker sind, da Ansprüche und Realität eben doch immer auseinandergehen und es oft Wichtigeres geben mag. („Hat jeder was zu Essen bekommen?“, „Läuft der Plot?“, „Ist der Spieler, der sich mit dem Jäger angelegt hat, im Krankenhaus angekommen und wird er je wieder laufen können?“) Gerade Telling ist ein Anti-Immersions-Faktor, der immer stärker zu vermeiden versucht wird. Daher sollen beide Regelwerk-Varianten, die wir hier vorschlagen, so gut wie oder noch besser komplett ohne Telling auskommen. Das ist besonders bei der Magieanwendung und bei den Folgen von Kämpfen kritisch, weswegen wir hier im Besonderen darauf eingehen wollen.

Versorgung von Wunden

Gerade das Ausspielen von Verletzungen wird oft noch stiefmütterlich behandelt. In Extremfällen erklärt der verletzte Spieler dem Heiler seelenruhig, dass er nur noch 2 LeP hat und es nicht mehr lange macht.

Viel besser wäre aber, auf die Frage: „Wo tut es denn weh?“ zu antworten mit: „Mein Bein! Oh Ihr Götter, diese Schmerzen, mein Bein!“

Der Heiler kann dann (so der Spieler dies nicht selbst getan hat) erst einmal großflächig Kunstblut oder Lebensmittelfarbe über dem Bein verteilen und sich mit Verbänden, Kräutern, Beißholz, Gumminadel und Premer Feuer an die Verarztung machen und dabei kommentieren, was er genau tut, damit der Spieler darauf reagieren kann. Offene Wunden können mit Knetmasse und noch mehr Kunstblut dargestellt werden.

Auf AugederGasse.de finden sich jede Menge anschauliche Bilder zu gelungenen Darstellungen.

> AugederGasse.de hat auch zum Thema Immersion noch einige Gedanken anzubieten. Laut dieser Seite hängt das Gelingen einer Szene von folgenden Faktoren ab:
>
> - Authentizität (Kostüme, überzeugendes Spiel)
> - Szenenstimmung (passende Beleuchtung, Location, aufgebaute Spannung)
> - keine störenden Einflüsse
> - Freiheit des eigenen Geistes (keinestörenden Reallife-Gedanken)

Darstellen von Zaubern

Obwohl gut dargestellte Zauber eine tolle Sache sind, ist Aventurien eigentlich keine Welt, in der diese oft mit lauten Knalleffekten verbunden sind. Ein Magier, der Eindruck schinden und gut bei den Mitspielern ankommen will, sollte also auf folgende Dinge achten:

- Wichtig für den zu erwartenden Respekt als Magier sind nicht die spektakulären Zauber, sondern das Drumherum: Wie gut kennt der Magier sich mit Magietheorie aus? Wie nah kommen seine Gewandung und sein Verhalten an die Pen and Paper-Vorlage heran? Wie viel Autorität strahlt er aus? Wie gut kann er sich in endlosen Fachbegriff-Tiraden ergehen? Wie gut kann er durch all das einen Hauch von Magie und Mystik ins Spiel bringen? Wie gut schafft er es beim Nutzen seiner Zauber, auf Telling zu verzichten?
- Wie kann er oder sie Magie darstellen, ohne die Atmosphäre zu stören, und wie kann man das tun, ohne anderen Spiel wegzunehmen, bzw. um ihnen sogar noch Spiel zu generieren. Wer einen Zweikampf antiklimaktisch mit einem schlich-

ten CORPOFESSO oder PARALYS beendet, sorgt oft nur für Frust. Wer für die Verkündung von Analyse-Ergebnissen erst einmal die SL konsultieren muss und dafür eine laufende Szene unterbricht, sollte sich überlegen, ob er das nicht vorher hätte tun können.

- Sollte es dem Zauberer nicht gelingen, dem Opfer die Wirkung seines Spruchs zu vermitteln, kann der Zauber auch mal als gescheitert gelten. Man sollte nie davon ausgehen, dass alle anderen Con-Teilnehmer alle Zauber und deren Auswirkungen kennen.
- Hexen sind ein Sonderfall, da ihre Magie oft im Geheimen gewirkt wird und eigentlich keine Spruchkomponente enthält. Im Regelwerk haben wir dazu bestimmte Gesten und Sätze vorgesehen, die die Hexe natürlich als solche enttarnen würden. Lösungsansätze für dieses Dilemma sind: Die Wirkung über die SL ausrichten lassen, als Spieler ignorieren, dass man OT weiß, dass es sich um das Wirken einer Hexe handelt – oder letztlich mit den IT-Konsequenzen dieses Geheimwissens leben.

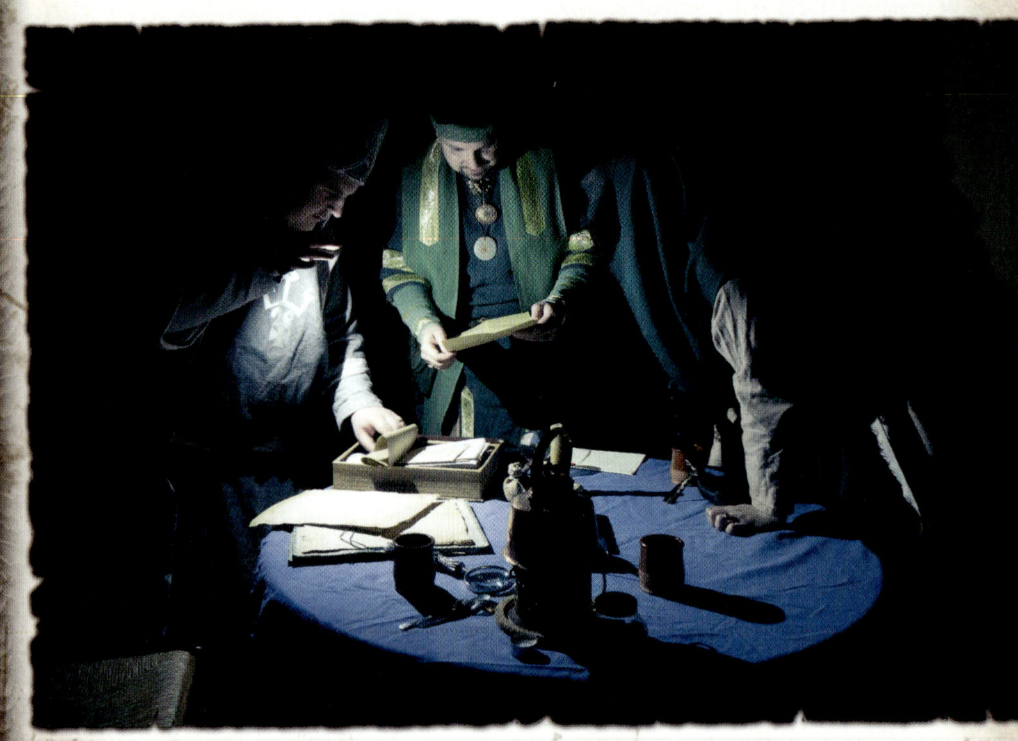

Die Aventurien-LARP-Kampagne

2017 startete die große Aventurien-LARP-Kampagne durch. In Kooperation mit Ulisses und gesteuert von Orkenspalter TV sollen Pen and Paper und LARP damit endlich enger zusammenwachsen. Dafür wurde ein spezieller LARP-Metaplot erstellt, der bereits auf vier Cons bespielt wurde und auch in einem Pen and Paper-Abenteuer und kommenden Romanen behandelt wird. Auch können sich mehrere Orgas als Mitglieder der Kampagne Elemente aus diesem Metaplot-Pool entnehmen und Einzelteile bespielen. Sie verpflichten sich im Gegenzug zum Einsenden von Fotos und Texten, die dann in kommenden LARP-Publikationen Einzug halten können. Drei Plot-Scripts dieses Metaplots finden sich im entsprechenden Kapitel am Ende dieses Buches (Seite **139**), das über das Crowdfunding von Ulisses als Bonus freigeschaltet wurde.

Außerdem sollen alle Cons, die an der Kampagne teilnehmen, mehr oder weniger stark verknüpft werden, sodass es sich für die Teilnehmer wie aus einem Guss anfühlt, wie ein lebendiges Aventurien eben. Dafür gibt es mehrere zentrale Anlaufstellen: den Con-Kalender auf AugederGasse.de, aber auch die DSA-LARP-Gruppe auf LARPGate.de.

Wer sich mit seiner Orga für die Kampagne bewerben will, kann dies unter larp@ulisses-spiele.de tun. Voraussetzung für eine Mitgliedschaft ist unter anderem mindestens eine veranstaltete DSA-Con im letzten Jahr. Generell darf jeder zum Spaß so viele DSA-LARPs veranstalten, wie er oder sie will, solange kein kommerzielles Interesse vorliegt und Ulisses über die Cons informiert wurde. Hierfür reicht ein Eintrag im Con-Kalender von AugederGasse.de aus.

Mehr Infos zur Kampagne werden sich künftig auf aventurien-kampagne.de, Ulisses-Spiele.de, im Forum von Orkenspalter.de und auf orkenspalter-larp.de finden.

Zentrales Charaktertool und verbindliche Regeln?

Um die Cons der Kampagne sinnvoll miteinander zu verbinden, ist ein von Online-Tool in Arbeit, in dem neben den Cons auch die Charaktere der Kampagne mit Namen, Bild und AP eingetragen werden. Das soll die Übernahme von Charakteren von Orgas mit unterschiedlichen Regelwerken erleichtern. Noch ist dieses Tool jedoch nicht vorhanden.

LARPGate.de könnte es jedoch in nicht allzu ferner Zukunft liefern. Im Tool werden dann nur die Con-Tage festgehalten und dadurch wird hier nur das ungefähre Machtlevel des Charakters erfasst, jedoch kein genauer Charakterbogen. Das Tool soll genau wie die Kampagne auch nicht an dieses oder irgendein anderes Regelwerk gekoppelt sein. Dieses Regelwerk ist am Ende unverbindlich.

Verschiedene Orgas sind angehalten, aus diesem Punktesystem nur die

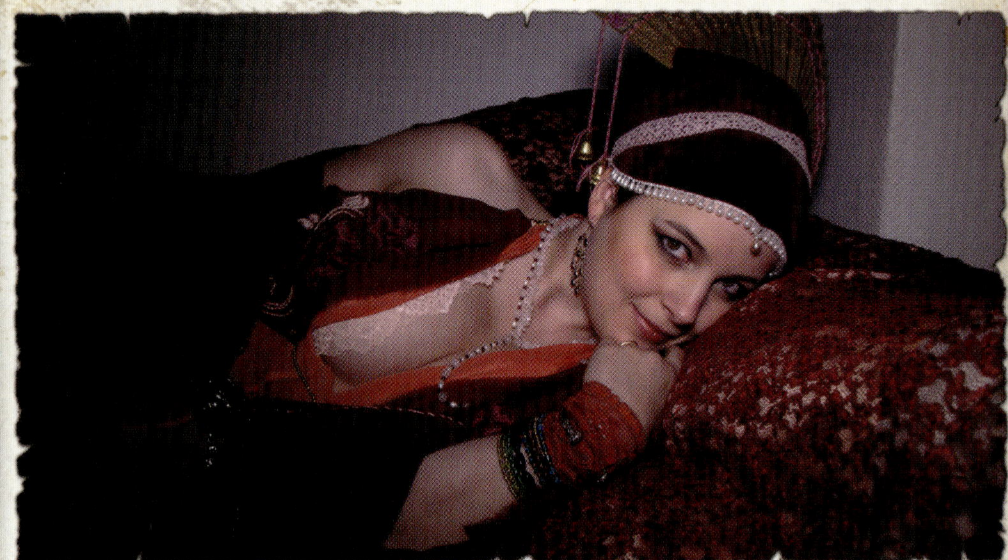

Elemente zu übernehmen, die ihnen zusagen, bis hin zu individuellen Zauberlisten.

Sollte ein Zauber, den ein SC gekauft hat, dann nicht zugelassen sein, darf der Spieler einen gleichwertigen anderen Zauber wählen. Wir setzen hier auf Selbstkontrolle und Fairness: Normalerweise wird niemand den Charakterbogen sehen wollen oder verlangen, dass er mit zur Con gebracht wird. Er kann auch nur in euren Köpfen existieren. Wichtig ist allein, dass das Machtlevel des Charakters zu seinen Con-Tagen passt.

LARP-ANEKDOTEN

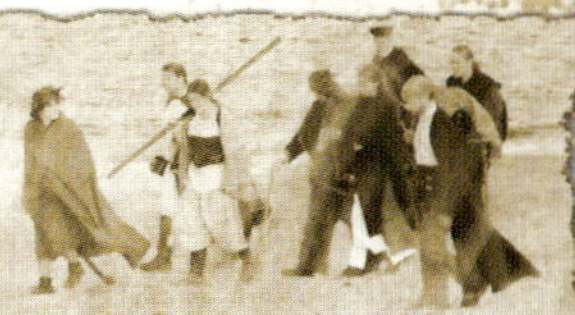

Im Rahmen des Crowdfundings für dieses Buch wurde ein Bonusziel freigeschaltet: Ein eigenes Kapitel voll mit lustigen, lehrreichen und beschämenden LARP-Anekdoten der letzten 15 Jahre. Wir haben uns also zusammengesetzt und tief vergrabene Erinnerungen zu Tage gefördert, die wir teils längst verdrängt hatten. Andere sind hingegen tatsächlich reale Vorbilder für Videos auf Orkenspalter TV wie „Die 10 schlimmsten SL-Sünden". Wir verschweigen bei den folgenden Geschichten einige Details, z. B. auf welcher Con welcher Orga sich die Sache zugetragen hat, sofern es nicht unsere eigene Con war. Schließlich wollen wir es uns ja nicht restlos mit allen anderen LARPern verscherzen. Wir hoffen, dass ihr im besten Fall ein paar Schlüsse aus unseren Fehlern und Pannen zieht und sie euch zumindest amüsieren.

Die Kasse nimmt keine kaiserlichen Münzen

Wir schreiben das Jahr 2004 und ein gewisser Nico Mendrek richtet seine erste größere Con aus. „Größer" bedeutet, sie findet nicht auf dem Campingplatz seines Heimatdorfs mit unter 20 Teilnehmern statt. Der Plot ist komplizierter als nötig und sieht unter anderem eine Passage in einer Feenwelt vor. Nur: Wie stellt man so eine Feenwelt dar, vor allem ohne Budget? Die Lösung ist so einfach wie schmerzhaft. Feenwelten sind doch Parallelwelten ... wieso nicht einfach die Spieler, die durchs Portal gehen, mit verbundenen Augen ins Auto packen und im Industrieviertel von Offenburg wieder rauswerfen? Dort sollen sie einen verschollenen NSC suchen. Es entspinnt sich ein Subplot mit folgenden Elementen: Nette Offenburgerin hat den „seltsamen Mittelalterheini" gesehen, wird aber von einem Messerstecher bedroht. Edle Helden aus Aventurien ermorden den Messerstecher. Nette Offenburgerin ist bereit, die Helden zum NSC zu führen, will dafür aber einen Milchshake. Helden marschieren in voller Gewandung in den McDonalds und fordern einen „Milch-Sheijk". Das Personal beim

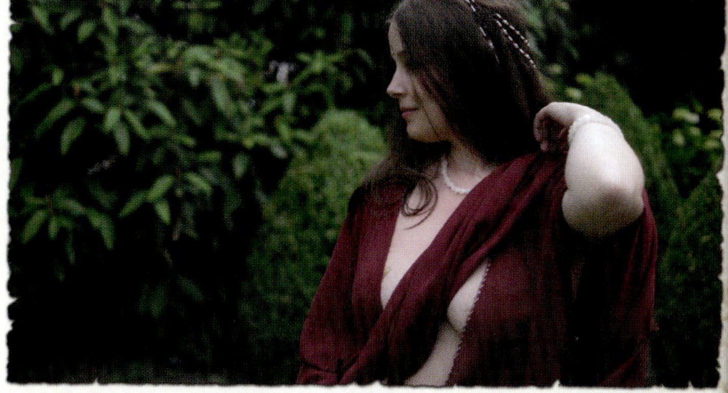

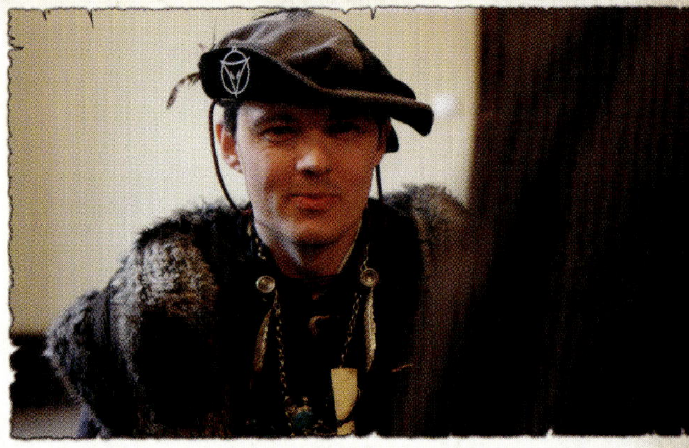

McD ist nicht gebrieft. „Größe? Geschmacksrichtung?“ – „Egal, was immer Ihr empfehlt“. „Das kostet 2,79 Euro“ – „Nehmt diese kaiserlichen Münzen, das sollte genügen.“ – „Die Kasse nimmt aber keine kaiserlichen Münzen“. Das ist dann der Punkt, an dem die SL eingreifen und schnell mal OT bezahlen muss. Noch heute habe ich großen Respekt vor den drei Spielern, die diesen Mist mitgemacht haben und die ganze Szene über in Rolle geblieben sind.

Die Skrechu friert

Im Frühjahr 2005 kamen wir auf die glorreiche Idee, eine Art Skrechu oder zumindest Schlangenfrau in einen Plot einzubauen. Als illusionäre Kreatur sollte sie aus einer Tür herauskommen, sobald die Spieler ein Rätsel gelöst hatten, und einen der Charaktere beißen, um ihm eine Gabe zu verleihen. Daraufhin sollte sie verschwinden. Das Kostüm, das sich die junge NSC-Dame gebaut hatte, bestand im Wesentlichen nur aus einem Rock und Glitzerfarbe. Da wir nicht wollten, dass es zu Verzögerungen kommt, sollte sie sich direkt am Samstagmorgen schminken und hinter der Tür bereithalten. Dazu muss man sagen, dass es Minusgrade hatte und die fragliche Tür nur zu einer kleinen Holzhütte gehörte, in der die arme Frau dann ausharren sollte. An diesem Tag lernten wir, wie lange eine Spielergruppe brauchen kann, um ein einfaches Rätsel zu lösen, und vor allem wie lange sie brauchen kann, um sich zu der Entscheidung durchzuringen, die Tür auch wirklich zu öffnen. Nach vier Stunden entschieden wir uns zu einer sehr uneleganten Lösung, nämlich eine OT-Info durchzugeben, um eine Lungenentzündung zu verhindern. Dem federführenden Hesindegeweihten wurde also gesagt: „Hinter der Tür steht seit Stunden eine fast nackte junge Frau und wartet auf euch.“ Aus irgendwelchen Gründen hat diese Info dazu geführt, dass es plötzlich viel schneller voranging.

Es ist Pardona! Schießt ihr ins Gesicht!

Im gleichen Jahr hatten wir eine sehr ungewöhnliche Location für eine Con gemietet: ein Industriemuseum samt Stollen, der als Zwergenstadt diente. Weil wir viel zu dick aufgetragen hatten, sollte sich auf dieser Con Pardona als große Gegenspielerin offenbaren. Wir hatten auch mit Chris Fano die perfekte Besetzung dafür (Chris wurde wenig später zu einer LARP-Berühmtheit durch ihre Rolle als Aniesha Fey bei den Mythodea-Cons und war auch die Hauptdarstellerin unseres DSA-Films Leuenklinge). Zum Museum gehörte eine Bühne mit Lichtanlage und Nebelmaschine, wir entschieden uns für diese als ... nun ja ... Bühne für Pardonas Auftritt. Die Halle wurde in schummriges Licht und Nebel getaucht, unheimliche Musik kam aus den Lautsprechern und Pardona schwebte dank einer Gurtkonstruktion von der Decke herab.

Und bekam sofort einen LARP-Pfeil direkt ins Gesicht.

Mit der Zeit haben unsere Spieler gelernt, dass es für die Orga und die NSCs unheimlich frustrierend ist, wenn solch aufwändig inszenierte Szenen durch so etwas wie Spielerinitiative ruiniert werden. Natürlich war das eine angemessene Reaktion des SC-Bogenschützen, aber sie hat die Würde des Moments doch ein wenig untergraben. Der Charakter hat die Kampagne übrigens dann auch nicht überlebt.

Der Plot läuft wie geschmiert

Im Laufe unseres LARP-Lebens gab es genau eine Con, auf der der Plot exakt wie gedacht und hundertprozentig wie am Schnürchen gelaufen ist. Es handelte sich um eine frühe Con der heutigen Alveran-LARP-Orga und letztlich lag es am einmaligen SC/NSC-Verhältnis. Aus in Vergessenheit geratenen Gründen mussten sehr, sehr, sehr viele SCs kurzfristig für diese Con absagen. Aber alle NSCs hatten es zum Gelände geschafft. Alle 30. Von den Spielern tauchten wie viele auf? Drei. Drei Spieler für 30 NSCs. Kurzerhand musste die SL einige NSCs umbesetzen, damit diese auf SC-Seite mitliefen. Was folgte, war im Grunde ein langes Theaterstück – und eine der coolsten und harmonischsten LARP-Erfahrungen überhaupt.

Wir sprechen alle Myranisch!

Sprachen im LARP, gerade im DSA-LARP sind was Komisches. Manche LARPer nehmen Englisch als Elfisch her. Oder als Zwergisch – oder was eben gerade gebraucht wird. Im DSA-

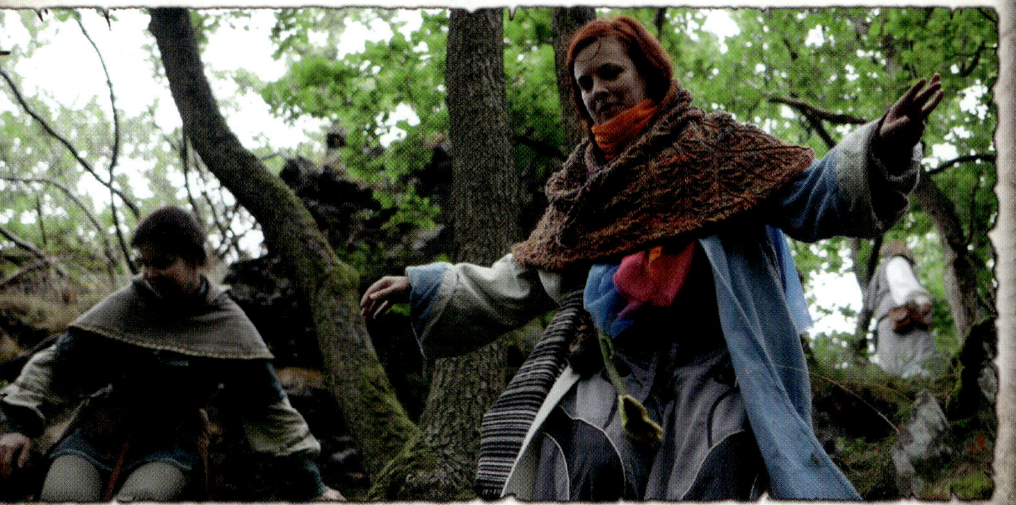

LARP haben je nach Auslegung mal Horasier oder Almadaner einen albernen Akzent. Was aber, wenn plötzlich Charaktere auftauchen, die eigentlich keine in Aventurien verbreitete Sprache beherrschen dürften? Güldenländer nämlich. Wir hatten dafür eine sehr, sehr alberne Lösung gefunden, die auf einem Missverständnis basierte. „SL, wie soll ich denn darstellen, dass ich Myranisch spreche? Ich kann kein Altgriechisch." – „Hänge einfach ab und zu ein -os an ein Wort."
Albern genug, aber das „ab und zu" ging auch noch unter. Es ergaben sich Debatten wie „Wassos wollenos ihros hieros?" – „Wiros wollenos hineinos!"

Echte Abenteuer mit echten Gefahren
Wir haben im Laufe der Jahre unseren Spielern einiges zugemutet und die McDonalds-Sache ist da nur die Spitze des Eisbergs. Von gefährlichen Nachtwanderungen bis zu Konfrontationen mit der Polizei ist da einiges dabei. Am meisten Sorge hatten wir als Orga aber bei einer Con, deren Höhepunkt im Felsenlabyrinth Wunsiedel stattfinden sollte. Das Felsenlabyrinth ist eine phantastische Kulisse, die wir unbedingt nutzen wollten. Allerdings geht das eigentlich nur im Winter, wenn das Kassenhaus nicht besetzt ist – und dann eigentlich auch nur nachts. Das bedeutet aber auch: Das Felsenlabyrinth ist vermutlich von einer dicken Eisschicht überzogen, wenn man es nutzen will. Und es ist mit seinen Kluften und unebenen Wegen sowieso schon nicht ungefährlich. Entsprechend besorgt waren wir, als einer der Spieler am Ende der Szenen dort beim Zusammentrommeln für den Weg zurück zur Herberge nicht mehr zu finden war. Unser Ingerimmgeweihter war weg! Er tauchte etwas später auf – er hatte sich verirrt, war den Hang heruntergeschlittert und mit voller Plattenrüstung in ein Restaurant geschneit, um sich dort aufzuwärmen und zu telefonieren.

„Lass nie den Shingwa in der Kälte stehen"
Auf der gleichen Con hatten wir unseren langjährigen Mitstreiter (und inzwischen Ulisses-Lageristen) Steff als Shingwa dabei, also als myranischen Echsenmenschen. Steff trägt in dieser Rolle nur ein hautenges und hauchdünnes Spandex-Kostüm – und wie oben schon gesagt, es war mitten im Winter. Als Method Actor, der er ist, gab Steff alles und übertrug sein Frieren auf seine Rolle. Nach der Rückkehr aus dem Labyrinth wurde er nach einer Besprechung einfach vor der Herberge „draußen vergessen". Er fand es wohl witzig, noch eine Stunde in der Kälte zu stehen, bis den Helden drinnen auffiel, dass ihr wichtigster NSC-Gefährte fehlte. Als sie nach ihm schauten, war der Shingwa „steifgefroren" und musste von der Gruppe wie ein Brett in die warme Wirtsstube getragen werden, wo die anwesenden Amaunir ihn wieder warmkuscheln durften.

Charaktertod durch Schlamm
Als SL und Orga fühlt man sich manchmal wie eine Putzkraft oder ein Kindergartenbetreuer. Kaum dreht man den Spielern mal ein paar Sekun-

den den Rücken zu, bauen sie Mist. Normalerweise versuchen wir daher auch, sie nie aus den Augen zu lassen. Leider kommt es eben doch ab und zu mal vor, dass man irgendwo hinmuss. Zum Beispiel, wenn man volle Kanne im Schlamm ausrutscht und erstmal eine Dusche und einen kompletten Klamottenwechsel braucht. Und dann guckt man blöd, wenn man 20 Minuten später wiederkomm, und einer der entscheidenden Spielercharaktere ist tot!

Was war passiert? Der Spieler war von einem Angreifer niedergemacht worden, aber beide hatten im gleichen Schlamm gekämpft, in dem sich vorher die SL langgemacht hatte. Der Spieler hatte gesehen, wie das ausgehen kann und wollte sich einfach partout nicht hinlegen. Stattdessen stand er einfach rum, obwohl sein Charakter eigentlich gerade ausblutete. Die anderen Spieler nahmen dies nicht als Notfall war – immerhin stand der SC noch. Und so hauchte die Figur völlig unnötig ihr Leben aus, dabei waren Heiler in Sichtweite ...

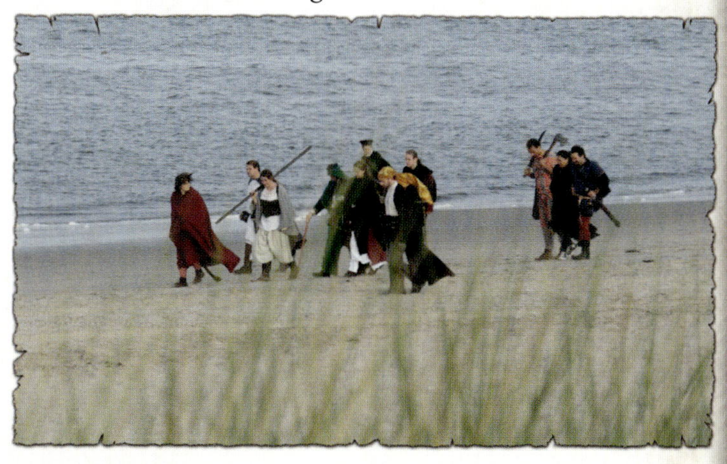

Die 2-NSC-Armee

Wir hatten immer das Glück, mit sehr fähigen, leidenswilligen und sportlichen NSCs gesegnet zu sein. Auch wenn die meisten NSC-Spieler absagen mussten, konnten wir uns immer auf eine Handvoll toller Leute verlassen, die im Alleingang die Spieler bespaßen konnten. Am besten zu sehen war das an einer Endschlacht, bei der die Spieler es möglichst schwer haben sollten, von einer Burgruine zu einer anderen zu kommen. Jede Menge Ghule sollten sich ihnen in den Weg stellen, und als sie schließlich am Ziel ankamen, hatten sie Dutzende davon hingeschlachtet. Glücklicherweise war es mal wieder Nacht und keiner der Spieler bemerkte wirklich, dass sie immer wieder gegen die gleichen zwei NSCs antraten, die jeweils gut 20 Mal in den Dreck fielen, sich zurückzogen und erneut angriffen.

Die Schlafmaske

Als Orga und SL bekommt man auf so einer Co nicht viel Schlaf. Manchmal auch gar keinen – und wenn man, wie oben angedeutet, auch noch mit NSC-Mangel zu kämpfen hat, muss man ab und zu selber ins Kostüm schlüpfen. An die oben erwähnte 2-NSC-Schlacht schloss sich auf einer Con sehr spät in der Nacht eine Ratssitzung mit dem Auftraggeber-NSC der Helden an, den glücklicherweise jeder spielen konnte, da er eine Vollmaske trug. Es war also an Nico, sich mit dieser Maske um 3 Uhr nachts mit den Spielern an einen Tisch zu setzen und der Diskussion der Spieler zuzuhören. Diese zog sich hin, doch schließlich kamen konkrete Fragen an den Auftraggeber auf. Warum antwortete der arrogante Sack nicht? Wie unhöflich. Er reagierte auf überhaupt nichts, bis er angestupst wurde. Nico war im Sitzen unter der Maske und unbemerkt für alle eingeschlafen.

Ist der Plot alles?

Wir selber legen sehr viel Wert auf einen vielschichtigen, originellen Plot, der jedem etwas zu tun gibt und der Szenen ermöglicht, die man nicht schon ein Dutzend Mal auf LARP gesehen hat. Aber am meisten Spaß hatten wir auf der stumpfesten Con überhaupt. Der Plot: Sechs Spieler müssen von Punkt A nach Punkt B gelangen, einen NSC aus einer Burg befreien und am Ende verhindern, dass Galotta, Xeraan und ihr Kriegsoger im Jahr 1010 BF Borbarad befreien. Spoiler: Die beiden Magier haben die Con nicht überlebt. Ja, das klingt ... komisch. Und es hat so gut wie keine Substanz. Aber wenn man das auf sechs Spieler herunterbricht, die immer im Mittelpunkt stehen, ist es der Hammer.

Wollt ihr eine In-Time-Anreise?

Eine stimmungsvolle Wanderung durch eine tolle Landschaft kann eine Con wirklich auf ein neues Level heben – sofern während dieser Wanderung auch etwas passiert oder sie zu einer tollen Szene hinleitet. Einmal wurden wir als SC gefragt, ob wir eine IT-Anreise wollen und haben dies bejaht – und kurz danach bereut, als wir in ein Auto geladen und sehr, sehr, sehr weit weggefahren wurden. Genauer gesagt über eine Staatsgrenze nach Tschechien. Wir brauchten fast 24 Stunden, um wieder zur Con-Location zurückzukehren, u. a. weil es durch einen Sumpf ging und unsere SL auch nicht ganz sicher zu sein schien, wo es langging. Passiert ist auf dieser Wanderung ... nichts. Ich habe diese Frage seither nicht mehr bejaht.

Abenteuerlicher Empfang

Aber nicht nur die IT-Anreise kann spannend sein. Auch die OT-Anreise wurde schon des Öfteren zum Abenteuer. Man ist es als LARPer ja gewohnt, dass man weite Fahrten auf sich nehmen muss und man exotische Winkel des Landes kennenlernt. Für eine Convention hatten wir ein privates Mittelalterdorf in Ostdeutschland gemietet und uns als Orgateam für den späten Donnerstag angekündigt. Es wurde dann leider sehr spät, eher schon wieder früh, als wir endlich auf dem Hof vorfuhren. Die Anlage wirkte verwaist, wir wussten nicht so recht, was wir tun sollten. Nach einiger Zeit trafen wir endlich auf den Verwalter, der offenbar nicht mehr an unsere Ankunft geglaubt hatte. Oder jemand anderen erwartet hatte, denn er hatte ein Schrotgewehr in der Hand. „Seid froh, dass ich nicht direkt auf euch geschossen habe" ... äh, ja. Das waren wir – und haben diese Location nie wieder gemietet.

Manchmal reicht die Phantasie nicht aus

Wir haben lange nach dem Motto LARPs organisiert: „Man kann vieles nicht darstellen, aber das hält uns nicht davon ab, es zu versuchen. Unsere Spieler haben schon genug Phantasie". Seitdem die Ansprüche an eine perfekte Immersion auch im LARP gestiegen sind, haben wir dieses Konzept geändert, aber es gab Zeiten, da haben wir Drachen durch zwei NSCs unter einer Decke und mit einer ganz okayen Maske dargestellt. Und da war noch lange nicht Schluss. Denkwürdiges Beispiel ist der Auftritt eines mehrgehörnten Dämonen zum Finale eines Plot-Strangs in einer Gladiatorenarena. Einer der Spieler musste sich dem Vieh stellen und es wurde einiges an Brimborium gemacht, bis es schließlich auftauchte. Leider war das Kostüm nicht wirklich überzeugend. Es bestand im Wesentlichen aus einer übergroßen, bunt angemalten Schaumstoffmaske und schlaffen Rohrisolierungen, die der NSC als Tentakel in den Händen hielt. Die NSCs, die das Arena-Publikum darstellten, begannen spontan vor Entsetzen zu weinen, während sie vor Lachen mit den Tränen kämpften. Immerhin: Der Dämon verlor tatsächlich Gewebe durch die Schwerthiebe unseres Helden und löste sich nach und nach auf, bis ihm der Kopf von den Schultern gehauen wurde und darunter ein bedröppelter NSC zum Vorschein kam, der mit dem würdevollen Wort „Ups!" Out-Time ging.

Der Murmeltier-Plot

Im Zuge unseres Versuchs, nicht ins Schema F zu verfallen, wenn es um Plots geht, kamen wir irgendwann auf

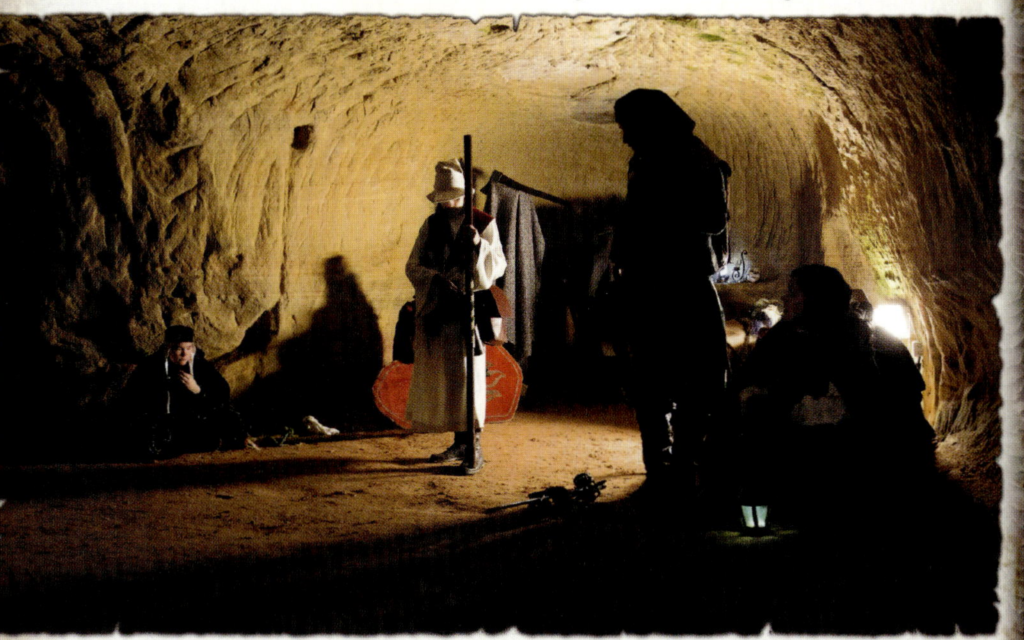

die Idee, eine Con mit einer Zeitschleife zu machen. Die Spieler durchlebten die gleichen zwei Stunden immer wieder, bis sie alles richtig gemacht hatten. Es wird euch vermutlich aufgefallen sein, aber im echten Leben haben wir leider so etwas wie Tageszeiten – und mal wieder hatten wie die Effizienz der Spieler überschätzt. Beim fünften Durchlauf der immer gleichen Ereignisse stellten sich bei allen Beteiligten Ermüdungserscheinungen ein. Es wurde auch irgendwann unrealistisch, dass die Grandenfamilie beim Sonnenuntergang frühstückte und die Spieler wollten sich nicht mehr mit Details wie konsistentem Rollenspiel aufhalten: „Ihr dort! Junger Mann. Ihr seht mir aus wie ein
Kartenspieler. Ich wette, Ihr erzählt mir alles, was Ihr über den Granden wisst, wenn ich Euch beim Boltan besiege!"

Workarounds

Den nicht darstellbaren Dämonen trug man uns noch lange nach und wir wollten das wieder gutmachen. Das Vieh sollte noch einmal einen Auftritt auf einer Con haben, dieses Mal aber vernünftig. Wir wollten die Spieler dazu bringen, doch ihre Phantasie einzusetzen. Wir entwarfen also einen „Point and Click-Adventure"-Plot: Die Spieler wurden alle eingekerkert, aber sie hatten in einer Burg voller Gegner noch einen Verbündeten. Der war zwar ein ziemlicher Trottel, dafür aber mit Muskeln ohne Ende. Dieser NSC wollte den SCs helfen zu entkommen, während die Feinde draußen den Weltuntergang vorbereiteten. Er war aber zu simpel gestrickt, um selbst irgendeinen Plan zu entwickeln, also mussten ihm die SCs durch die Kerkertüre genaue Anweisungen geben. Der NSC führte diese aus, bis er auf das nächste minimale Hindernis stieß. Dann kehrte er zurück und holte sich neue Anweisungen. „Ich weiß nicht, wo der Schlüssel ist", „Da steht aber jemand und bewacht die Tür ..." usw.

Irgendwann kam der NSC zurück und beschrieb eine Dämonenbeschwörung. Beim nächsten Mal beschrieb er den fiesen Dämonen – 4 Schritt hoch und mit Tentakeln und Schnabel. Dazu spielten wir aus der Ferne eklige Soundeffekte ein. Die Spieler gaben dem NSC genaue Anweisungen, wie er mit dem Beschwörer umzugehen habe und wo er ein geweihtes Schwert finden würde. Schließlich wurde die Kerkertür geöffnet, der NSC führte die Spieler heraus. Überall im Hof lagen die Leichen der Feinde verstreut, der Dämon war nur noch eine Pfütze. Es war auf jeden Fall die bessere Darstellung.

EINSTEIGERTIPPS FÜR JUNGE ORGAS

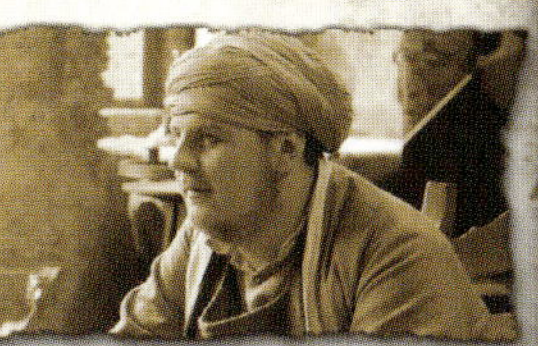

Ihr wollt also eine DSA-LARP-Con veranstalten? Seid ihr sicher? Wirklich, ganz sicher? Wir haben euch mit den bisherigen Anekdoten noch nicht genug abgeschreckt?

Na gut, dann willkommen im Club und wir freuen uns, dass ihr die Szene weiter bereichern wollt. Aber sagt nicht, wir hätten euch nicht gewarnt.

Dieses Buch richtet sich natürlich in erster Linie an Spieler und NSCs auf DSA-Cons, aber einen kleinen Einsteigerguide für Orgas haben wir ja im Rahmen des Crowdfundings freigeschaltet. Natürlich kann dieses kurze Kapitel nicht erschöpfend das liefern, was ganze Bücher zu diesem Thema, von denen einige z. B. beim Zauberfeder-Verlag erschienen sind, bereits bieten oder zu bieten versuchen. Aber vielleicht können wir euch ja bei euren ersten Schritten helfen und ein wenig Orientierung bieten.

Warum?

Die Frage klingt vielleicht zunächst etwas doof, aber sie ist wichtig: Warum wollt ihr ein LARP veranstalten? Es gibt viele legitime Gründe dafür – auch einige, die eher problematisch sind. Wenn es um kommerzielle Hintergründe geht, wollen wir euch z. B direkt davon abraten. Nur sehr wenige Menschen können vom Live-Rollenspiel leben. Die meisten Orgas legen eher noch Geld drauf, wenn es darum geht, dass ihre Cons funktionieren. Außerdem müsste eine kommerzielle DSA-Con natürlich bei Ulisses lizensiert werden, während ansonsten jeder das Recht

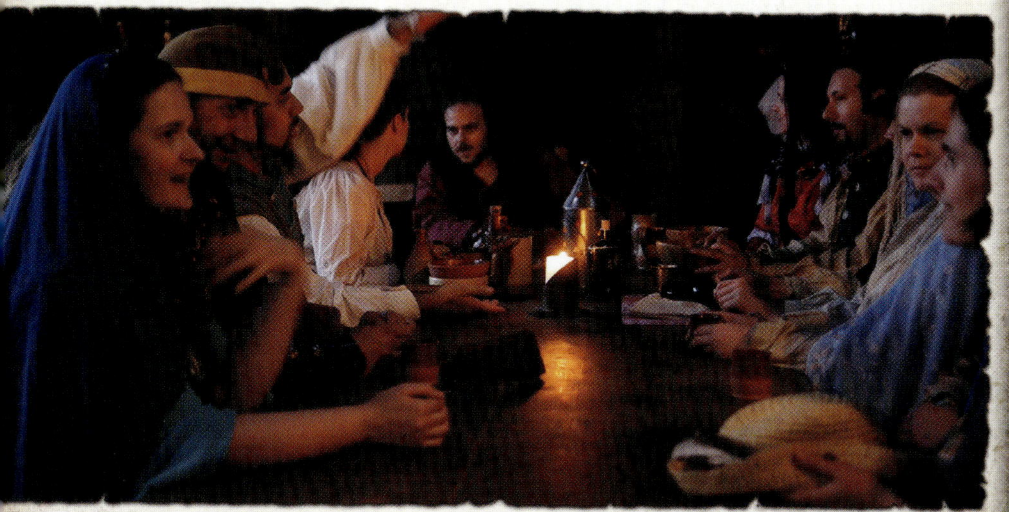

genießt, ein nicht kommerzielles DSA-LARP zu veranstalten.

Denkbare Gründe sind:

- Ihr habt eine Geschichte zu erzählen, und LARP scheint die beste Plattform dafür.
- Andere Cons bieten nicht das Setting oder Flair, was ihr euch vom Hobby wünscht.
- Ihr wollt unbedingt eine bestimmte aventurische Region bespielen und zumindest auf LARP-Ebene mitgestalten.
- Ihr wollt mit euren Freunden Abenteuer erleben.
- Ihr liebt es, wenn Geschichten und Figuren, die ihr euch ausgedacht habt, vor euren Augen lebendig werden.

Falls einer der obigen Gründe zutrifft, würden wir euch raten, die Sache auf jeden Fall durchzuziehen. Ihr werdet euch in diesem Hobby sicher gut verwirklichen können. Und wahrscheinlich gibt es noch jede Menge anderer Argumente, an die wir jetzt nicht gedacht haben. Nur von dem Gedanken, mit LARP Geld zu verdienen oder maßgeblich an der Entwicklung von DSA teilhaben zu können, solltet ihr euch verabschieden. Letzteres kann in Ausnahmefällen und in begrenztem Maße funktionieren. Aber es gibt dafür sicher schnellere Wege.

Für wen? Was genau? Und wie groß?

Ihr solltet euch fragen: Für wen mache ich das? Wen will ich ansprechen? Und darauf folgt: Was für eine Art Con möchte ich machen? Und wie viel Mühe seid ihr bereit zu investieren? Soll es eine eher private kleine Veranstaltung sein, oder wollt ihr gleich ein Riesenevent managen, von dem die Szene noch Jahrzehnte spricht?

- Wollt ihr im Grunde nur mit einer erweiterten Pen and Paper-Runde Aventurien „in echt“ erleben? Dann versucht es für den Anfang mit einer kleinen Einladungs-Con für sechs bis zehn Spieler.
- Wollt ihr eine Plattform für die DSA-Fans eurer Gegend bieten, um stimmiges Ambientespiel zu betreiben? Dann ist vielleicht eine Tavernen-Con der beste Weg.
- Geht eure Zielgruppe eher in Richtung Reenactment? Dann wäre es vielleicht am besten, sich eine passende aventurische Region herauszusuchen und dort dauerhaft einen Adelshof oder eine Burg zu bespielen.
- Wollt ihr möglichst vielen Menschen ein aufregendes Wochenende in Aventurien bieten, dann ist das natürlich die größte Herausforderung. Aber auch Großcons mit 200 Teilnehmern auf riesen Burgen mit Dutzenden verschiedenen Plots hat es in der DSA-LARP-Szene schon mehrfach gegeben.
- Und ganz allgemein: Richtet sich eure Con an Einsteiger, Fortgeschrittene oder Veteranen? Sobald ihr eine offene Con veranstaltet, werdet ihr eigentlich nicht anders können, als eine bunte Mischung davon zuzulassen. Dann wird es kompliziert.

Location, Location, Location!

Sobald ihr wisst, was ihr eigentlich genau auf die Beine stellen wollt, ist es an der Zeit, sich zu überlegen, wo die Con eigentlich stattfinden soll. Natürlich ist auch der umgekehrte Weg denkbar: Euch fällt eine tolle Location vor die Füße und ihr *müsst* einfach ein bestimmtes Setting dort umsetzen, weil alles andere eine Verschwendung wäre. Aber meistens beginnt doch alles mit einer Idee für eine Con und dann wird das Internet nach einer passenden Herberge, einer geeigneten Burg oder einfach einem schicken Landstrich durchforstet.

Tatsächlich kann man sich bei der Suche nach einer guten Location gar nicht genug Mühe geben. Wir glauben, der passende Ort ist mehr als die halbe Miete. Man kann noch so viel Zeit und Geld in Deko stecken: Eine atmosphärische Burg, ein waschechter Dungeon, eine epische Landschaft oder sogar einfach nur eine urige Jugendherberge, in der man ungestört ist – all das ist Grundvoraussetzung für eine gelungene Atmosphäre. Je einfacher es den Spielen fällt, in die Welt einzutauchen, umso höher die Wahrscheinlichkeit für eine tolle Immersion und für denkwürdige Spielszenen. Natürlich kann man auch im Hinterhof neben der Autobahnzufahrt tolle LARP-Momente erleben, wenn man genug Phantasie mitbringt, aber nicht jeder ist dafür geschaffen.

Wir haben bisher unter anderem die folgenden Locations bespielt: Campingplätze, Wäldchen mit Badeseen, Wanderhütten, Burgen mit integrierter Jugendherberge, Burgruinen, Segelschiffe, Industriemuseen, Jagdschlösschen, Museumshöhlen, Bunker, Mittelalterdörfer – oder einfach bei Freunden den Garten.

Neben der Lage und dem gebotenen Ambiente ist es natürlich auch wichtig, dass man die entsprechende Location für sich hat. Die tollste Deko und der beste Plot können es nicht retten, wenn man sich die Jugendherberge mit einer Schulklasse oder die Burg mit einer Touristengruppe teilt.

Wer einfach nur mit Freunden ein Abenteuer-LARP erleben will, kann natürlich völlig oder fast kostenneutral einen Tag im Wald verbringen, die örtliche und frei zugängliche Burgruine ins Spiel einbinden oder eine Grillhütte mieten. Soll übernachtet werden, muss ein Zeltplatz oder eine Jugendherberge her. Eine Burg zu mieten, lohnt sich meist erst ab 50 bis 100 Teilnehmern und auch dann ist damit oft ein finanzielles Risiko verbunden. Was ist, wenn man die Anmeldungen nicht vollkriegt? Die meisten Verwalter werden eine Pauschale abrechnen wollen, die allerwenigsten stellen nur die belegten Betten in Rechnung. Es empfiehlt sich also, erst einmal klein anzufangen und sich hochzuarbeiten – also erst nach der vierten oder fünften Con darüber nachzudenken, eine teure

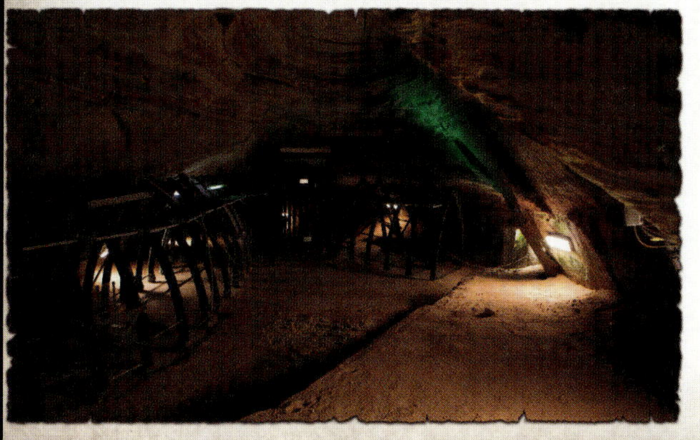

Location zu mieten. Bis dahin sollte man sich einen Spielerkreis aufgebaut haben, bei dem man weiß, ob man sich auf ihn verlassen kann und ob sich eine teure Burg auch wirklich lohnt.

Auch wenn die Location am Ende doch nur die moderne Jugendherberge am Waldrand ist: Die äußeren Umstände können viel zur Stimmung beitragen. Die beste Jahreszeit für LARPs ist dabei vermutlich der tiefste Winter. Okay, das klingt seltsam, ich weiß. Vor allem, weil zu dieser Jahreszeit auch nicht viele Cons stattfinden, zumindest keine großen. Aber Dunkelheit und Kälte sind Dinge, die es euch vereinfachen, die Immersion zu erhöhen. Je weniger die Spieler sehen können, desto weniger Störeinflüsse können sie sehen. Im Idealfall liegt dann noch Schnee – und nichts ist der Fantasy-Atmosphäre zuträglicher als eine dicke Schneedecke. Außer natürlich, eure Con spielt auf einer Südmeerinsel, aber was habt ihr euch dann dabei gedacht, sie im Winter abzuhalten?

Eine Sache der Erfahrung

Erfahrungspunkte spielen ja bekanntlich beim Rollenspiel eine große Rolle. Und dabei gibt es kein System, dass die Erfahrung einer Orga misst und anzeigt. Wenn ein LARP-Veteran mit 20 Jahren auf dem Buckel seines Charakters auf die Con einer jungen Orga kommt, die es für einen super Plot hält, dass die SCs die drei heiligen Artefakte von der Fee, dem Ork und dem Druiden beschaffen müssen, um damit am Samstag das Ritual™ durchzuführen, kann das noch charmant werden. Aber vermutlich sind Gewandungslevel und Komfort auch nicht auf dem gewohnten Standard des Veteranen. Auch LARPer entwickeln sich schließlich weiter – auch im echten Leben. Sie

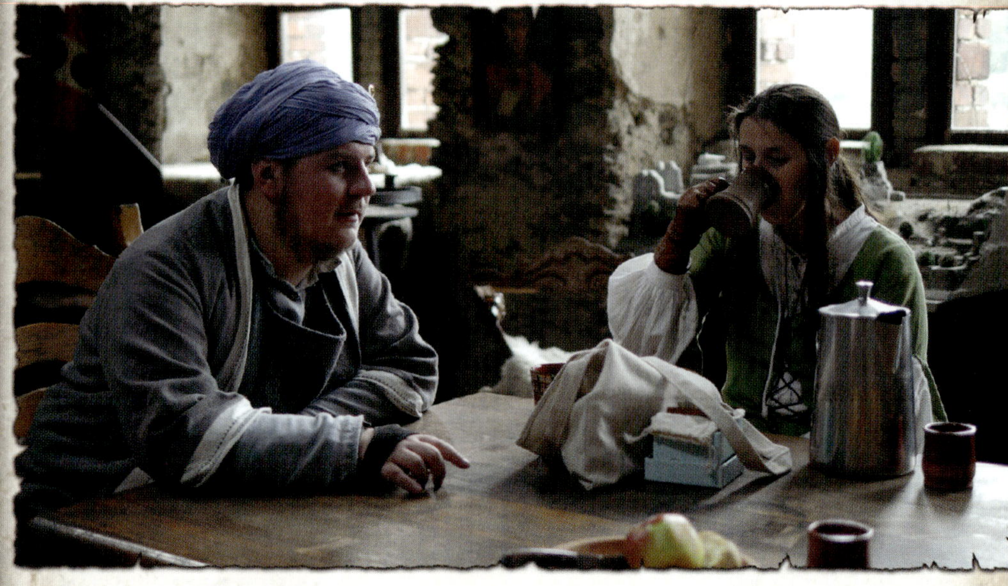

verdienen mehr Geld und legen gleichzeitig mehr Wert auf Bequemlichkeit, je älter sie werden. Die Chancen stehen gut, dass sie mehr Geld in ihre Gewandung investiert haben, als die Orga in die ganze Con – und dass sie kein Plumpsklo benutzen oder im Freien schlafen wollen. Wir verallgemeinern hier natürlich gnadenlos, es gibt mehr als genug Ausnahmen von dieser Regel. Letztlich sollte sich eine Orga aber immer fragen: Wie viel Erfahrung habe ich als Orga, aber auch als LARPer ganz allgemein selbst? Was kann ich überhaupt stemmen? Ihr solltet auf jeden Fall ein paar Cons als NSC oder SC besucht haben, bevor ihr euch an die erste eigene Con wagt.

Solange ihr Einladungs-Cons für eure Freunde macht, ist die Sache easy: Ihr wisst, was sie sich wünschen und wie ihr es umsetzt. Auch wenn diese Gruppe organisch wächst, wird das Erfahrungslevel der Orga immer zu dem der Teilnehmer passen. Sobald ihr euch aber an die für alle offene Groß-Con wagt, müsst ihr damit rechnen, dass viele der Teilnehmer ganz andere Erwartungen haben und auf einem ganz anderen Level spielen, als ihr es gewohnt seid. Es gibt immerhin viele verschiedene Sorten von LARPs und LARPern und jedem mag etwas anderes wichtig sein. Der eine will einfach nur drei Tage seinen Charakter ausspielen und vom Plot nichts wissen. Der andere ist nur hier, um dem Plot hinterherzujagen. Wieder andere wollen nur in der Taverne feiern oder sind nur da, um sich OT abends mit ihren Freunden zu treffen und über die Con zu lästern. Der eine Spieler will ein bodenständiges Aventurien mit „Bauergaming“ beschwören, der andere ist nicht zufrieden, wenn er nicht jedes Wochenende einen Pseudo-Heptarchen zur Strecke gebracht hat.

Einzuschätzen, was eure Spieler wollen, ist eine große Aufgabe für sich – und natürlich ist es hier auch wichtig, klar zu kommunizieren, was sie auf eurer Con erwartet.

Der Plot

Wie schon gesagt: Wie wichtig der Plot einer Con ist, das ist bei jedem unterschiedlich. Uns ist er sehr wichtig, dabei hatten wir paradoxerweise selber den größten Spaß auf Cons, die fast ohne Plot auskamen. Wir waren auch schon mal SL auf einer Veranstaltung, für die die Orga nur drei Sätze an Notizen vorbereitet hatte und deren Plot wir auf dieser Basis noch auf der Anfahrt ausgearbeitet haben. Es hat am Ende trotzdem allen gefallen – denn die Mischung aus Spielern und NSCs stimmte und die Location war auch super. Letztlich muss der Plot nicht genial sein oder das Rad neu erfinden, solange er zur Erwartungshaltung der Spieler passt. Dennoch gibt es aber auch hier Klischees, die für viele LARPer einfach überreizt sind. Ein durchschnittlicher Plot sieht meistens so aus:

- Im Wald gibt es eine Bedrohung: Orks oder Räuber. Diese Bande belästigt die Spieler schon bei der Anreise und greift am Samstag gegen 17 Uhr suizidal an.
- Irgendwer plant ebenfalls am Samstagnachmittag ein Ritual, für das drei bis sieben Plot-Gegenstände gesucht werden müssen. Das

Ritual muss entweder verhindert oder gegen die Orks/Räuber verteidigt werden. Oder das Ritual triggert die Endschlacht, indem es Dämonen oder Untote herbeiruft.
- Das alles findet in einem „Dorf“ statt, das aus einer Taverne und vielleicht noch einem Schuppen besteht. In diesem Dorf leben Bauern, die ohne die Hilfe der Spieler offenbar auch nicht überlebensfähig sind, und einer oder mehrere von ihnen sind gestern im Wald verschwunden, eventuell auf der Suche nach einem Schatz und/oder einem der Plot-Gegenstände.
- Die Plot-Gegenstände werden von einer Fee/einem Druiden/einem Monster bewacht – oder der Wirt gibt sie an einen Spieler raus, der irgendetwas für ihn tut. Seine Tochter heiraten, Holz sammeln etc.

Mehr braucht eine Con eigentlich nicht, um zu funktionieren, aber wenn man das ein paar Mal gemacht hat, kann man es vermutlich nur noch augenrollend hinter sich bringen. Dennoch ist dies eine gute Formel, gerade für kleinere Cons und solche von noch jungen Orgas. Darüber, wie man komplexere Plots schreibt und von was man sich inspirieren lassen könnte, ließen sich ganze Bücher schreiben (und natürlich ist das auch schon geschehen). Daher führen wir hier nur die Punkte auf, die wir für am wichtigsten halten:

- Der Plot sollte kein direkter Rip Off sein: Es ist okay, sich von Romanen, Filmen oder Videospielen inspirieren zu lassen, aber wenn der Plot 1:1 übernommen ist, werden die Spieler das erkennen und es wird sie aus dem Spiel reißen.
- Der Plot sollte aventurisch stimmig sein: Das ist irgendwie selbstverständlich, aber jeder DSA-Plot sollte sich natürlich in die bestehende Welt einfügen. Das heißt, er sollte keinem gesetzten Quellenmaterial widersprechen. Ihr solltet keine Con in Gareth ansetzen, in der Gareth aus drei Zelten besteht. Ihr solltet keine Story bieten, in der Orks über das Mittelreich herrschen, außer ihr kündigt sie direkt als Alternativwelt an. NSCs, die im Jahr 1040 BF nicht mehr am Leben sind, sollten auch auf eurer Con nicht auftauchen – und jene, die noch vom Metaplot gebraucht werden, sollten dort nicht zu Tode kommen, wenn sie denn überhaupt auftauchen müssen.
- Was hingegen möglich ist: sich in Nischen zu setzen. Entgegen der landläufigen Meinung, ist nicht jedes Dorf und jede Burg genau beschrieben, nicht jeder Adlige gesetzt. Es ist immer möglich, neue Dinge in die bestehende Welt einzubauen und auf bereits gesetzten Ideen aufzubauen. Ansonsten gelten alle anderen Faktoren zur aventurischen Stimmigkeit, auf die wir auf Seite **134** eingegangen sind.
- Der Plot muss zur Location passen: Wenn eure Geschichte auf einem Rittergut in Weiden spielt, solltet ihr dafür auch eine angemessene Location haben. Spielt sie im Dschungel Maraskans, sollte es zumindest einen dichten Wald geben, usw.

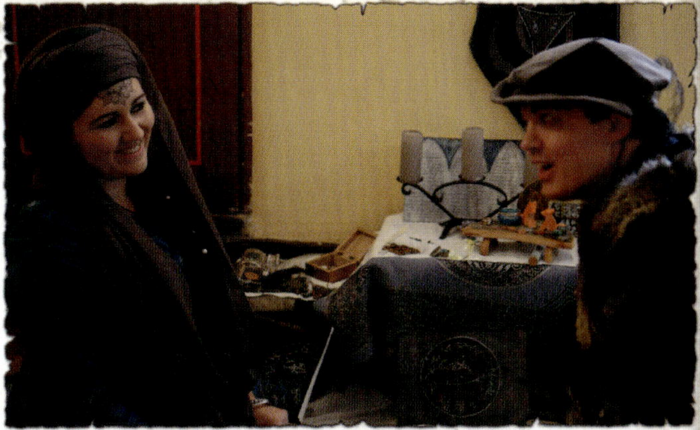

- Der Plot muss mit den vorhandenen Mitteln umsetzbar sein. Im Pen and Paper hat man es einfach: Im Grunde ist alles möglich. Massenschlachten, 13-gehörnte Dämonen und fliegende Festungen sind im LARP aber eben leider eher schwer darzustellen.
- Der Plot muss mit den anwesenden SCs lösbar sein. Sieht er vor, dass ein Magier einen BLICK IN DIE VERGANGENHEIT wirkt, um einen Kriminalfall zu lösen, solltet ihr sicherstellen, dass einer der SCs diesen Zauber auch beherrscht oder dass es ein Artefakt gibt, das diese Aufgabe übernimmt. Besteht die SC-Gruppe fast nur aus Praiosgeweihten, solltet ihr ihnen hingegen keinen Plot vorsetzen, der nur durch Magie zu lösen ist. Gleichzeitig sollte der Plot auch möglichst alle anwesenden SCs einbinden.
- Der Plot sollte die Spieler nicht zu Dingen zwingen, die sie nicht mögen. Geschichten über Folter oder Vergewaltigung können fordernd und damit sicher für einige interessant sein. Es ist aber recht wahrscheinlich, dass es mehr als einen Spieler gibt, der damit nichts zu tun haben will.
- Der Plot kann darum herum strukturiert sein, eine originelle Szene zu liefen, solange darunter nicht der Rest der Con leidet. Wir haben in der Vergangenheit immer wieder gedacht „XY wäre eine saucoole Szene, die es so noch nie im LARP gab. Das müssen wir machen – aber wie kommen wir dahin?“ Es kann leicht vorkommen, dass man das große Ganze aus den Augen verliert, nur weil man von einer einzigen fixen Idee besessen ist. Wenn man die Spieler gängeln und den ganzen Plot verbiegen muss, nur um diese eine tolle Szene zu ermöglichen, ist es wichtig, sich zu fragen, ob es das am Ende wert ist.
- Der Plot sollte klassischer Dramaturgie folgen und keine Durchhänger haben. Das ist vermutlich der schwierigste Punkt, da Dramaturgie im LARP schwer zu steuern ist. Immerhin hängt sie ja stark von den Spielern ab. Im Grunde ist es wichtig, dass alles bis Samstagnacht auf einen Höhepunkt zusteuert. Bis dahin sollten die Spieler ein stetiges Gefühl des Vorankommens haben – und kurz vor dem Höhepunkt sollten sie einen massiven Rückschlag erleiden, von dem sie sich trotzig erholen können. Meist ist es der Gruppendy-

namik geschuldet, dass der Plot am Samstagnachmittag etwas durchhängt – vermutlich waren Freitag alle bis 4 Uhr früh wach, haben sich eingebracht und sind dann früh wieder aufgestanden. Nach dem Mittagessen sind sie jetzt ausgebrannt und es muss irgendetwas Spannendes passieren, damit sie wieder in die Gänge kommen.

- Außerdem ist es natürlich wichtig, im Kopf zu behalten, wer die Helden einer LARP-Story sind: Die SCs. Der Plot sollte also nicht von NSCs gelöst werden, die die Spieler zu Zuschauern degradieren.

Exkurs: Was macht einen Plot aventurisch?

Wie schon mehrfach geschrieben: Solltet ihr nur eine kleine Con für eure Freunde veranstalten, ist es am Ende völlig egal, wie aventurisch korrekt sich eure Story anfühlt, solange alle Beteiligten damit glücklich sind. Reden wir aber von einer ausgewachsenen Con, die über den privaten Rahmen hinausgeht, werdet ihr vermutlich nicht einschätzen können, wie weit jeder einzelne Teilnehmer bereit ist, sein DSA-Weltbild zu verbiegen. Und in diesem Fall solltet ihr versuchen, den Plot möglichst aventurisch zu halten. Aber was ist das – ein aventurischer Plot?

Klar, er sollte nicht den Setzungen in den Quellenbänden, Abenteuern und idealerweise auch nicht den Romanen widersprechen, auch wenn man von keinem Menschen erwarten kann, dass er oder sie all diese Details kennt – und es wird immer einen Spieler geben, der eine kaum bekannte Kleinigkeit anführt, die der Orga entgangen ist. Es geht eher darum, diesem Ideal sinnvoll nahe zu kommen, ohne Hunderte Stunden seines Lebens mit Recherche zu verbrennen. Die Wiki Aventurica mag hier natürlich die erste Anlaufstelle sein.

Glücklicherweise ist Aventurien so breit gefächert, dass ein Plot-Aufhänger in DSA alles sein kann: Ein Krimi, ein Erbfolgestreit, ein Heerzug gegen Orks oder Dämonenbündler, Intrigen bei Hof, bei einem Turnier oder an einer Magierakademie, eine wissenschaftliche Expedition, ein Handelsstreit, ein Wettrennen oder anderes sportliches Ereignis oder das schlichte Retten einer Prinzessin aus einem Dungeon. Es kann um eine Horrorgeschichte gehen, ein verfluchtes Haus oder einen ruhelosen Geist oder freien Dämon, es kann eine klassische Piraten-Abenteuer-Story sein oder eine Schatzsuche wie bei Indiana Jones. Alles, was halbwegs in phantastische Genre einzuordnen ist, passt auch zu DSA. Nur Sci-Fi-Elemente sind seit der ersten Edition irgendwie verpönt ...

Wichtig ist, sich zu fragen, was eine Geschichte, die ganz offensichtlich in Aventurien spielen soll, von einer generischen Fantasy-Story abhebt. Welche Kernthemen kehren bei DSA immer wieder, was erwarten die Spieler?

Natürlich sind das zum einen die Zwölf Götter und ihr ewiger Kampf gegen die Erzdämonen und den Namenlosen, was nicht heißt, dass jeder Plot Dämonen oder Namenlose braucht. Da unsere Helden aber mitunter Superhelden (also Magier und Geweihte) sind, bieten sich ihre Gegenpole auch als Schurken an, denn ein normalsterblicher Kleinkrimineller ohne übernatürliche Gaben wird von den Helden schnell in seine Schranken verwiesen. Das soll nicht heißen, dass ein ganz profaner Gegenspieler keine Daseinsberechtigung hat – im Gegenteil, er wird gerade von erfahrenen LARPern als erfrischende Abwechslung wahrgenommen werden. Nur ist es eben für den Anfang leichter, einen klassischen Schurken mit magischen oder geweihten Gaben zu schreiben. Das Thema Gut gegen Böse sollte sich durch den Plot ziehen, wie es sich auch schon durch die ganze aventurische Historie gezogen hat. Bei einer auf mehrere Teile angelegten Kampagne kann ein wenig Epik nicht schaden. Die Selbstaufopferung der Helden im Namen der Zwölfe begegnet uns auf fast jeder Convention – und auch sie prägt das Setting, denn schließlich können sich Aventurier sicher sein, dass sie im Jenseits dafür belohnt werden. Ihr Seelenheil ist wichtiger als ihr Leben.
Wer sich an den größten DSA-Erfolgen orientieren will, würzt das dann noch mit einer Prise Horror und garniert an den passenden Stellen mit etwas Selbstironie.

Ein typisch aventurischer Plot kann die großen und kleineren Konflikte der Spielwelt aufgreifen, aber sie für den kleineren Rahmen einer LARP-Con herunterbrechen. Während der Rückeroberung der Schattenlande wird im LARP z. B. nur die Befreiung eines kleinen Landstrichs gespielt, Magier rätseln über das Bruchstück eines Gwen Petryl-Steins, der im Rahmen des Sternenfalls niedergegangen ist, in einem Grenzkaff zwischen Andergast und Nostria geraten die Einwohner in Streit darüber, zu welchem Reich sie nun eigentlich gehören etc. Es bietet sich auch an, bestimmte Setzungen einfach zu übernehmen und weiterzudenken. Ein magischer Trank braucht als Zutat Schnee vom 1. Hesinde? Wie wäre es, wenn alle Magier einer Akademie am 1. Hesinde in den Norden fahren, um möglichst schnell möglichst viele Tränke zu brauen? Und wer will dieses Vorhaben sabotieren und warum? Warum werden eigentlich nicht viel mehr Menschen Rahjageweihte, und was passiert mit denen, die von der Kirche abgelehnt werden? Finden sie sich mit ihrem Schicksal ab, sinnen sie auf Rache oder können die Spieler ihnen irgendwie helfen? Konflikte zwischen Kirchen, gildenmagischen Ausrichtungen, Rassen, Reichen und Kulturen gibt es in Aventurien genug – und sie müssen nicht immer gleich in einem umwälzenden Krieg münden.

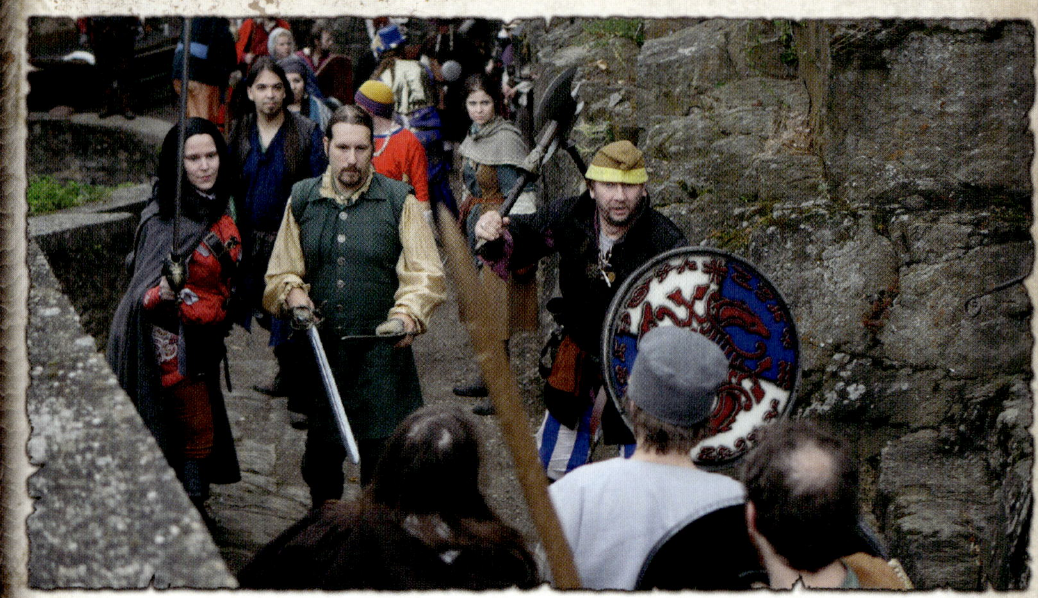

Die Akteure: SCs, NSCs und alles dazwischen

Nicht jede Con muss dem alten SCs/NSCs-Konzept folgen. Ihr könnt natürlich auch eine reine Ambiente-Con ohne NSCs auf die Beine stellen oder bei einem Turnier oder einer Schlacht SC-Parteien im PvP gegeneinander antreten lassen. Das spart gewissermaßen Geld, da NSCs traditionell weniger Con-Gebühr bezahlen. Es gibt natürlich auch Zwischenmodelle: GSCs (geführte SCs) spielen frei eine vorgefertigte oder eigene Rolle, haben aber dennoch eine feste Funktion für den Plot, bzw. ihre Anwesenheit ist einfach für die Glaubwürdigkeit der Story wichtig. Damit gleichen sie dem Festrollen-NSC, einem Charakter, der von der Orga vordefiniert wird, den der Spieler aber durchgehend und oft halbwegs frei spielt – im Gegensatz zum Springer-NSC, der z. B. den klassischen Ork oder Räuber darstellt, der sich niedermachen lässt, um dann in der nächsten Szene als Bote oder Mordopfer aufzutauchen. Viele moderne Cons nutzen auch ein Modell, in dem jeder Teilnehmer eine vorgefertigte Rolle samt Agenda bekommt – und der Plot ergibt sich daraus, wie diese Charaktere miteinander interagieren. In diesem Modell gibt es im Grunde nur GSCs und die Orga greift nur selten ein. Ein solcher Ablauf scheint aber nicht zum klassischen Rollenspielverständnis von DSA zu passen, bei dem es schließlich auch darum geht, den eigenen Charakter zu spielen und zu verbessern.

Wenn ihr das klassische SC/NSC-Modell nutzt, achtet darauf, diese beiden Kategorien wirklich zu trennen. Ein Spieler, der seinen eigenen Charakter als NSC spielen möchte, führt oft nur zu Frust und Ärger, denn er wird selten die komplette Kontrolle über das Schicksal der Figur in die Hände der SL legen wollen.

Dann müsst ihr euch noch überlegen, wie viele NSCs ihr für euren Plot braucht. Habt ihr zu wenige, wird es für die NSC-Gruppe stressig, sind es zu viele, besteht die Gefahr, dass sich einige langweilen. In einer perfekten Welt bekommt jeder NSC eine spannende, einzigartige Festrolle mit mindestens einer spektakulären Szene – in der Realität sieht das natürlich anders aus. Ihr solltet außerdem darauf achten, dass ihr nicht zu viele NSCs habt, weil ihr vermutlich die SCs braucht, um eure Con zu finanzieren. Klassischerweise kommt das Geld für Sprit, Fundus und Verpflegung durch die höhere SC-Gebühr, während NSCs meist zum Selbstkostenpreis auf der Con sind. Wir hatten auch schon Cons, auf denen NSCs gratis kommen durften, wenn sie sich am Basteln von Requisiten beteiligt haben – aber das ist vermutlich eher selten umsetzbar. Bei einer kleinen Con ist ein SC/NSC-Verhältnis von 1:1 sinnvoll. Bei größeren Veranstaltungen tut es auch 3:1 oder 5:1.

Neben der Verteilung der NSC-Rollen auf die verfügbaren Kandidaten, solltet ihr auch darauf achten, welche SCs sich anmelden. Nicht jeder Charakter passt zu jedem Con-Konzept und zu jedem Plot. Ein mächtiger Magier oder Geweihter kann leicht euer wichtiges Artefakt entzaubern und somit den Plot zerstören. Ein für die Region unpassender Charakter ohne gute Ausrede für seine Anwesenheit kann die Immersion für alle anderen stören. Zu viele ähnliche Charakterkonzepte behindern sich gegenseitig. Es ist dann eure unliebsame Aufgabe, den Spielern zu sagen, dass sie sich bitte einen anderen Charakter überlegen müssen.

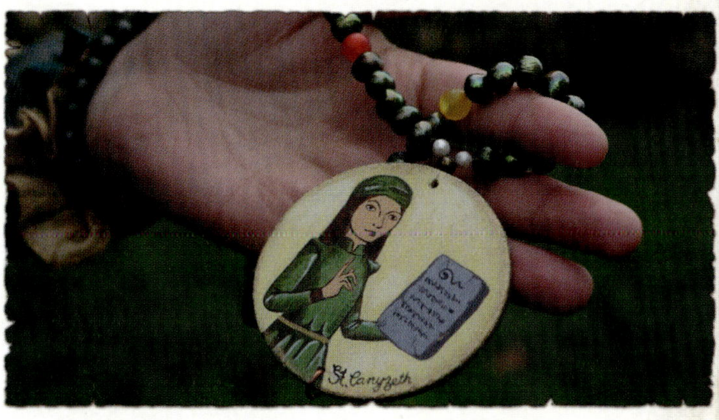

Die Bühne bereiten: Deko und Requisiten

Wenn euer Plot steht und eure Location gebucht ist, wenn ihr wisst, wer anreist und als was, dann beginnt die eigentliche Arbeit. Vermutlich werdet ihr euren Plot bis zur Con noch mehrfach an die tatsächlichen Gegebenheiten anpassen und ihn einige Wochen vorher an die NSCs schicken. Auch an die SCs schickt ihr Mails mit Infos zur Anfahrt, zum Time-In, zu den Unterkünften usw. Vermutlich braucht ihr für eure Con diverse Requisiten, Schriftstücke oder Kostüme, die ihr kaufen oder basteln müsst – und da diese eben vom Plot abhängen, werdet ihr vermutlich die letzten Wochen vor dem LARP-Termin mit Basteln oder Online-Shopping zubringen. Ihr werdet Felle und Tücher zusammentragen, um vor Ort Feuerlöscher und Kühlschränke zu tarnen und jede Menge Panzertape verbrauchen. Wenn eure NSCs schon ein wenig erfahren sind, habt ihr Glück: Die meisten NSCs bringen eine Menge Herzblut mit – und sind dann sicher auch bereit, noch mehr mitzubringen: Nämlich ihren eigenen LARP-Krempel. Wenn ihr also bestimmte Gegenstände, Kostüme oder Waffen braucht, seid ihr gut beraten, erst einmal unter euren NSCs herumzufragen, bevor ihr euch weiter in Unkosten stürzt.

Was man auf LARP nie genug haben kann

- Masken für Untote oder Dämonen. Es kann immer sein, dass jemand spontan das eine oder andere beschwört.
- eine Handvoll neutraler Schwerter, Tuniken und Gugeln
- Panzertape
- LED-Kerzen für die Stimmung, zum Beleuchten schwieriger Stellen (der Weg zum Klo ist chronisch schlecht beleuchtet, es scheint eine Konstante des Universums zu sein)
- Büttenpapier für Last Minute Schriftstücke
- Stoffe und Felle
- Verbandszeug

Der lästige Papierkram

Das bisher war der spaßige Teil. Zum Orga-Dasein gehört aber noch mehr: Ist die Con versichert? Heutzutage ist auch eine größere Veranstaltung glücklicherweise leicht für 100 Euro abzusichern. Sind die Fotorechte geklärt? Haben alle Beteiligten eine Haftpflichtversicherung? Gibt es vor Ort genug Parkplätze? Gibt es Toiletten? Klopapier? Sind die NSCs immer mit Getränken versorgt? Wissen Polizei und eventuell Jäger davon, dass sich im Wald „Monster" herumtreiben? Ist der Wald überhaupt sicher, oder gibt es dort Wildschweine? Wölfe? Tretminen? Jäger mit Schrotgewehren? Nazis?

Außerdem muss jede DSA-Con an Ulisses Spiele gemeldet werden. Dafür reicht ein Eintrag in den Con-Kalender des Codex e.V. oder eine Mail an larp@ulisses-spiele.de.

Wenn ihr all diese Hürden genommen habt, dann habt ihr vermutlich auch einen Blick in einen richtigen Orga-Leitfaden für LARPer geworfen, aber vielleicht haben euch diese Tipps ja auch geholfen. Nach den ersten erfolgreichen Cons könnt ihr, wenn ihr wollt, auch bei der offiziellen Aventurien-LARP-Kampagne einsteigen und von deren Vorteilen profitieren.

LARP-PLOTS ZUM NACHSPIELEN

Auch dieses Kapitel wurde über das Crowdfunding freigeschaltet. Schon länger hegten wir den Plan, vorhandene LARP-Plots einem breiteren Publikum zugänglich zu machen, sodass sie von anderen LARP-Orgas benutzt oder am Pen and Paper-Tisch nachgespielt werden können. Dafür war das LARP-Jahrbuch im Gespräch, ein jährlich erscheinendes PDF, in dem relevante Plots aus dem DSA-LARP gesammelt werden, und zwar so aufbereitet, dass sie am Rollenspieltisch nutzbar sind.

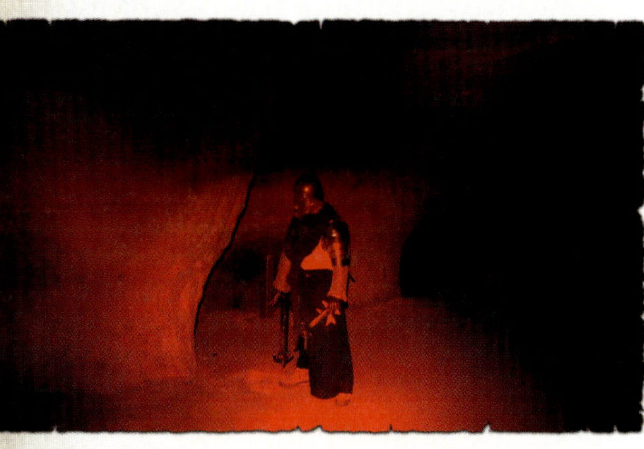

Wir arbeiten auch nach wie vor an einem solchen Jahrbuch – unter anderem soll es alle Plots der Collegium Magicae-Reihe enthalten und somit das von Magister Ilmenblick bei Honigen gegründete Kolleg auch im Pen and Paper besser spielbar machen, nachdem das Projekt ja mit der Regionalspielhilfe **Die Siebenwindküste** in den Kanon eingegangen ist. Im Crowdfunding für dieses vorliegende Buch haben wir versprochen, eine Trilogie von Plots mitzuliefern – dabei hatten wir eigentlich die ersten drei Collegium-Cons im Kopf. Letztlich hat sich aber herausgestellt, dass dies nicht praktikabel ist. Zum einen würden diese Plots den Umfang dieses Buches sprengen, zum andren sind sie sehr speziell. Wer wird schon im LARP eine ähnliche Magierakademie bespielen? Und auch wenn das am Nutzen für den Spieltisch nichts ändert, haben wir uns daher entschieden, kleinere Cons als Vorlagen für dieses Kapitel heranzuziehen. Dabei mussten wir ein wenig mogeln: Einer der drei Plots ist nur ein Kurzszenario, aber die anderen beiden beruhen auf LARPs, die 2017 tatsächlich so gespielt wurden und in denen es um Expeditionen des Collegium Magicae ging. Gemeinsam mit den Plots der CM-Hauptreihe, die in den Jahrbüchern zugänglich gemacht werden, und dem Pen and Paper-Abenteuer **Gefängnis der Schatten** bilden sie eine große Kampagne.

Damit diese Plots aber nicht nur im Rahmen einer großen Kampagne um das CM funktionieren, sondern von jeder Orga und jedem DSA-Spielleiter einfach als Vorlage genutzt werden können, haben wir sie ein wenig entkoppelt. Ihr könnt sie also als Einzelszenarien spielen oder in den größeren Zusammenhang der Kampagne einbinden. Wir erklären im Folgenden natürlich auch, wie. Letztlich seht ihr hier aber zu 90 % die Texte vor euch, mit denen wir die genannten LARPs bestritten haben. Sie unterscheiden sich natürlich in vieler Hinsicht von PnP-Abenteuern: NSCs werden nur grob beschrieben, die Hauptarbeit übernimmt der Spieler hinter dem Charakter. Raumbeschreibungen und Werte gibt es natürlich auch nicht. Einige vorkommende Charaktere ergeben nur im Kontext der Kampagne Sinn und können daher auch ignoriert oder umgedeutet werden.

Der Tempel des Seelengötzen

Stichworte zum Plot

- simples Dungeon-Abenteuer, ausgelegt für 10 SCs und 10 NSCs, jedoch auch leicht skalierbar
- im Pen and Paper mit einer regulären Heldengruppe spielbar
- **Schauplatz:** ein alter Borbaradianertempel in den Ausläufern des Kosch-Gebirges, beliebig an einen anderen Ort verlegbar
- **Aufgabe der Helden:** Erkundung der Anlage und Beenden einer Untoten-Plage, Gewinnung von Wissen oder alternativ Erlangen eines beliebigen Artefakts
- **Location des LARPs:** Die Con fand im März 2017 in den Schlossberghöhlen in Bad Homburg statt, der Dungeonplan basiert daher auch auf den Höhlen. Er kann natürlich beliebig angepasst werden.

Anwerbung und Kontext für die Helden

In der LARP-Kampagne werden die Helden von Magister Ephraim Ilmenblick vom Collegium bei Honingen auf eine Erkundungsmission geschickt. Verbündete des Collegiums (darunter Ilmenblicks mittlerweile verstorbener Schüler Marloniel) haben in einem abgelegenen Höhlensystem ein Kloster der Borbaradkirche entdeckt und gesäubert. Dabei haben sie ein mysteriöses Artefakt ans Collegium gebracht: Eine Kanope mit sieben Seiten und einem Einhornkopf als Deckel. In dem Gefäß ist eine gefährliche Wesenheit gefangen, die versucht hat, von den Magiern im Collegium Besitz zu ergreifen. Ilmenblick bittet die Helden, sich das angeblich nun leere Kloster genauer anzusehen.

Alternativer Einstieg als Einzel-Szenario

Die Helden werden von der Landbevölkerung gebeten, nach der verschollenen Ziegenhirtin Perenia zu suchen, und stoßen auf die Anlage. Alternativ stolpern bereits immer mehr Untote aus dem Tempel und terrorisieren das Umland, sodass die Helden auf den Plan gerufen werden.
In diesem Fall müssen die Helden keine Informationen über die Kanope sam-

meln, sondern schlicht die Pforte des Grauens schließen und Perenia retten. Waldemar kann weitere Informationen besitzen, die die Helden suchen oder Perenia als Geisel nehmen.

Vorbereitung für ein LARP

Der Plot eignet sich gut für ein kleines Einsteiger-LARP, da er sich fast nur in einem Dungeon umsetzen lässt, dabei aber relativ offen ist und Raum für Rollenspiel lässt. Er benötigt nur wenige NSCs und außer Untotenmasken oder -schminke kaum Kostüme. Natürlich hat nicht jeder Zugriff auf einen Dungeon. Aber der Grundriss unseres Dungeons kann beliebig variiert werden, sodass er auch auf andere Locations, wie eine Burgruine, den Keller eine Jugendherberge oder zur Not auch den klassischen Dungeon aus Folie, passt.

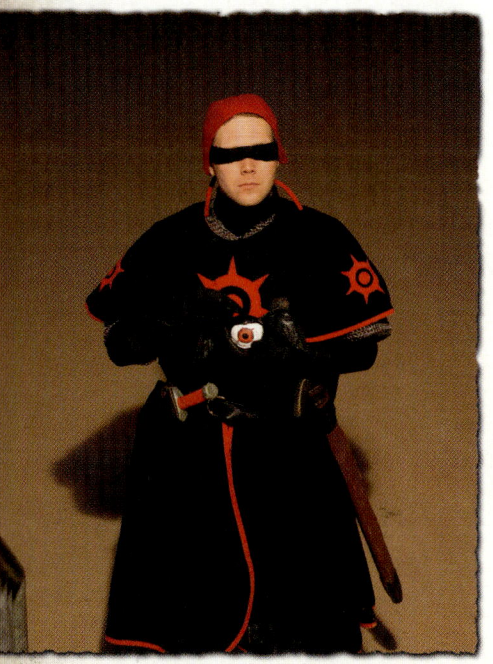

Unterschiede LARP-Plot/PnP-Abenteuer

Erwartet hier bitte keine voll ausgearbeiteten Abenteuer fürs Pen and Paper-Rollenspiel. Plots für LARPs unterscheiden sich grundlegend von PnP-Abenteuern, und da wir hier Plots anbieten wollen, die euch sowohl als Inspiration fürs LARP als auch für die Tischrunden dienen sollen, haben wir auch aus Platzgründen auf einiges verzichtet. Im LARP-Plot werden keine Werte für NSCs oder andere Regeln benötigt, ebenso wenig wie Raumbeschreibungen. Auch gibt es viel weniger an gescripteten Abläufen. Klar – jeder LARP-Plot beinhaltet ein paar fixe Szenen, die ablaufen sollten. Aber es ist ungleich schwerer, 40 LARPer auf Story-Gleisen zu halten, als dies bei einer kleinen PnP-Gruppe vielleicht der Fall ist. Daher sind wir in den letzten Jahren dazu übergangen, LARP-Plots offener zu gestalten und auch bei einer groß angelegten Kampagne wie dieser nicht zu sehr im Detail vorauszuplanen, sondern immer auf die Ergebnisse einzugehen, die die Spieler erspielt haben. Es ist somit z. B. auch offen, ob die Helden alle Borbaradianer im Tempel erschlagen oder mit ihnen zusammenarbeiten.

Vorgeschichte der Ereignisse

Noch vor der dritten Dämonenschlacht sperrte die Borbaradkirche eine mächtige dämonische Wesenheit mit parasitären Zügen in drei verschiedene Kanopen, versiegelte diese und versteckte sie an drei verschiedenen Orten in Aventurien. Die Teilleiber der Wesenheit sind für sich genommen bereits mächtig, richtig problematisch wird es aber natürlich, wenn alle drei Teile zusammengefügt werden. Die verbleibenden Borbaradianer wollen dies tatsächlich verhindern, verehren die Wesenheit, die sie „Sein Schatten" nennen, aber auch als eine Art Echo von Borbarad persönlich.

Tatsächlich handelt es sich bei diesem Schatten um einen Dämon, der Borbarad bei der Erschaffung seines Körpers zu finsteren Zwecken von der Hochelfe Pardona eingepflanzt wurde und den er sich aus seinem Fleisch riss.

Die Anweisungen für das Wegsperren des Schattens kamen von Azaril Scharlachkraut persönlich. Sie beauftragte den Thargunitothpaktierer Nematon von Firnholz damit, eine alte versteckte Anlage ihrer Sekte wieder in Betrieb zu nehmen und dort mit einigen Gleichgesinnten über eine der Kanopen zu wachen. Das Höhlensystem wurde durch eine magische Illusion verborgen, und alle paar Wochen unternahmen einige Jünger der Kirche eine unauffällige Versorgungsreise ins Umland. Viel brauchten die wenigen Borbaradianer nicht zum Überleben und so fielen sie nicht auf. Untote Wächter sollten für die Sicherheit sorgen.

Jahre später wurde der gefallene Blakharazpaktierer Waldemar von Sensenstein (eine Figur aus dem DSA-Fanfilm Leunklinge) zur Unterstützung in die Anlage geschickt. Dieser sollte den immer weiter verwesenden Nematon auf Befehl Azarils ablösen. Mit Hilfe einiger Artefakte, die er aus Galottas fliegender Festung gestohlen hatte, konnte Waldemar die Anlage weiter ausbauen. Jedoch geriet er mit dem starrsinnigen Nematon immer wieder in Streit. Dieser wollte die Herrschaft über die Anlage nicht an den Emporkömmling abgeben. Nematon wurde schließlich zu einem denkenden Untoten, um auch über seinen Tod hinaus das Sagen zu haben. Dennoch verfiel sein Verstand weiter und die Kontrolle über den Tempel und die Kanope ging an Waldemar über.

Doch dann zerstörte ein minderes Sphärenbeben (dessen Auslöser entweder der Sternenfall oder ein Ereignis auf dem gar nicht so weit entfernten Collegiums Magicae gewesen sein könnte) die Schutzsiegel an der Höhle und der Eingang wurde sichtbar. So kam es, dass Ritter des Ordens der Letzten Schwinge Herofans (eine Gruppe, die vor allem in Tobrien Dämonen jagt und mit dem Collegium assoziiert ist) auf die Anlage aufmerksam wurden, sie erforschten und plünderten. Begleitet wurden sie von dem Magier Marloniel, einem Schüler Ilmenblicks. Die Ritter entwendeten die Kanope und brachten sie zum CM, wo sie einigen Schaden anrichtete. Sie vernichteten die Bewohner des Höhlensystems, jedoch nicht vollständig. Tatsächlich konnte Waldemar sich verbergen. Nematon hielten die Ritter für eine Leiche und beachteten ihn nicht.

Nematon konnte sogar noch, wie es das Protokoll vorsah, eine Art Selbstzerstörungsmechanismus auslösen, der die Eindringlinge vernichten sollte. Dieser wurde jedoch von Waldemar, der keinen Sinn darin sah, die Anlage sinnlos untergehen zu lassen, unterbrochen. Die Eindringlinge waren zu diesem Zeitpunkt bereits verschwunden, und es erschien ihm wichtiger, zu überleben, Rache zu nehmen und die Dinge wieder ins Lot zu bringen. Waldemar wurde beim Angriff schwer verwundet, doch er konnte sich in einen Geheimraum retten. Er schickte außerdem einen Gotongi los, dessen bloßer Körper seitdem den Selbstzerstörungsmechanismus blockiert. Die Untoten im Auftrag Nematons wollen diese Störung entfernen, können den Mechanismus aber momentan nicht erreichen. Der Grund dafür ist, dass Waldemar mit einem Artefakt aus Yol-Ghurmak den Gang verschüttet hat, der zum Mechanismus führt. Seitdem steht die Anlage eine in der Zeit gefrorene Sekunde vor der Auslöschung.

Waldemar hat mehrere dämonische Türen aktiviert, um die Anlage wieder abzuriegeln, aber einige Untote sind entkommen und haben begonnen, das Umland zu terrorisieren. Eine Ziegenhirtin aus dem nächsten Dorf ist auf der Suche nach einer entkommenen Ziege in die Anlage gestolpert und liegt nun verwundet dort. Einige Wochen später schickte Magister Ilmenblick einen Expeditionstrupp, um mehr über die Hintergründe der Urne herauszufinden.

Was auf dieser Con passieren soll

Die Spieler dringen in das Höhlensystem ein und stoßen auf Gegenwehr durch Untote und Dämonen. Sie überwinden mehrere Hindernisse in Form von Gegnern und Rätseln und stoßen schließlich auf Waldemar. Sie verhindern die Selbstzerstörung der Anlage und beenden eine potenzielle Untotenplage in der Gegend, bevor sie beginnt. Von Waldemar oder seinen Aufzeichnungen erfahren sie, dass es drei Kanopen gibt, und wo die anderen zu finden sind, bzw. wer weiß, wo sie zu finden sind. Sie erfahren außerdem, was es genau mit Borbarads Schatten auf sich hat.

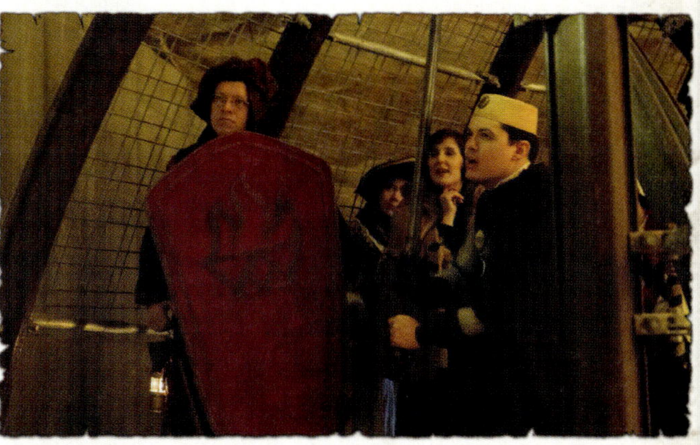

Sollte das Abenteuer unabhängig von der CM-Kampagne gespielt werden, entfällt der Teil mit der Kanope und sollte mit etwas anderem ersetzt werden. Dann kann auch der vorgelagerte Angriff der Herofan-Ritter entfallen und die beiden Borbaradianer sind ohne äußeren Einfluss in Streit geraten. Oder sie haben Waldemar ein anderes gefährliches Artefakt entwendet, das eine Bedrohung für Aventurien darstellt. So oder so sollte die verschwundene Hirtin dann mehr in den Fokus gerückt werden und erst gegen Ende des Abenteuers gerettet werden.

Der Tempel

Die Helden erreichen den Tempel über eine Höhle, hinter der sich eine in den Felsen gehauene Treppe anschließt. Diese führt gut 50 Schritt in die Tiefe, bis sie den Eingangsbereich erreicht. Überall im Tempel können Leichen von Borbaradianern oder teils zerschlagene Untote herumliegen, die je nach Belieben zu neuem Unleben erhoben werden.

Es folgen die Räume im Einzelnen, wobei die Verteilung der Räume natürlich beliebig verändert werden kann.

1. Eingangsbereich

Im Eingangsbereich finden sich zunächst nur Leichen und eventuell (je nach Mission der Helden) bereits die verwundete Hirtin sowie ein paar Notizen Marloniels. Der Bereich führt zu Raum 2.

2. Raum mit dämonischer Tür

Der Raum endet in einem schmalen Gang, der von einer dämonisch beseelten Tür versperrt wird. Die Tür kann mit magischen oder karmalen Mitteln relativ leicht zerstört werden. Sie spricht aber auch mit den Helden, verspottet sie und kann auch ausgetrickst werden, sich zu öffnen.

Der Großteil des Raumes besteht aus einem tiefen Schacht oder einem Lavasee – auf jeden Fall einem für die Helden unüberwindlichen Hindernis nach Wahl der SL. Auf der anderen Seite können die Spieler einen Riss im Gefüge der dritten Sphäre erkennen, aus dem grünblaues Licht dringt. Dahinter verliert sich ein Gang in der Dunkelheit. Die Tür führt zu Raum 3.

3. Hauptteil des Dungeons mit Untoten

Es folgt eine Reihe von Gängen und kleineren Räumen. Einer der Gänge führt zu der Pforte des Grauens, hier werden die Spieler erstmals mit Untoten konfrontiert. Ein anderer Gang führt nach oben in die zweite Ebene.

4. Ebene 2

Im oberen Teil des Dungeons schließt sich eine zweite, wesentlich kleinere Ebene an. Hier treffen die SCs auf Nematon den Nekromanten.

5. Blockierter Aufgang zu Ebene 3

Ein eingestürzter Felsengang führt von der zweiten Ebene weiter nach oben zur dritten Ebene des Dungeons. Einige Untote stehen unschlüssig wirkend davor.

6. Die Pforte des Grauens

Im Dungeon befindet sich ein Tor in das Reich der Thargunitoth, das immer wieder neue Dämonen ausspuckt, die die Leichen der Gefallenen im Tempel beseelen. Es ist nur über den Hauptteil des Dungeons (3) zu erreichen, aber vom Raum mit der dämonischen Tür (2) aus zu sehen.

7. Durchgang zu den Schlafkammern
Der Irrgarten der Höhle geht hier in einen kleineren, engeren Bereich über, der von (3) zu (8) führt.

8. Schlafkammern der Borbaradianer
An einem längeren Gang liegen mehrere Nischen, die mit Tüchern abgehängt sind. Dahinter finden sich einzelne Schlafstätten und der Privatbesitz der Borbaradianer. Am Ende der Schlafkammern liegt die Dämonische Tür (9).

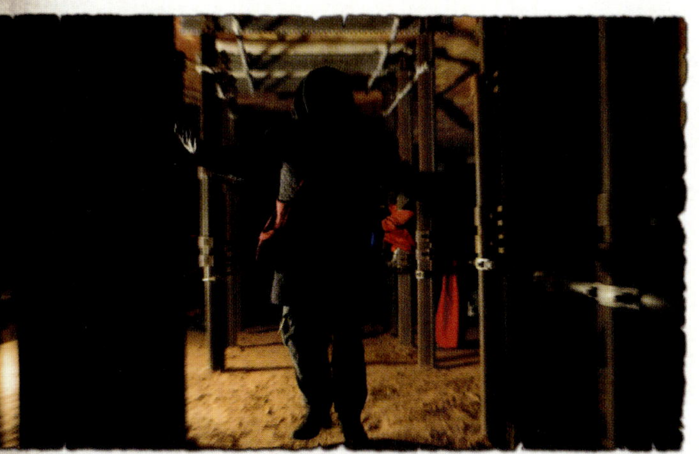

9. Dämonische Tür
Diese Tür ist ebenfalls mit einem Dämon beseelt und wird sich nicht öffnen, solange die Helden nicht den richtigen Schlüssel finden. Natürlich ist es regeltechnisch auch möglich, diese Tür mit einer Austreibung o. Ä. zu überwinden. Dies sollte den Spielern aber so schwer gemacht werden, dass sie eher nach dem Schlüssel suchen. Die Tür führt zu einer Höhle, die das Labor (12) im Norden und den Fallengang (10) im Süden enthält.

10. Der Fallengang
Die Tür zum Allerheiligsten liegt hinter einem Gangstück, das mit Klingenfallen ausgestattet ist. Außerdem halten Skeletthände jeden fest, der versucht, hier langzugehen.

11. Allerheiligstes des Tempels
In dieser großen Halle betet Waldemar von Sensenstein an einem Altar für Sankt Borbarad. Er ist hier durch die Untoten von Nematon und die Dämonentüren eingesperrt.
Der Durchgang von Süden zu diesem Raum ist blockiert. Unter Aufbietung all seiner Kräfte kann Waldemar jedoch einen Agrimoth-Dämonen rufen, der den Weg frei macht, der dann wieder zum Eingagsbereich führt.

12. Alchimielabor
Im nördlichen Bereich findet sich der Aufenthaltsraum, die Messe sowie das Alchimielabor der Borbaradianer.

13. Ebene 3
In der dritten Ebene wurde die Kontrolltafel für den Selbstzerstörungsmechanismus platziert, in dem ein Gotongi steckt. Auf Wunsch kann hier eine Höhlenspinne lauern.

Keine Karte?

Der Plan des Dungeons basiert natürlich auf der Location, die zum Bespielen genutzt wurde. Ein Übersichtsplan der Schlossberghöhlen findet sich hier: www.homburger-schlossberghoehlen.de – die Legende ist allerdings nicht kompatibel. Wer eine andere Location nutzt, kann die Räume einfach an die Gegebenheiten anpassen. Wer den Dungeon in Pen and Paper spielen will, kann seinen eigenen Plan entwerfen und ihn weit aufregender gestalten als eine reale Höhle. Zu beachten ist dann nur, dass die Übergänge zwischen den Phasen zu Beginn jeweils räumlich getrennt sind. Das heißt:

- Raum 1 und 2 sind verbunden und durch die erste Tür vom Rest der Anlage getrennt.
- Raum 3 ist der Großteil der Anlage und kann frei gestaltet werden. Er führt zu Raum 6 (Pforte des Grauens) und Raum 8 (Schlafkammern). Die zweite Dämonentür (9) liegt am Ende der Schlafkammern und trennt all dies vom Rest der Anlage ab.
- Ein Aufgang (Aufzug, Treppe, Leiter, Schacht) führt irgendwo von Raum 3 (Ebene 1) zu Raum 4 (Ebene 2). Raum 4 ist wiederum durch den blockierten Aufgang (5) von Ebene 3 (13) getrennt.
- Hinter der zweiten Dämonentür findet sich Raum 10 (Fallengang) und 12 (Alchimielabor).
- Hinter dem Fallengang liegt das Allerheiligste (11).

Erkunden der Anlage

Die Erkundung wird in fünf Phasen unterteilt. Phase 1 endet, wenn die Spieler die erste Barriere überwunden haben. In Phase 2 werden sie den Großteil der Anlage erkunden können, die Barriere zum Fallengang und dem Allerheiligsten bleibt jedoch auch hier noch verschlossen. Dafür müssen sie sich in dieser Phase mit Untoten und Nematon herumschlagen. Schließlich erfahren sie, dass sie den Weg zur oberen Ebene freiräumen müssen, um an den Schlüssel zur zweiten Dämonentür zu kommen. Das Erreichen von Ebene 3 markiert das Ende diese Phase.

In Phase 3 dringen die Helden ins oberste Stockwerk vor. Dort finden sie schließlich einen Weg, die Barriere zum Fallengang zu öffnen. Allerdings können nun auch Nematons Untote die Selbstzerstörung auslösen. Die Spieler müssen einen Weg finden, dies zu verhindern und dafür eventuell den namensgebenden Seelengötzen nutzen.

Schließlich sollte es sicher sein, die zweite Dämonentür zu öffnen. Nun beginnt Phase 4. Hier erkunden die Spieler die Messe und das Alchimielabor, wo sie Wege finden können, die Pforte des Grauens zu schließen. Außerdem können sie den Fallengang überwinden und so ins Allerheiligste vordringen. Phase 5 ist dann der Abschluss im Allerheiligsten und die eventuelle Flucht aus der Anlage.

Phase 1

Bereiche: 1, 2

Begegnungen: eventuell verwundete Schäferin, Marloniels Tagebuch, dämonische Tür

Hier gilt Folgendes:

- Der Weg zum Allerheiligsten ist von dieser Seite versperrt.
- Die Tür ist eine dämonische Tür und somit beseelt. Sie stellt die Barriere zum Rest des Dungeons dar.
- Der große Raum vor der dämonischen Tür ist abseits eines Ganges nicht passierbar. Auf der anderen Seite können die Spieler aber schon die Pforte des Grauens und eventuell ein paar wankende Untote sehen.

Szenen in Phase 1
Spielabschnitte

Die Hirtin

Die Spieler treffen die gesuchte verwundete Ziegenhirtin. Diese Szene findet erst in einer späteren Phase statt, falls die Hirtin das Hauptziel der Spieler ist. Sie hat sich auf der Suche nach einer Ziege vor einigen Tagen hierher verirrt und wurde von einem Untoten angegriffen, den sie aber unschädlich machen konnte. Sie selbst wurde aber schwer verletzt und konnte sich nicht mehr aus der Höhle schleppen. Zu Beginn der Szene ist die Frau bewusstlos. Sie kann außerdem Folgendes berichten: Sie war auf der Suche nach einer Ziege, als sie diesen Höhleneingang fand, der ihr unbekannt war. Von den Rittern Herofans hat sie nichts gehört, jedoch wurden in den letzten Tagen angeblich vermehrt Untote im Tal gesichtet, was sie aber für eine Schauergeschichte gehalten hatte. Sie lebt mit ihrer Familie in einer Hütte einige Stunden entfernt.

Marloniels Tagebuch

Die Spieler können Seiten aus Marloniels Tagebuch finden, die dieser offenbar absichtlich aus seinen Notizen entfernt und hier platziert hat. Siehe dazu den Abschnitt **Marloniels Tagebuch**(Seite **155**).

Die Pforte des Grauens

Die Spieler können das Limbustor sehen und analysieren: Hier wurde ein dauerhaftes Tor in den Limbus gerissen, das direkt in eine der Niederhöllen führt. Das Tor kann geschlossen werden, aber ein entsprechendes Ritual würde Stunden dauern und wäre sehr kräftezehrend. Es wäre ratsam, den Ort zunächst vom Einfluss Thargunitoths zu säubern. Es sollte Paraphernalia geben, die das Ritual stark verkürzen.

Die Dämonentür

Der weitere Weg ist durch ein dämonisch beseeltes Tor versperrt (Analyse: Siehe Seite 156). Im Grunde ist das Tor der Dämon, eine Kreatur, die durch ein Gesicht in der Wand dargestellt wird und in der Lage ist, mit den Spielern zu kommunizieren. Durch Bannmagie, einen Exorzismus oder rohe Gewalt mit magischen oder geweihten Waffen kann diese Tür relativ schnell entschwört werden. Vorher ist es jedoch möglich, mit ihr zu reden. Folgende Informationen kann die Tür vermitteln:

- Sie wurde erst vor einigen Wochen beschworen, nachdem die „tumben Ritter mit dem stinkenden Vogel auf der Brust hier durchgestürmt sind".
- Sie soll eigentlich nichts mehr fernhalten, denn es gibt hier nichts mehr zu stehlen. Sie soll vielmehr das drinnen halten, was der alte Nematon beschworen hat. Hier erfahren die Spieler zum ersten Mal den Namen des Paktierers.
- Nematon ist ein mächtiger Nekromant und war einst der Herr dieses Tempels. Und nein, die Ritter haben mitnichten alles niedergemacht, was hier umging. Sie haben einiges in ihrer Eile übersehen. Die Spieler sollten besser umkehren.
- Über den Zweck der Anlage weiß der niedere Dämon nichts.
- Die Tür öffnet sich nur für Nematon.

Phase 2

Bereiche: 3-9

Begegnungen: Untote, die Pforte des Grauens kann näher untersucht jedoch nicht geschlossen werden, Nematon selbst und seine Leibgarde aus Knochengolems, versperrter Zugang zu Ebene 3,Schlafgemächer der Borbaradianer, zweite dämonische Tür

Die Spieler erforschen hier relativ frei den Hauptteil des Dungeons und die komplette zweite Ebene. Sie stoßen auf eine weitere dämonische Tür, die sich jedoch nicht ohne Weiteres öffnen lässt, und müssen sich mit einem der Hauptgegner des Dungeons herumschlagen. Sie erfahren, dass sie den Weg zur dritten Ebene freiräumen müssen, um die Dämonentür passieren zu können, womit sie jedoch auch ihrem Gegenspieler den Weg ebnen würden.

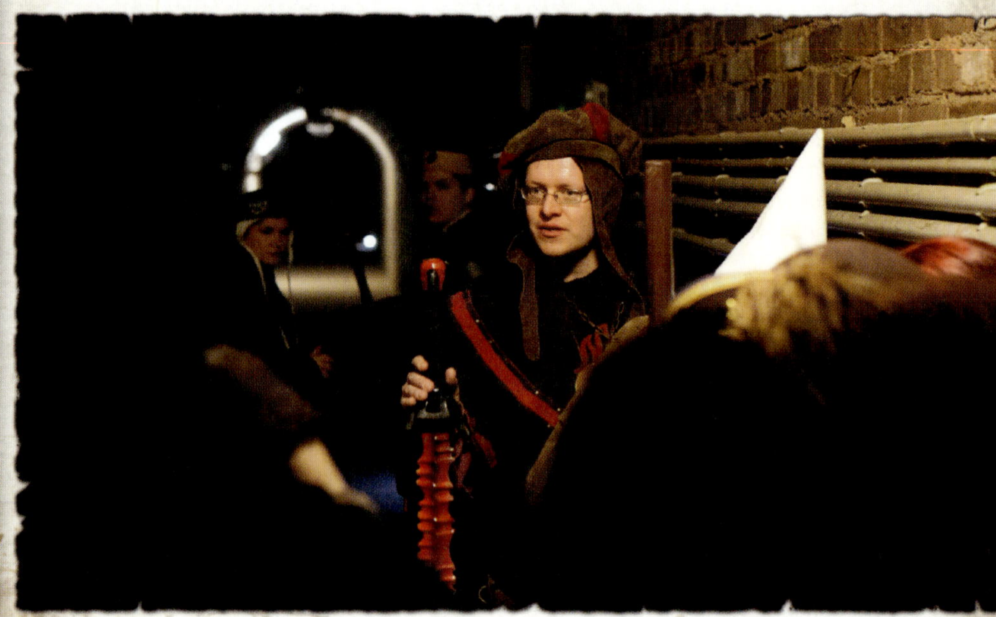

Hier gilt Folgendes:

- Der Bereich ist voll von schwachen Untoten.
- Aus der Pforte des Grauens können beliebig neue Untoten erscheinen.
- Die Tür ist eine dämonische Tür und somit beseelt. Sie stellt die Barriere zum Rest des Dungeons dar. Für diese Tür ist ein Schlüssel nötig.
- Vor dem blockieren Eingang findet sich eine Barriere aus Geröll, die ganz profan zur Seite geschafft werden kann. Für die zerbrechlichen Untoten ist sie allerdings ein unüberwindliches Hindernis.
- Nematon ist körperlich sehr schwach und hält sich in Ebene 2 auf. Er besitzt den Seelengötzen (siehe Seite **157**) und somit die Kontrolle über die Untoten. Wird Nematon vernichtet, folgen die Untoten weiter seinem letzten Befehl.
- Das Limbusportal kann näher untersucht, aber noch nicht geschlossen werden. Eine entsprechende Zeremonie würde ohne die nötigen Paraphenalia zu lange dauern. Der Zeitdruck, unter dem die Spieler stehen, muss in dieser Phase klargemacht werden.

Szenen in Phase 2
Spielabschnitte

Die Untoten greifen an

In allen Bereichen können die Spieler von verschiedenen Untoten attackiert werden.

Die Pforte des Grauens

Im Süden der Anlage stoßen die Spieler auf eine Sackgasse, in der sich das Portal befindet. Sie können es hier genauer in Augenschein nehmen, was allerdings gefährlich ist, da hier immer neue Untote erscheinen. Tatsächlich erscheinen eigentlich neue Dämonen, die vorhandene Leichen zu Unleben erheben. Aber davon liegen genug herum. Eine weitere Analyse bringt keine neuen Ergebnisse mit sich, dafür fehlt die Zeit..

Die Schlafkammern der Borbaradianer

In diesen kleinen Verschlägen finden sich die Lager der Borbaradianer und teilweise auch ihre Leichen. Außerdem ein paar Tränke, Kräuter und einige Aufzeichnungen, siehe dazu den Abschnitt **Aufzeichnungen eines Borbaradianers** (Seite **156**).

Nematons Raum

In einem passenden Raum in Ebene 2 sitzt Nematon der Nekromant auf einem Stuhl und wirkt, als wäre er schon lange verstorben. Er soll für die Spieler nicht wie eine Gefahr wirken. In seiner Hand hält er den Seelengötzen. Nematons Ziel ist es schlicht, einem alten Protokoll zu folgen und die Anlage zum Einsturz zu bringen. Sein sekundäres Ziel ist es, seiner Herrin Thargunitoth zu dienen und ihre Untoten so viel Schaden wie möglich anrichten zu lassen, bzw. neue Seelen für sie zu gewinnen. Nematon ist daher durchaus einem ruhigen Gespräch nicht abgeneigt, spricht dabei aber sehr langsam und qualvoll. Sollten die Spieler ihn attackieren, greifen seine Knochengolems ein. Nematon kann folgende Informationen geben:

- Er war einst Herr dieser Anlage, der große Nekromant Nematon von Firnholz.
- Sein Niedergang begann lange vor der Ankunft der Ritter Herofans durch einen Emporkömmling. Der Streit mit diesem Emporkömmling eskalierte durch die Ankunft der Ritter. Nematon will die nun enttarnte Anlage vernichten. Waldemar weigert sich.
- Die Anlage wurde vor der dritten Dämonenschlacht geschaffen, um die Welt vor Seinem Schatten zu schützen und ihn angemessen zu verehren.
- Nematon will den Spielern nicht verraten, was Sein Schatten ist. Nur, dass er immens gefährlich ist und es töricht von den Rittern war, ihn zu entwenden. Er und seine untoten Wächter haben ihn immerhin 20 Jahre lang geschützt.
- Dass Untote ins Umland gekommen sind, war keine Absicht.
- Die Spieler werden nicht weiter in die Anlage vordringen können. Der Emporkömmling Waldemar hat die Zugänge zum Allerheiligsten mit dämonischen Türen versiegelt, die nicht zu überwinden sind. Die zweite kann nur mit dem richtigen Schlüssel geöffnet werden. Nematon hat seinen Schlüssel versteckt. Sollte er einen Grund dazu haben, kann er den Spielern verraten, dass er sich in Ebene 3 befindet.
- Wer der Emporkömmling Waldemar ist, möchte Nematon nicht erzählen. Nur dass der Emporkömmling als Nachfolger von Azaril geschickt wurde, was er selber für unnötig hielt.
- Er prophezeit den Spielern, dass sie den Tempel nicht lebendig verlassen werden. Seine Untoten würden sie kriegen – oder die bevorstehende Vernichtung der Anlage. Er hat beim Angriff der Greifenritter eine Selbstzerstörung in Gang gesetzt, deren Steuerung sich in Ebene 3 befindet. Waldemar hat zwar interveniert, aber die Untoten sind kurz davor, den Mechanismus auszulösen. Und selbst falls sie scheitern sollten, ist es eine Sache von Stunden, bis Waldemars Macht verbraucht ist und alles einstürzt.
- Waldemar hat einem seiner Dämonen befohlen, einen Erdrutsch auszulösen und einem weiteren, den Mechanismus zu blockieren. Waldemar ist nicht bereit, für die Sache in den Tod zu gehen und daher schwach.
- Auf das Ding in seiner Hand angesprochen kann Nematon verraten: Dies ist ein Seelengötze der Thargunitoth, der sein Blut enthält. Damit steuert er die mächtigsten der Untoten, z. B. die Knochengolems. Der Preis war seine Seele. Sollten die Spieler den Gegenstand haben wollen, fragt er sie, was sie ihm dafür anbieten würden, und lässt sich eventuell sogar dazu überreden, den Götzen herzugeben.
- Auf des Limbustor angesprochen: Ja, er hat es geschaffen, und es wird weiter Untote ausspucken. Er glaubt kaum, dass die Spieler in der Lage sind, es zu schließen. Waldemars Artefakte wären sicher dazu in der Lage, aber an die kommen sie ja nicht ran.

- Nematon lässt sich von den Spielern nicht einschüchtern, wehrt sich aber auch nicht, wenn sie ihn erschlagen. Seine Golems greifen hingegen ein. Er kann noch weitersprechen, bis sein Kopf vernichtet wurde. Sollten seine Infos nicht vermittelt werden können, finden sie sich auch in seinem Tagebuch (Seite **157**).

Der Seelengötze

In Nematons Besitz befindet sich der Seelengötze, der einige der höheren Untoten im Dungeon steuern kann. Die Spieler sollten irgendwie in den Besitz dieses Artefakts kommen. Mit ihm sind sie in der Lage, einige der Untoten zu kontrollieren. Der Preis dafür ist, dass wer auch immer dies tut, seine Seele in dem gläsernen Artefakt hinterlegen muss, wo sie letztlich zu Thargunitoth fahren wird. Mehr zum Seelengötzen findet ihr auf Seite **157**.

Die zweite Dämonentür

Der Bereich, in dem sich das Allerheiligste, der Fallengang sowie das Alchimielabor befinden, wird von dieser Tür abgeriegelt. Der hier gebundene Dämon ist weit mächtiger und lässt sich nicht einfach entschwören. Ein aufwändiges Ritual würde zu lange dauern, die Tür kann außerdem Untote auf die Spieler hetzen, solange sie nicht den Seelengötzen nutzen. Auch gegen magischen oder geweihten Schaden ist die Tür weitgehend immun. Sie kann sogar mit dämonischen Armen und Wurfgeschossen zurückschlagen. Die Tür kann letztlich nur mit dem richtigen Schlüsselartefakt geöffnet werden. Wie schon die erste Tür, ist auch diese bereit, den Spielern Auskünfte zu geben. Und zwar diese:

- Sie wurde erst vor einigen Wochen aktiviert, nachdem die „tumben Ritter mit dem stinkenden Vogel auf der Brust hier durchgestürmt sind“.
- Sie soll dem Paktierer Waldemar die Untoten Nematons vom Leib halten und dafür sorgen, dass dieser nicht gestört wird. Die Tür wurde in den letzten Jahren schon öfter zu diesem Zweck beschworen.
- Nematon ist ein mächtiger Nekromant und war einst der Herr dieses Tempels. Und nein, die Ritter haben mitnichten alles niedergemacht, was hier umging. Sie haben einiges in ihrer Eile übersehen. Die Spieler sollten besser umkehren.
- Über den Zweck der Anlage weiß der Dämon nichts.
- Der Dämon öffnet die Tür nur für jene mit dem richtigen Schlüsselartefakt.
- Auch, wo diese Artefakte sind, kann der Dämon verraten: Eins hat sein Meister Waldemar. Das andere soll sich bei Nematon befinden.

Der verschüttete Übergang zu Ebene 3

Vor diesem Durchgang stehen immer einige Untote und versuchen, an den Felsen vorbeizukommen, was sie nicht schaffen. Die Spieler müssen den Weg frei räumen, was jedoch auch den Untoten ermöglichen wird, in den oberen Bereich vorzudringen.

Phase 3

Bereiche: Ebene 3

Begegnungen: Untote wandern hier frei umher, sobald der Weg von den Spielern freigemacht wurde, Der Selbstzerstörungsmechanismus, der Schlüssel zur zweiten dämonischen Tür, eine Höhlenspinne

Hier gilt Folgendes:

- Die dritte Ebene ist erst betretbar, sobald die Hindernisse in Ebene 2 aus dem Weg geräumt wurden.
- Sie ist besonders eng und die Decken sind niedrig.

Szenen in Phase 3
Spielabschnitte

Der Schlüssel

Wo genau in der Dunkelheit der Schlüssel verborgen liegt, ob er achtlos weggeworfen wurde oder sogar noch durch ein zusätzliches Rätsel versperrt ist, liegt im Ermessen der SL und kann an Zeitplan und/oder Spieler angepasst werden. Wichtig ist nur, dass die Spieler den Schlüssel auf jeden Fall finden.

Der Selbstzerstörungsmechanismus

Die Spieler müssen verhindern, dass die Untoten den Mechanismus auslösen. Dies kann mit dem Seelengötzen schnell gehen – oder sich lange hinziehen, solange das Tor in Thargunitoths Reich noch geöffnet ist und immer neue Untote erscheinen. Wird der Gotongi vernichtet, der den Mechanismus blockiert, können die Spieler etwas anderes hineinklemmen. Eine Analyse des Mechanismus ergibt aber, dass er in wenigen Stunden sowieso auslösen wird: Wird der Hebel ganz umgelegt, befiehlt das einem gebundenen Agrimoth-Dämonen, den Berg einzuebnen. Der Gotongi blockiert den Hebel und somit den Befehl, die Magie sickert aber dennoch durch. Es bleiben nur noch Stunden, bis die unweigerliche Zerstörung einsetzt.

Phase 4

Bereiche: 10, 12

Begegnungen: Untote wandern hier frei umher, sobald der Weg von den Spielern freigemacht wurde, Der Fallengang, Tor zum Allerheiligsten, Messe und Alchimielabor

Hier gilt Folgendes:

- Der Bereich ist betretbar, sobald der Schlüssel gefunden wurde.
- Hier gibt es keine Gegner (nur die, die die Spieler hereinschleppen).

Szenen in Phase 4
Spielabschnitte

Das Alchimielabor

Hier können die Spieler Heiltränke finden oder sogar brauen. Außerdem finden sie hier einige Paraphernalia, die sie brauchen, um das Limbustor in Thargunitoths Reich schnell und effektiv zu schließen. Dazu können Graberde, Rabenfedern und z. B. ein Borontalisman gehören, die von den Borbaradianern eigentlich entwendet wurden, um sie zu entweihen und mächtige Untote zu erschaffen.

Es ist gut denkbar, dass die Spieler unter Zeitdruck versuchen, hier Dinge zu finden und dann am Limbustor den Eingang zu schließen, während andere Spieler weiter den Hebel in Ebene 3 verteidigen. Sobald das Tor geschlossen ist, kommt kein Nachschub mehr nach oben.

Der Fallengang

Die letzten Meter auf dem Weg zum Allerheiligsten sind durch einen Fallengang gesichert. Eine magische Tür gibt es hier allerdings nicht. Ein Hebel neben dem Ende des Fallengangs deaktiviert alle Fallen. Jemand muss den Gang überwinden und ihn ausschalten, damit alle ins Allerheiligste vordringen können. Dafür kann sich entweder ein Spieler opfern oder man schickt mit dem Seelengötzen einen Untoten hinein.

Sobald ein Spieler versucht, den Gang zu betreten, wird die erste Falle ausgelöst. Entsprechend sollte hier auch eine Leiche als Warnung liegen.

Phase 5

Bereiche: 5

Begegnungen: Waldemar von Sensenstein, bzw. dessen Tagebuch

Szenen in Phase 5
Spielabschnitte

Das Finale

Das Finale ist keine Endschlacht, sondern schlicht die Konfrontation mit Waldemar. Der Blakharazpaktierer wirkt überraschend beherrscht und ruhig. Er ist blind und sieht mit der Hilfe eines Gotongi im Raum. Er hat folgendes zu vermitteln:

- Er wollte nicht, dass noch jemand in die Sache hineingezogen wird, er wollte die Leute nur von diesem gefährlichen Ort fernhalten, aber jetzt bittet er die Spieler um Hilfe.
- Sie haben sich als würdig erwiesen, diese Aufgabe von ihm zu erhalten. Er will sie nicht bekämpfen, sondern in Ruhe mit ihnen reden.
- Vor einigen Wochen wurde die Anlage nach einem Sphärenbeben, das die Schutzzauber vernichtete, von einer Horde Ritter gestürmt. Sie erschlugen die meisten seiner Leute. Er selbst konnte sich verbergen. Waldemar sinnt auf Rache, wichtiger ist aber, dass er das Artefakt zurückbekommt, das entwendet wurde.
- Er hat das Artefakt nun schon seit einem Jahrzehnt vor der Außenwelt beschützt. Azaril Scharlachkraut gab ihm den Auftrag, Nematon bei dieser Aufgabe abzulösen. Doch der Nekromant wollte sein Amt nicht übergeben, was immer wieder zu Streit führte.
- Waldemar hat dessen Pläne, die Anlage zu vernichten, sabotiert, da es ohnehin zu spät dafür war. Er wollte lieber entgegen des Protokolls versuchen, noch eine Lösung zu finden.
- Die gestohlene Kanope wurde hier als Teil Seines Schattens angebetet und versteckt. Sie enthält eine unglaublich mächtige Wesenheit.
- Das Wesen darin war einst Teil des Körpers Borbarads. Den Legenden zufolge riss er sich dieses dämonische Wesen aus seinem Fleisch, einige Zeit nachdem er selbst einen neuen Körper erhalten hatte. Manche sagen, Sein Schatten wäre dort absichtlich eingepflanzt worden, von wem auch immer, der es war, der Borbarad seinen Körper geschaffen hatte.
- Das Wesen wurde damals von vielen Anhängern Borbarads als heilige Kreatur verehrt, dies hätte sogar beinahe zu einer Spaltung geführt. Es bezeichnete sich selbst

als dessen Schatten und dem Dämonenmeister ebenbürtig.

- Borbarad selbst soll Azaril Scharlachkraut angewiesen haben, die Kreatur einzukerkern und zu studieren. Es gelang ihr, unter großen Opfern, und sie teilte das Wesen, das im Urzustand die Gestalt eines schwarzen Schleimklumpens hat, in drei Teile auf, die in drei magischen Kanopen verwahrt wurden.
- Waldemar weiß nicht, wo die anderen Kanopen sind. Nur, dass es Kräfte gibt, denen daran gelegen ist, die Teilleiber wieder zusammenzusetzen. Und dass diese Kräfte bereits aktiv sind. Diese Kräfte verfolgen ein weit finstereres Ziel als die Borbaradkirche.
- Azaril Scharlachkraut sollte mehr über die anderen Kanopen wissen.
- Die Spieler sollten einwilligen, die Kanope zurückzubringen. Weigern sie sich, greift Waldemar an.
- Waldemar kann auch seine eigene Geschichte erzählen, die im Jahr des Feuers beginnt und über seine Läuterung zum heiligen Dienst für Azaril führte. Waldemar hat kein Interesse daran, die Spieler zu töten, und ist ihnen auch deutlich unterlegen. Er wird sich aber verteidigen, bzw. wütend werden und angreifen, sollten die Spieler sich weigern, ihm zu helfen. Sollte er frühzeitig sterben, finden sich seine Infos in seinem Tagebuch.

Nach dem Gespräch beginnt es zu dröhnen. Die Anlage stürzt ein. Waldemar macht den kurzen Weg zum Ausgang frei und bleibt im Tempel zurück.

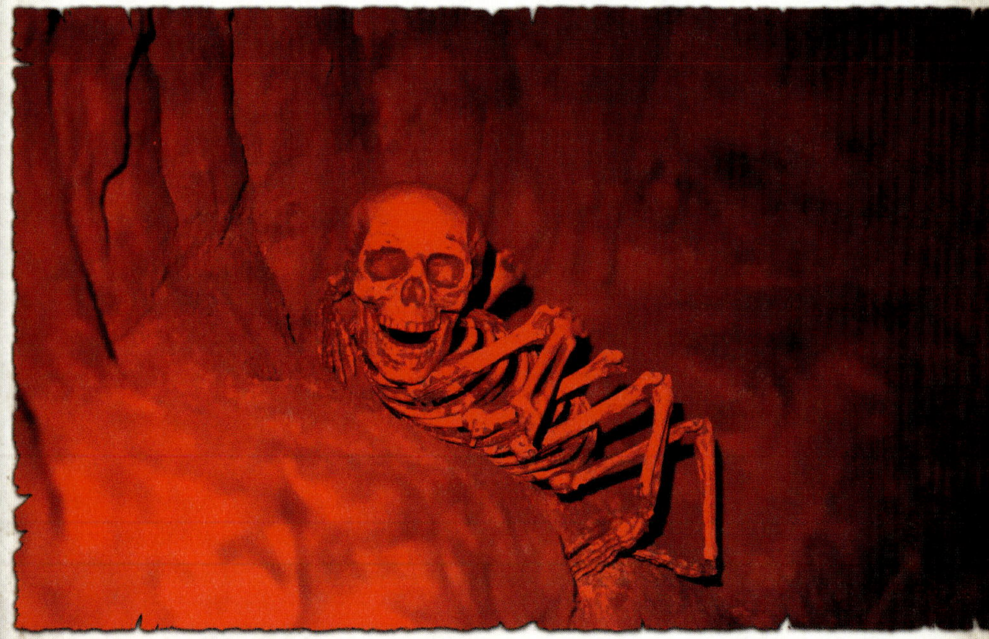

Der Dungeon als losgelöstes Abenteuer
Sollte dieser Dungeon ohne Bezug zur Kampagne um die Kanopen gespielt werden, geht es vor allem um die Versiegelung der Limbuspforte und die Rettung der Hirtin. In diesem Fall befindet sie sich im Allerheiligsten, wo Waldemar sie Agrimoth oder Blakharaz opfern möchte, um seine Kräfte gegen Nematon zu stärken.

Anhänge

Marloniels Tagebuch

Verdammt! Ich habe mein Tagebuch im Lager gelassen. Jetzt werde ich später alles nachtragen müssen. Ich mache mir ein paar Notizen auf diesen Zetteln und hoffe, dass ich sie nicht hier vergesse. Sonst muss ich alles aus dem Gedächtnis aufschreiben. Und Ilmenblick mag das gar nicht.
Also: Wir sind auf diesen seltsamen Eingang im Berg gestoßen, von dem die Einheimischen behaupten, er sei letzte Woche noch nicht da gewesen. Die Ritter wollten sich das mal ansehen und mich hat es auch interessiert. Tatsächlich habe ich am Eingang seltsame Schutzzeichen gefunden. Auf diesem Ort lag ein Unsichtbarkeitszauber oder wenigstens ein Ignoratio. Aber die Zeichen sind lange verblasst und offenbar wurde ihre Wirkung vor Kurzem durch irgendetwas zerstört. Ein Sphärenbeben vielleicht? Das Collegium ist nicht weit weg, ich hoffe, es war nicht am Ende unsere Schuld.
Wir sind jetzt tiefer und tiefer in den Berg hinabgestiegen und haben am Ende diesen langen Tunnel gefunden. Viele Zugänge sind versperrt oder lange eingestürzt. Das Höhlensystem scheint sich durch den ganzen Berg zu ziehen – völlig unmöglich, dass wir es alleine komplett erkunden können. Die Ritter haben aber ihre alten Feinde gewittert: Dämonenanbeter! Was für ein Zufall! Sie wollen die Anlage ausräuchern, ich stelle mich ihnen da besser nicht in den Weg.
Wir haben sie völlig überrascht! Die meisten haben die Ritter einfach niedergemetzelt, einige haben wir sogar im Schlaf überrascht. Ein paar erhoben sich als Untote wieder, aber die Ritter haben auch diese niedergestreckt.
Der Zugang zum Allerheiligsten, dem zentralen Raum, war mit gefährlichen Fallen gesichert, beinahe hätte ich ein Bein verloren, wenn man mich nicht rechtzeitig zurückgezerrt hätte!
Das Allerheiligste war verlassen, und als wir dort ankamen, ging bereits ein Dröhnen durch den Berg. Ich schnappte mir das Artefakt und wir machten uns auf den Rückweg. Offenbar wird die ganze Anlage gleich einstürzen, wenn ich die Schwingungen richtig deute.
Doch kein Einsturz. Ich habe wohl umsonst Panik gemacht. Immerhin ging unser Überfall dadurch schnell vorüber. Jetzt machen wir uns wieder auf den Rückweg. Ich bin gespannt, was Meister Ilmenblick zu unserer Entdeckung sagt!

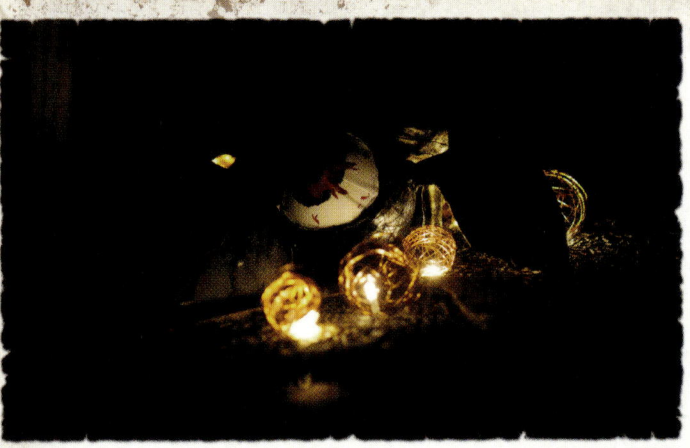

Ich weiß nicht, wer von beiden mir mehr Angst einjagt. Immerhin schaffen sie es, sich so weit zusammenzureißen, dass die Lage bislang nicht eskaliert ist. Ich bin dennoch froh um jeden Tag, den ich hier raus kann, und wenn es nur ein kurzer Versorgungsausflug ins Umland ist. Ich denke darüber nach, einfach nicht wiederzukommen ... aber ich habe eine heilige Pflicht Azaril und Seinem Schatten gegenüber. Wenn die Bauern und Hirten dieser Gegend nur wüssten, vor was wir sie beschützen, sie würden uns auf Knien danken, anstatt unsere Brüder im Osten immer zu verdammen.

Das Limbustor war keine gute Idee von Nematon. Ja, es versorgt uns mit Wachpersonal. Aber aus ihm dringen auch fürchterliche Alpträume. Ich finde keinen Schlaf mehr. Nematon sagt, Schlaf sollten wir uns abgewöhnen, und dies sei möglich, wenn wir endlich seiner Herrin die Treue schwören würden. Er hat gut reden, seine Seele ist schon lange bei Thargunitoth. Oder steckt sie noch in diesem grässlichen Glasgötzen fest? Es wird Zeit, dass Waldemar den Alten endlich entsorgt.

Manchmal denke ich darüber nach, das Tor selbst zu schließen. Im Alchimielabor sollte einiges zu finden sein, was dabei helfen würde. Ich bin ja kein Antimagier oder so etwas, aber ich habe genug von Nematon und Waldemar gelernt. Ich würde mir das zutrauen.

Analyse des Limbustors

Hier wurde ein dauerhaftes Tor in den Limbus gerissen, das direkt in eine der Niederhöllen führt. Das Tor kann geschlossen werden, aber ein entsprechendes Ritual würde Stunden dauern und wäre sehr kräftezehrend. Erst sollte der Ort vom Einfluss TGTs gesäubert werden.

Es sollte Paraphernalia geben, die das Ritual stark verkürzen.

Analyse des ersten Dämonentors

Dies ist das Werk eines Dämonenbeschwörers, vermutlich eines TGT-Paktierers. Dieses Tor blockiert schlicht den Weg und lässt sich vermutlich mit magischen oder geweihten Waffen vernichten oder einfach bannen. Es ist zudem beseelt aber nur von einem minderen Dämon.

Aufzeichnungen eines Borbaradianers

Nematon und Waldemar streiten wieder. Der alte Nekromant will seine Position nicht aufgeben und der weit jüngere Blakharazpaktierer duldet das Skelett als Anführer nicht mehr.

Heute ist Bugil beim Säubern der Fallen vor dem Allerheiligsten in zwei Hälften geschnitten worden. Einfach so. Zack! Die Knochenhände haben ihn gepackt und das Fallbeil sauste herab. Wir konnten ihm nicht mehr helfen. Nematon wollte beide Hälften als eigenständige Untote erheben und hat bei der Idee wahnsinnig in sich hinein gekichert. Aber Waldemar war dagegen. Es kam wieder zum Streit und Waldemar hat sich wieder eingeschlossen. Jetzt kommen wir nicht mehr in den Speisesaal. Nematon hat zwar einen Schlüssel, aber wer weiß, wo er den versteckt hat?

Der Seelengötze: Analyse und Funktionsweise

Dies ist nicht nur ein Artefakt, sondern in diesem Gefäß sind auch Seelen gebunden. Es wurde nicht von einem Menschen hergestellt, sondern ist durch einen Dämonenpakt entstanden. Und zwar schon vor langer Zeit.

Mit diesem Gegenstand lassen sich einige Untote kontrollieren, jedoch nur solche, die auch für Befehle anfällig sind. Nicht die simplen Klappergestelle, aber z. B. die Knochengolems. Wer das Artefakt nutzen will, muss sein Blut in das Gefäß geben. Damit geht er einen Minderpakt mit Thargunitoth ein. Der Pakt wird stärker, je öfter das Gefäß genutzt wird. Wer einem Untoten einen Befehl erteilt, dessen Seele wird in das Gefäß gebunden. Je mehr es genutzt wird, umso unwahrscheinlicher ist es, dass die Seele je aus dem Pakt befreit wird. Wird das Gefäß zerstört, fahren alle darin gebundenen Seelen zu Thargunitoth. Mit jeder gebundenen Seele wird es mächtiger.

Nematons Tagebuch

Dies sind die Aufzeichnungen Nemtons von Firnholz, des großen Nekromanten, dem von Azaril Scharlachkraut im Jahre 1020 BF aufgetragen wurde, über diese Anlage zu wachen und dieses Tagebuch zu führen.

Ich habe mich bereit erklärt, über die Kanope zu wachen, die einen Teil Seines Schattens enthält. Wir preisen Seinen Schatten.

Und wir schützen die Menschheit vor ihm. Denn sollte er freikommen, wird uns großes Unheil drohen.

Zehn Jahre leben wir nun schon so. Verborgen an diesem unwirtlichen Ort, geschützt durch meine untoten Diener. Versorgt durch das Nötigste, das, was das Umland hergibt. Und nun schickte mir Azaril diesen Emporkömmling, der mich aus dem Amt drängen soll. Ich werde mich dem nicht beugen. Azaril weiß nicht, wie wichtig meine Aufgabe ist. Ich bleibe Vorsteher dieses Tempels.

Furchtbare Dinge sind geschehen: Die Schutzzauber sind ausgefallen. Wir haben es nicht bemerkt. Jemand hat unseren Tempel gefunden und all unsere Diener erschlagen. Die Höhle stand offen. Die Kanope mit Seinem Schatten wurde entwendet. Sie hielten mich für tot. Untote sind ins Umland entkommen. Eine Tragödie. Wir haben versagt. Ich habe die Zerstörung der Anlage veranlasst, dem Protokoll folgend. Alles soll untergehen und uns mit sich reißen! Meine dunkle Herrin erwartet mich! Meine Seele ist bereits im Kristallgötzen und sie wird zu ihr fahren, sobald er mit dem Rest der Anlage vernichtet wird.

Doch Waldemar hat sich eingemischt. Er hat den Mechanismus sabotiert. Einen seiner Dämonen dazwischen gestopft! Er hat ihn dafür in die Wartungsebene geschickt, um den Hebel zu blockieren und den Gang hat er einstürzen lassen.

Aber es ist nur eine Frage der Zeit, bis seine Kräfte schwinden. Meine Diener sind schon auf dem Weg, den Hebel zu betätigen und den gebundenen Dämon zu entfesseln, der den Berg einebnen wird. Das ist der letzte Befehl, den ich ihnen über den Seelengötzen gebe. Ich muss der Herrin gehorchen! Und selbst, wenn sie scheitern: Es ist nur eine Frage der Zeit, im besten Fall bleiben nur noch Stunden.

Waldemar hat sich im Allerheiligsten eingesperrt. Ich könnte die Türe aufsperren und ihn stellen, aber es spielt keine Rolle mehr. Immerhin habe ich eine weitere Blockade beschworen, um die Untoten daran zu hindern, den Berg zu verlassen.

Analyse des zweiten Dämonentors

Dies ist das Werk eines Dämonenbeschwörers, vermutlich eines BLK-Paktierers. Dieses Tor blockiert schlicht den Weg. Es ist zudem beseelt und zwar von einem mächtigen magischen Dämon. Es ist in der Lage zu sprechen und sich zu verteidigen, wenn es angegriffen wird.

Das Tor kann nicht einfach aufgebrochen oder entschwört werden, bzw. das würde zu lange dauern. Es gibt ein en Schlüsselartefakt und die Kraftlinien verweisen auf der Suche danach nach oben.

Waldemars Aufzeichnungen

Aufzeichnungen des Waldemar von Sensenstein, ehemaliger Herrscher der Baronie Sensenstein, Verräter am Mittelreich, Diener Imperator Galottas und geläutert im Jahr des Feuers.

Im Jahre 1030 BF gab mir Azaril Scharlachkraut den Auftrag, den alten Nematon von Firnholz als Vorsteher dieser Anlage abzulösen und mich so zu beweisen.

Dadurch kam ich in Kontakt mit dem Wesen, das wir als Sein Schatten verehren.

Das Wesen in der Kanope war einst Teil des Körpers Borbarads. Es ist heilig.

Den Legenden zufolge, riss der Bethanier sich dieses dämonische Wesen aus seinem Fleisch, einige Zeit nachdem er selbst einen neuen Körper erhalten hatte. Manche sagen, Sein Schatten wäre dort absichtlich eingepflanzt worden, von wem auch immer, der es war, der Borbarad seinen Körper geschaffen hatte.

Das Wesen wurde schnell von vielen Anhängern Borbarads als heilige Kreatur verehrt, dies hätte sogar beinahe zu einer Spaltung der Kirche geführt. Es war in der Lage zu sprechen, den Geist anderer zu übernehmen, seinen Körper nach seinem Willen zu formen. Es bezeichnete sich selbst als dessen Schatten und dem Dämonenmeister ebenbürtig.

Borbarad selbst soll Azaril Scharlachkraut angewiesen haben, die Kreatur einzukerkern und zu studieren. Es gelang ihr, unter großen Opfern, und sie teilte das Wesen, das im Urzustand die Gestalt eines schwarzen Schleimklumpens hat, in drei Teile auf, die in drei magischen Kanopen verwahrt wurden.

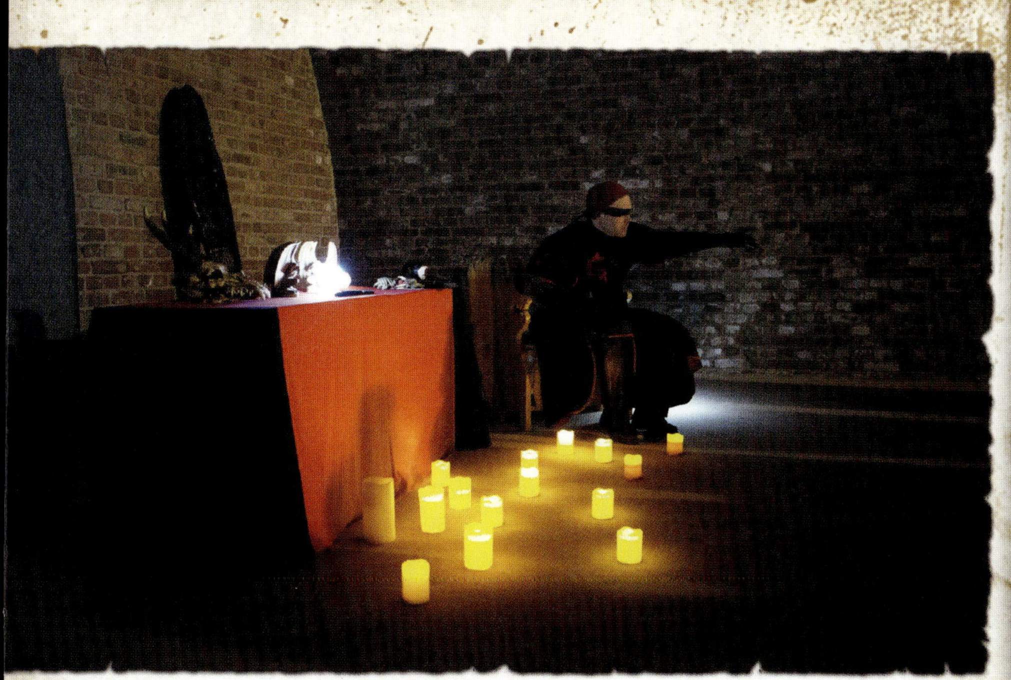

Ich weiß nicht, wo die anderen Kanopen sind. Nur, dass es Kräfte gibt, denen daran gelegen ist, die Teilleiber wieder zusammenzusetzen, was unsere Aufgabe hier so wichtig macht. Diese Kräfte verfolgen ein weit finstereres Ziel, als wir es uns erträumen können.

Über Untote

Die meisten unserer Untoten sind einfache Skelette und Zombies, die sich mit wenigen Schlägen umhauen lassen. Dafür kommen sie immer wieder aus dem Limbustor zurückgekrochen, bis dieses versiegelt wurde.

Ein oder zwei Untote sollten mächtigere Knochengolems sein. Sie bewachen Nematon und werden auch nach dem Hebel greifen. Im Gegensatz zu den Skeletten, die ebenfalls den Hebel betätigen könnten, lassen sie sich aber nur schwer davon abhalten. Die Golems können mit dem Seelengötzen kontrolliert und auch in den Fallengang geschickt werden, um diesen zu entschärfen. Auch sie können nach Bedarf neu erscheinen.

Sollten die Spieler den Seelengötzen erbeuten und einsetzen, können sie die Golems steuern, nicht aber die Skelette. Diese greifen den Träger des Götzen aber auch nicht an.

Skelette sehen und hören sehr, sehr schlecht. Es soll möglich sein, an ihnen vorbeizuschleichen.

Im Wirtshaus zur Alten Schmiede

Stichworte zum Plot

- Krimi-/Ermittler-Plot in einer Taverne, ausgelegt für 20 SCs und 20 NSCs, jedoch auch leicht skalierbar
- im Pen and Paper mit einer regulären Heldengruppe spielbar
- **Schauplatz:** ein altes Wirtshaus im Kosch, das einst Vorposten einer Zwergenstadt war, beliebig an einen anderen Ort verlegbar
- **Aufgabe der Helden:** Herausfinden, wer unter den Gästen der Übeltäter ist, den ihr Auftraggeber sucht, Lösen diverser Nebenaufgaben
- **Location des LARPs:** Die Con fand Ende Juni 2017 auf Schloss Veldenz bei Trier statt.

Anwerbung und Kontext für die Helden

In der LARP-Kampagne werden die Helden von Magister Ephraim Ilmenblick vom Collegium bei Honingen auf diese Mission geschickt. Die im letzten Plot bereits erwähnte Kanope wurde beinahe von zwei Dieben entwendet: dem Zwergensöldner Hangor und dem Alchimisten Kallack Brenneiser. Beide fanden den Tod. Ilmenblick fand heraus, dass sie ihren Auftraggeber im *Wirtshaus zur Alten Schmiede* im Kosch treffen wollten. Die Helden sollen unauffällig ermitteln, um wen es sich handelt, und diese Person festnehmen.

Alternativer Einstieg als Einzel-Szenario

Die Helden werden von irgendeiner weltlichen oder kirchlichen Instanz gebeten, die Hintermänner für einen beliebigen Anschlag zu finden. Es könnte ein Attentat auf einen Geweihten oder hohen Adligen gewesen sein. Der Täter ist verstorben und die Hinweise deuten darauf hin, dass sein Auftraggeber sich getarnt in der Taverne aufhält. Die Geschichte kann ab hier ganz ähnlich verlaufen.

Vorbereitung für ein LARP

Der Plot eignet sich gut für ein mittelgroßes LARP für etwas fortgeschrittenere SCs und NSC. Er lässt sich gut mit nur einem Wirtshaus und etwas Wald umsetzen. Der Plot geht von 20 NSCs aus, aber viele der Rollen lassen sich auch wegkürzen, ohne dass das Gesamtkonstrukt Schaden leidet.

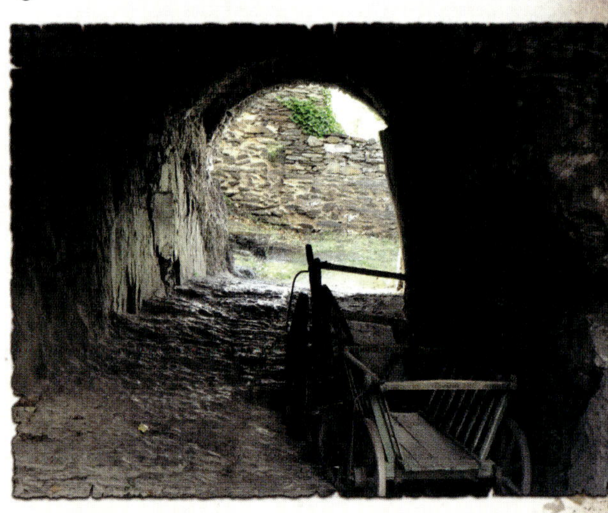

Der eigentliche Auftrag

Die Spieler wurden von Magister Ilmenblick bzw. dessen Stellvertreterin Seliane Treublatt losgeschickt (Ilmenblick befindet sich derzeit auf einer Bußqueste), um einen Übeltäter gefangen zu nehmen und zu befragen. Im Collegium war ein mysteriöses Artefakt aufgetaucht, eine Art Borbardsgefäß, in dem eine dämonische Wesenheit gefangen ist. Zwei feindliche Agenten, der Alchimist Kallack Brenneiser und der Zwerg Hangor, haben versucht, das Gefäß zu entwenden, und es dabei geöffnet, was zu einigem Schaden an der Akademie geführt hat. Beide kamen schließlich ums Leben, auch wenn niemand genau weiß, wer ihnen schließlich die Kehlen durchgeschnitten hat. Es konnten jedoch Briefe gefunden werden, die verraten, dass die beiden sich mit einem Hintermann treffen sollten, und zwar im *Wirtshaus zur Alten Schmiede*, einige Monde nach den Ereignissen am Collegium, Mitte Phex 1039 BF. Die SCs erhalten den Auftrag, unauffällig und ohne Schaden anzurichten, herauszufinden, um wen es sich bei dem Hintermann handelt, und ihn in Gewahrsam zu nehmen. Im Idealfall tarnen sich die SCs, sodass sie nicht direkt als Magier oder Gesandte des CM erkannt werden. Als Unterstützung schickt Ilmenblick seinen Musterschüler Ignaz Burschbürst mit.

Die Nebenplotlinien

Um es den Spielern zu erschweren, den eigentliche Hintermann ausfindig zu machen, benehmen sich alle Gäste in der Taverne verdächtig. Jeder hat ein Geheimnis und einen Grund, sich mit anderen Gästen zu konspirativen Treffen zu verabreden. Viele stehen den SCs misstrauisch gegenüber. Andere brauchen eigentlich dringend ihre Hilfe, müssen aber erst Vertrauen fassen. Jeder von ihnen könnte der Gesuchte sein und den Großteil der Zeit sollen die SCs damit zubringen, den wahren Schuldigen auszumachen. Letztlich geht es um eine Verhandlung mit Zwergenhandwerkern, das Erbe eines Windhager Freiheitskämpfers, eine uralte machtvolle Axt, eine Geschichte um verbotene Liebe, räuberische Thorwaler, die unter einem Fluch stehen, und einen alten Zwergenschatz. All diese Fäden hängen in einem verworrenen Netz zusammen und es ist an den SCs, es aufzudröseln.

Die NSCs können ihre jeweiligen Rollen frei spielen und sind angehalten, sich verdächtig zu benehmen, sich gegenseitig Nachrichten zu schreiben und sich mit anderen NSCs an versteckten Orten der Burg oder im Wald zu treffen, sodass die Spieler ihnen unauffällig folgen können. Natürlich sollen sie die Spieler dabei nur dann bemerken, wenn diese sich wirklich tölpelhaft benehmen und ihre Geheimnisse noch so lange für sich behalten, wie es spannend ist. Auf einem LARP ist das leicht gesagt und getan. Als Meister am PnP-Spieltisch hat man mit so einer Flut von NSCs alle Hände voll zu tun, weswegen einige der Nebenplots und Charaktere direkt gestrichen werden sollten, z. B. die Hexe und die Kopfgeldjäger.

Nach einer Weile schlägt der Plot in ein Bedrohungsszenario um, wenn die wahren Hintermänner enttarnt werden und der mit den SCs befreundete

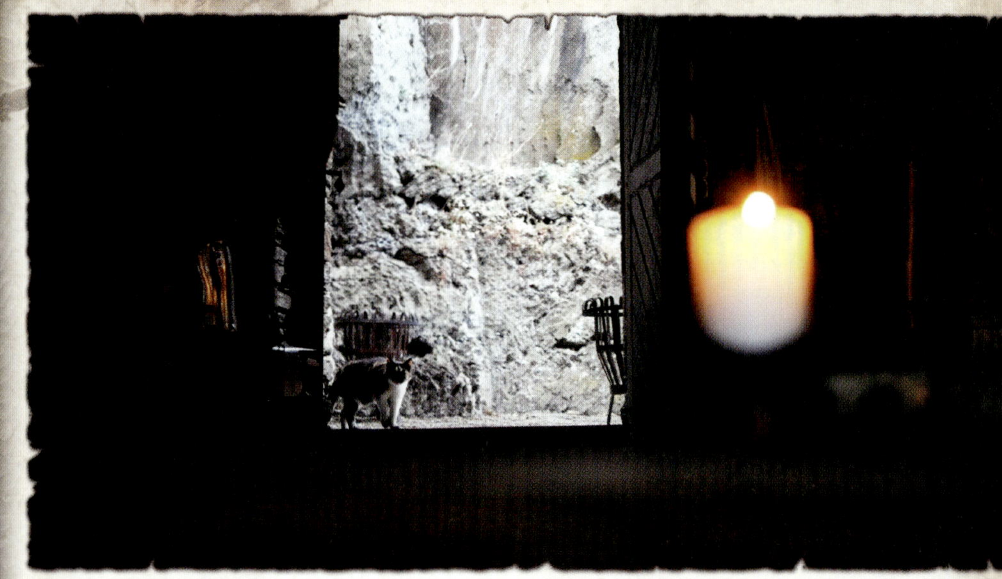

NSC Burschbürst ermordet wird. Ab diesem Moment werden einige der NSCs zu den Bösewichtern – den guten alten Dienern des Namenlosen – überlaufen, und die Taverne wird belagert. Im besten Fall haben sich die Spieler bis zu diesem Zeitpunkt aber bereits mit anderen Charakteren angefreundet und einige der Nebenplots gelöst, sodass sie im Endkampf eine besondere Waffe und NSC-Beistand nutzen können. Mit dem Zurückschlagen der Angreifer endet der Plot.

Vorgeschichte der Alten Schmiede

Das *Wirtshaus zur Alten Schmiede* liegt in den südöstlichen Ausläufern des Koschgebirges, einige Meilen nördlich des Großen Flusses. Die nächste große Stadt ist Albenhus, jedoch liegt das Wirtshaus recht abgelegen und wird nicht gerade stark frequentiert. Die Anlage ist ursprünglich eine kleine Festung der Hügelzwerge gewesen, die jedoch schon vor vielen Jahrhunderten von ihnen verlassen wurde, als sie sich völlig auf ein Leben in den Tälern umstellten.

Vor gut 500 Jahren wurde die verwaiste Festung von Erzzwergen aus Xorlosch übernommen und zu einem Vorposten mit massiver Schmiede ausgebaut.

Vor gut 200 Jahren stellten die Erzzwerge jedoch fest, dass ihnen die Anlage strategisch nutzlos geworden war – und außerdem war sie viel zu dicht an menschlichen Siedlungsgebieten. Widerstrebend wurde die Festung an die Baronsfamilie von Koschgau verkauft und die Zwerge zogen sich in ihre nördlicheren Stollen zurück. Die Festung fiel dem Ritter Kuno von Koschgau-Steinfold zu.

Der Schatz

Ritter Kuno entdeckte in den teils eingestürzten Kellern der Anlage so manches, was die Zwerge vergessen hatten – darunter eine Truhe mit Zwergengold. Der etwas paranoide Kuno vergrub den Zwergenschatz an einer geheimen Stelle im Wald und fertigte eine Karte an, die er auf der Rückseite eines Landschaftsgemäldes versteckte. Gemeinsam mit Hinweisen aus seinem Tagebuch kann man den Schatz noch heute finden. Da Kuno jedoch nicht nur paranoid war, sondern leider auch ziemlich versoffen, starb er wenig später, als er einen Teil des Schatzes in Albenhus verprasste und sich betrunken das Genick brach. Seither existieren Gerüchte um einen Schatz in der Festung der Alten Schmiede, doch Kunos zunehmend verarmte Nachfahren haben ihn nie gefunden.

Der Wirt

Vor gut 15 Jahren gewann der Herumtreiber Grantl Bösbold die heruntergekommene Anlage von Perval Koschgau-Steinfold, dem letzten Nachkommen Kunos. Grantl gewährte dem greisen Ritter bis zu dessen Tod zwei Jahre später Wohnrecht in der Anlage und baute sie zu einem mäßig laufenden Wirtshaus aus.

Vor etwa zwei Jahren tauchte die junge Lana vor der Tür des Wirtshauses auf und behauptete, sie sein Grantls Tochter. Da Lanas Geschichte keine Lücken aufwies, nahm Grantl sie auf, stellte sie als Schankmagd ein und hat seitdem ein strenges Auge auf sie.

Abgesehen davon rekrutiert sich die Belegschaft des Wirtshauses vor allem aus Gelegenheitsarbeitern.

Direkt vor Beginn des Spiels

Die Gäste treffen in dieser Reihenfolge ein:

- ein paar Wochen vor der Con: die Streuner (nicht essenziell)
- 5 Tage vor der Con: die Horasier
- 2 Tage vor der Con: die Kopfgeldjäger (nicht essenziell)
- 1 Tag vor der Con: die Zwerge
- am Morgen des ersten Tags: die Thorwaler
- (nicht essenziell)
- am Abend, zeitgleich mit den Spielern: der Windhager, die Händlerin
- am nächsten Morgen: Bangor der Zwerg, Maula (letztere nicht essenziell)

Vorgeschichte der Anhänger des Namenlosen und des gesuchten Hintermanns

Die Bösewichter dieses Plots bzw. der ganzen Kampagne sind Agenten aus dem Güldenland, die auf Geheiß Pardonas arbeiten und von ihr auf magischem Wege nach Aventurien geschickt wurden. Wird dieser Plot losgelöst von der Kampagne gespielt, kann es sich natürlich auch um ganz gewöhnliche Anhänger des Namenlosen handeln.

Es handelt sich um drei mächtige Diener des Namenlosen, die Pardona von verschiedenen Fraktionen rekrutiert und zu einem Zweckbündnis vereint hat. Ihre Mission ist simpel: Im Namen ihrer Herrin sollen sie die drei Kanopen in Aventurien aufspüren und zu ihr bringen. Erst durch den Sternenfall haben die Schutzsiegel versagt, hinter denen die Kanopen von der Borbaradkirche versteckt worden waren. Erst jetzt konnte Pardona sie aufspüren. Die Güldenländer versuchen meist, nicht aufzufallen. Statt selbst aktiv zu werden, haben sie einige verzweifelte Gestalten in ihre Dienste gepresst, darunter den Zwerg Hangor und den Alchimisten Kallack Brenneiser (die Gegenspieler auf Collegium Magicae 4). Zufällig konnten die Güldenländer beobachten, wie die erste Kanope aus einem Borbaradtempel entwendet wurde, und herausfinden, dass sie zum Collegium gebracht werden sollte. Kallack und Hangor hatten den Auftrag, die Kanope hier in der *Alten Schmiede* zu deponieren – woran sie natürlich von den Spielern auf CM4 gehindert wurden. Die Güldenländer haben diese abgelegene Berglandschaft für ihren Stützpunkt ausgewählt und halten sich meist in einem anderen verlassenen Stollen auf. Von dort überwachen sie die Aktivitäten ihrer Handlanger in Aventurien und warten auf neue Befehle Pardonas.

Die Spieler müssen aufgrund der gefundenen Briefe eigentlich davon ausgehen, dass der Auftraggeber Kallacks im Wirtshaus auf ihn wartet. Tatsächlich sind die Güldenländer etwas subtiler vorgegangen. Einer von ihnen war nur einmal kurz dort, um ein Überwachungsartefakt dort zu verstecken. Sobald dieses ihm zeigt, dass Kallack mit der Kanope erscheint, wird er sich dorthin begeben, um sie entgegenzunehmen.

Die Güldenländer haben strikte Weisung, keine Spuren oder Zeugen zu hinterlassen. Sie wollen auch gegenüber ihren Schergen ihren geheimen Stützpunkt nicht verraten. Das eigentlich kaum frequentierte Gasthaus bot sich als unauffälliger Treffpunkt an, in dem sie aber selbst so wenig Zeit wie möglich verbringen wollen.

Somit ist keiner der Anwesenden der tatsächliche Hintermann Kallacks und Hangors und alle Anwesenden sind rote Heringe. Das heißt aber nicht, dass die Spieler bei der Befragung der Gäste nichts herausfinden können. Schließlich wird sie einer davon zu den Güldenländern führen: Der Zwerg Narax stolpert auf der Suche nach dem Schatz der Schmiede über das Überwachungsartefakt und bringt es an sich. Durch die Beherrschung der Güldenländer wird er gezwungen sein, dem Artefakt einige Fragen zu beantworten und dann zum Treffpunkt in den Wald zu gehen, wo die Bösewichter ihn erschlagen werden. Darauf sollten die Spieler aufmerksam werden.

Sobald die Güldenländer bemerken, dass die Mission gescheitert ist und die Kanope sich noch im Collegium befindet, werden sie versuchen, die Spieler auszulöschen, um später das geschwächte Collegium anzugreifen.

Die Güldenländer im Einzelnen

Die drei Güldenländer tauchen erst zum Ende des Plots hin auf, einige andere NSCs können aber Hinweise auf sie streuen. Es handelt sich um drei recht unterschiedliche Charaktere, die allesamt aber sehr mächtig sind und nur mit vereinten Kräften der Spieler vertrieben werden können.

♜ *Xarod*, ein Priester des Schädelgottes aus Draydalan, verbirgt sein hautloses Gesicht hinter einem goldenen Helm und führt eine gewaltige Keule

♟ *Dendroleus*, ein abtrünniger Myrmidonen-General, trägt eine schwarze einschüchternd wirkende Rüstung. Der General der Truppen des myranischen Imperiums wurde wegen Anbetung des Widersachers verstoßen.

♟ *Krynnathea*, die gefallene Optimatin des Hauses Tharamnos

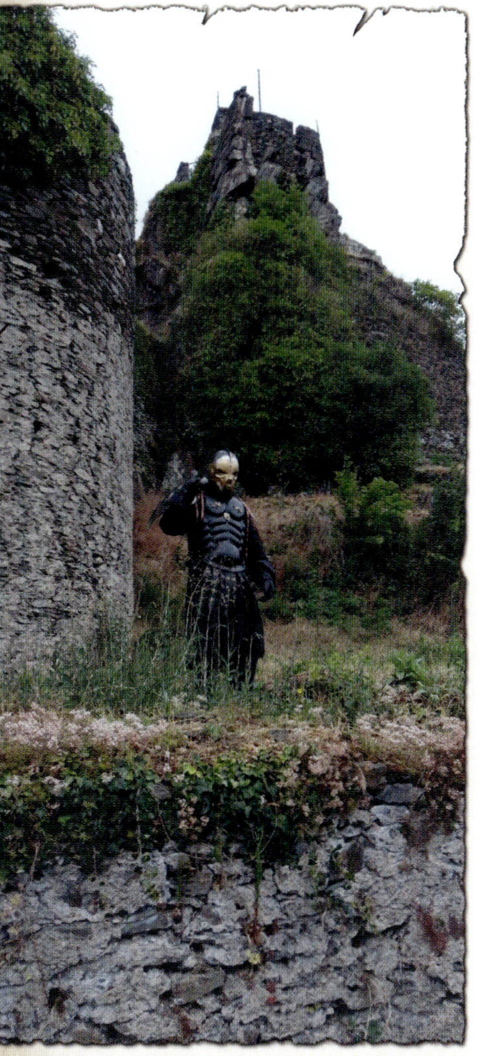

Die Güldenländer sollen als gesichtslose, mysteriöse Bösewichter erscheinen, an deren Taten und Auftreten die Spieler aber erkennen können, dass sie aus dem Güldenland stammen.

Im Kampf

Jeder der Güldenländer ist mit magischen Amuletten und Segen ausgestattet und steckt somit im LARP um die 30 Treffer ein. Die meisten Zaubersprüche verpuffen wirkungslos, bzw. lassen sich leicht abschütteln. Die Optimatin und der Priester sind in der Lage, frisch Gefallene direkt als Untote zu erheben. Theoretisch könnten sie auch Dämonen beschwören. Die Optimatin darf jeden in den Regeln beschriebenen Kampf- oder Beherrschungszauber nutzen. Der Priester Xarod nutzt Liturgien des Namenlosen, die den Spielern nicht bekannt sein dürften, und kombiniert IGNIFAXIUS und Heilzauber mit der selbsterklärenden Liturgie NAMENLOSE ZWEIFEL. AsP und KP gelten als unbegrenzt.

Vor allem werden die Güldenländer im Kampf aber den frisch rekrutierten Thorwalern Befehle geben und sie dabei zur Not auch verheizen – immerhin können sie sie ja als Untote erneut benutzen. Sollten die Güldenländer einzelne Spieler besiegen, werden sie zur Befragung erst einmal irgendwo gefesselt deponiert. Am Ende sollen die Güldenländer die Flucht ergreifen.

Wichtig: Sollten alle drei Güldenländer von der Axt Sturmglut verletzt werden, vor der sie instinktiv zurückweichen, blasen sie zum Rückzug.

Ziele und Motivation

- Aufenthaltsort der Kanope herausfinden
- an die Informationen der Magier gelangen
- die Magier auslöschen und keine Zeugen hinterlassen
- Ein Scheitern kommt für die Güldenländer nicht infrage, die Angst vor einer Strafe ihrer Herrin ist zu groß. Erst, wenn sie erkennen, dass sie hoffnungslos unterlegen sind, werden sie fliehen.

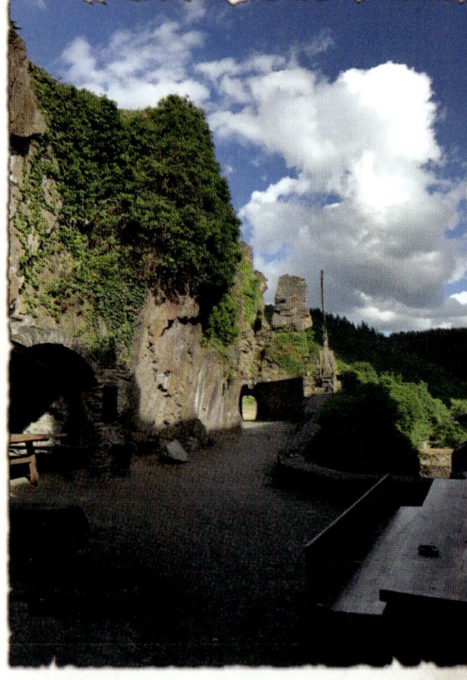

Grober Ablauf der Con

Am ersten Abend reisen die Spieler in verschiedenen Gruppen an. Im Verlauf des Abends sollen sie sich mit den Anwesenden bekannt machen und einige der Hintergründe erfahren.

Am Samstagmorgen stößt mit Bangor ein weiterer Zwerg zu den Gästen, der sich ebenfalls verdächtig macht – es ist der Zwillingsbruder von Hangor, dem verbrecherischen Zwerg von CM4, sodass dessen Beschreibung genau auf ihn passt.

Im Verlauf des Folgetags sollen die Spieler immer mehr über die Gäste, den Schatz, die Notlage des Windhagers, der Thorwaler und der Zwerge und generell die Charaktere und Hintergründe herausfinden. Im Idealfall haben sie bis zum Abend eine Lösung ausgearbeitet und den Schatz gefunden. Nur die Axt des Windhagers wurde noch nicht wieder zusammengebaut, da die Zwerge noch Vorbehalte haben.

Gegen Sonnenuntergang wird der Zwerg Narax von dem von ihm gefundenen Artefakt in den Wald gelockt. Auf jeden Fall wird dies von Burschbürst bemerkt, sodass dieser eine Handvoll Spieler und einen der Thorwaler mitnimmt, damit diese Zeuge der Ermordung von Narax werden. In der Folge wird auch Burschbürst erschlagen (sofern es sich einrichten lässt) und die Thorwaler laufen zu den Güldenländern über.

Danach beginnt die Belagerung der Festung, bis die Spieler u. a. dank ihrer neuen Verbündeten und der Axt des Windhagers die Sache für sich entscheiden können.

Infobrocken

Jeder NSC kann natürlich die Informationen vermitteln, die bei seiner Charakterbeschreibung aufgeführt werden – allerdings sollte er den Spielern dafür vertrauen, wozu er zu Beginn keinerlei Grund hat. Darüber hinaus gibt es eine Reihe von Infos, die mehrere NSCs besitzen können und die sich teils auf die Hintergründe, teils auf andere Charaktere beziehen können. Wir haben sie hier Nummern zugeordnet, bei den NSC-Beschreibungen steht jeweils dabei, wer welche Infos kennt.

Frühe Geschichte des Wirtshauses (1)
Die Anlage ist ursprünglich eine kleine Festung der Hügelzwerge gewesen, die jedoch schon vor vielen Jahrhunderten von ihnen verlassen wurde. Vor gut 500 Jahren wurde die verwaiste Festung von Erzzwergen aus Xorlosch übernommen und zu einem Vorposten mit massiver Schmiede ausgebaut.

Leben der Zwerge (2)
Damals war die Schmiede ein dem Angrosch wohlgefälliger Ort des Austauschs zwischen den verschiedenen Zwergenvölkern. Es ist eine Schande, dass diese Zeiten vorbei sind.

Spätere Geschichte des Wirtshauses (3)
Vor gut 200 Jahren stellten die Erzzwerge fest, dass ihnen die Anlage strategisch nutzlos geworden war und verkauften sie an die Baronsfamilie von Koschgau. Die Festung fiel dem Ritter Kuno von Koschgau-Steinfold zu.

4**Der Schatz in der Schmiede (4)**
Kuno von Koschgau-Steinfold soll in den Kellern der Anlage einen alten Zwergenschatz gefunden haben und ist so schnell zu Reichtum gekommen. Er hat das meiste verprasst und ist besoffen in einer Gosse in Albenhus gestorben. Aber angeblich soll es immer noch jede Menge Gold versteckt in der Festung geben. Nur gefunden hat es keiner, also vermutlich nur dummes Geschwätz.

Der Schatz in der Schmiede, Variante 2 (5)
In den Kellern der Anlage liegt seit Jahrhunderten ein gigantischer Zwergenschatz, den die Erzzwerge hier zurückgelassen haben, um Ingerimm zu besänftigen. Aber der Wirt ist zu stur/doof/faul, um danach zu suchen.

Der Schatz in der Schmiede, Variante 3 (6)
Ritter Kuno von Koschgau hat einen vergessenen Zwergenschatz entdeckt, als er die Anlage von den Zwergen kaufte. Der etwas paranoide Kuno vergrub den Schatz an einer geheimen Stelle im Wald und fertigte eine Karte an, die er auf der Rückseite eines Landschaftsgemäldes versteckte. Gemeinsam mit Hinweisen aus seinem Tagebuch kann man den Schatz finden. Kunos zunehmend verarmte Nachfahren haben ihn nie gefunden.

Details zum Schatz (7)
Die Söldnerin Emer besitzt Kunos Tagebuch. Sie hat lange bei den Händlern in Albenhus danach gesucht. Das Gemälde hängt im Schankraum. Man müsste nur an beides herankommen.

Die Alte Schmiede (8)
Die Schmiede in der *Alten Schmiede* war einst ein wichtiges Angrosch-Heiligtum. Heute wird sie offenbar nicht mehr genutzt und ist zur Abstellfläche verkommen. Eine Schande.

Lanas Herkunft (9)
Lana ist gar nicht seine Tochter, die will nur an sein Erbe. Sie tauchte vor kurzem („Wann genau? Weiß ich nicht.“) aus dem Nichts auf und nistete sich hier ein.

Die Wahrheit über Lanas Herkunft (10)
Lana ist tatsächlich ziemlich sicher Grantls Tochter, entstanden aus einer Beziehung seiner Jugend. Ihre Mutter hat sie jetzt fast 20 Jahre lang aufgezogen. Es ist nur gerecht, wenn Grantl sich jetzt um sie kümmert. Die Mutter ist nicht tot, sie will nur Aventurien bereisen.

Die Angestellten des Wirts (11)
Der Schankbursche und der Rausschmeißer wurden erst vor einigen Tagen angeheuert, angeblich wollten sie die Zeche prellen und müssen sie jetzt abarbeiten.

Die Wirtschaftlichkeit des Gasthauses (12)
Normalerweise ist es hier ziemlich leer. Das Gasthaus liegt ungünstig und Grantl kann sich gerade so über Wasser halten. Dass es jetzt so voll ist, ist verdammt ungewöhnlich.

Der Vorbesitzer der Schmiede (13)
Vor Grantl gehörte die Festung dem verarmten greisen Ritter Perval von Koschau-Steinfold. Grantl hat sie ihm irgendwie abgeluchst, und wissen die Götter, was er mit dem Ritter angestellt hat. „Wann das war? Kann nicht allzu lange her sein.“

Die Wahrheit über den Vorbesitzer der Schmiede (14)
Grantl hat die Schmiede beim Boltan von Ritter Perval gewonnen und hat den alten Mann den Rest seines Lebens auf der Festung leben lassen.

Anwesenheitsgrund der Ambosszwerge (15)
Die Zwerge sind hier, um etwas zu verkaufen. Wahrscheinlich eine alte Waffe.

Anwesenheitsgrund der Ambosszwerge, Variante 2 (16)
Die Zwerge sind hier, um dem Windhager eine alte Axt zu verkaufen, die sie in seinem Auftrag repariert haben. Sie sind sich aber noch nicht ganz einig geworden. Die Axt ist noch nicht fertig.

Anwesenheitsgrund des Windhagers (17)
Der Windhager ist hier, um Lana den Hof zu machen. Er will mit ihr durchbrennen. Er war schon öfter hier.

Anwesenheitsgrund des Windhagers, Variante 2 (18)
Der Windhager ist hier, um den Zwergen eine alte Waffe abzukaufen. Er kann jedoch momentan nicht bezahlen.

Anwesenheitsgrund des Windhagers, Variante 3 (19)
Der Windhager ist hier, um Unterstützung bei seinen Bestrebungen zu finden, die Stabilität des Mittelreichs und des Alten Reichs zu zersetzen. Er ist skrupellos und muss beobachtet und im Zweifel gestoppt werden.

Die Wahrheit über Emers Kopfgeld (20)
Emer hat den Hauptmann der Stadtgarde von Albenhus zusammengeschlagen, nachdem dieser sie begrapschen wollte. Sie floh und der rachsüchtige Kerl hat ein Kopfgeld von 50 Dukaten auf sie ausgesetzt.

Emers Kopfgeld (21)
Emer hat einen hochstehenden Adligen im Mittelreich ermordet und sein Blut irgendwelchen finsteren Götzen geopfert.

Emers Kopfgeld, Variante 2 (22)
Emer ist eine gemeine Straßenräuberin aus den Schwarzen Landen.

Bangors Hintergrund (23)
Der Zwerg, der sich Bangor nennt, heißt eigentlich Hangor und ist ein gesuchter Dieb, auf den von mehreren Privatpersonen im Horasreich ein Kopfgeld ausgesetzt ist.

Fluch und Hintergrund der Thorwaler Flusspiraten (24)
Die Thorwaler sitzen nun schon eine Weile hier auf dem Trockenen, seit ihr Schiff auf dem Großen Fluss gekentert ist. Sie haben nichts mehr und suchen einen Weg nach Hause. War wohl doch der Fluch des Flussvaters.

Fluch und Hintergrund der Thorwaler Flusspiraten, Variante 2 (25)
Die Thorwaler sind üble Piraten und haben sich mit den Falschen angelegt. Jetzt sind sie verflucht worden und alles, was sie anpacken, geht schief.

Seltsame Fremde in der Taverne (26)
Vor einigen Nächten war eine seltsame, maskierte Frau hier im Schankraum. Sie machte sich an den Deckenbalken zu schaffen. „Wobei, so ganz sicher bin ich mir nicht, es ist alles sehr verschwommen, wie ein Traum. Vielleicht bilde ich mir das auch nur ein. Nein, ich kann sie nicht beschreiben.“

Die Kopfgeldjäger (27)
Üble Gesellen, die für Geld jeden Auftrag annehmen würden. Warum sind sie zufällig hier aufgetaucht, um ihr Opfer zu schnappen? Vielleicht suchen sie noch etwas anderes?

Die Händlerin (28)
Sie kommt regelmäßig vorbei und beliefert die Schmiede mit allerhand Waren aus dem Tal. Sie scheint aber auch gesteigertes Interesse an Grantl zu haben und stellt viele Fragen über sein Privatleben, seine Herkunft oder die Anlage. Meist bleibt sie mehrere Nächte. Sie scheint viele verworrenen Geschäfte zu haben und handelt mit so ziemlich allem. Sicher auch mit nicht ganz legalen Waren.

Der Horasier (29)
Er ist ein zwielichtiger Typ, der andere ausspioniert. Er führt vermutlich nichts Gutes im Schilde. Falls der Raub an Larric bereits bekannt ist: Eventuell hat er sogar Larric den Windhager ausgeraubt.

Die Axt Sturmglut (30)
Mit dieser legendären, dem Ingerimm geweihten Axt hat einst ein Held der Windhager Sippe Tauron den West-

winddrachen Snyrtingar erschlagen. Snyrtingar war intelligenter und boshafter als seine Artgenossen – und er hatte sich dem Namenlosen verschrieben. Die Axt wurde in seinem Blut gebadet und ist somit nicht nur ein mächtiges Symbol für die Einheit des Windhags, sondern auch ein ideale Waffe gegen alles Namenlose Gezücht.

Die Charaktere im Wirtshaus

Das Beziehungsgeflecht zwischen den Charakteren ist recht verworren. Eine vollständige Geschichte ergibt sich erst, wenn man alle Hintergründe kennt. Was für Szenen sich daraus ergeben und wann dies passiert, ist relativ offen. Im Grunde sollte jeder Charakter (oder jede Fraktion) mit jedem anderen mindestens einmal ein konspiratives Treffen durchführen und sich dafür auffällig unauffällig nach draußen begeben. Es können auch Treffpunkte über kleine Briefchen ausgemacht werden, die die Spieler dann entdecken können. Wichtig ist, dass die Spieler eine Chance haben, das alles zu beobachten oder zu belauschen! Die Inhalte der Gespräche sollten dabei vage bleiben. Fast jeder Charakter hat zu Beginn Grund zur Annahme, dass im Wirtshaus mindestens eine Person ist, die ihm oder ihr Böses will. Niemand ist entspannt.

Die Nummern geben die Informationen wieder, die jeder Charakter besitzen kann. Nicht immer passen die Formulierungen dort hunderprozentig.

Wichtig: Kein Konflikt soll tödlich enden! Erst der Tod Burschbürst und des Zwergen Narax sorgt am zweiten Abend für einen Stimmungswandel.

Grantl Bösbold, Wirt

Grantl hat die Anlage vor 15 Jahren beim Glücksspiel gewonnen, glaubt aber nicht an die Legende des Schatzes. Er kennt alle Hintergründe über das Wirtshaus – abgesehen von den Details zum Schatz. Grantl steht den größten Teil des Tages in der Küche und ist von den vielen Besuchern ein wenig überfordert. Er nutzt seine Tochter Lana oder die beiden Aushilfen als Sprachrohr, falls jemand etwas von ihm will, und jagt ansonsten alle Besucher aus der Küche.

Bekannte Infos: 1, 3, 4, 10, 11, 12, 14, 15, 17, 24, 26, 28

Beziehungen:

- ***Die Spieler:*** sind ihm völlig egal, solange sie nicht stören
- ***Lana Bösbold:*** Tochter; er hat sie erst vor zwei Jahren aufgenommen, liebt sie aber über alles; will verhindern, dass sie eine Herumtreiberin wird, wie er es war. Hat daher starke Vorbehalte gegen eine Beziehung mit Larric, was er ihr auch in einem Gespräch klarmachen will.
- ***Larric, Windhager Krieger:*** Grantl bemerkt, dass der junge Fremde seiner Tochter schöne Augen macht. Er war schon öfter hier. Grantl will in einem Gespräch dafür sorgen, dass das aufhört. Im Verlauf der Con kann Larric ihn aber von sich überzeugen.
- ***Rupo, der Streuner:*** Rupo arbeitet jetzt schon einige Wochen als Schankbursche für Grantl und macht seine Sache gut. Er bittet ihn, ein Auge auf Lana zu haben, damit diese nichts Dummes tut.
- ***Sindaro, der Streuner:*** ist seit neuestem sein Rausschmeißer, dem er nicht so recht über den Weg traut. Sollten ihm Vergehen auffallen, wird Grantl Sindaro

ins Gebet nehmen. Sollte Larric zu frech werden, wird Grantl Sindaro auf ihn ansetzen, damit er ihm den Kopf wäscht.

- ***Harika, die Händlerin:*** Harika beliefert Grantl seit Jahren mit allerlei Waren aus dem Tal und ist eine alte Freundin. Er ahnt nicht, dass sie vor allem Interesse am Schatz hat. Grantl hat eine heimliche Schwäche für Rauschkraut, die er auch vor Lana verbirgt. Das Kraut besorgt Harika immer wieder für ihn, doch die Übergabe muss heimlich stattfinden. Bei dieser Gelegenheit versucht Harika, Grantl das Gemälde im Schankraum abzuschwatzen, doch dieser weigert sich.
- ***Die Zwerge:*** Zwerge sind Grantl immer suspekt, da sie überall in der Anlage herumschnüffeln, als würde sie ihnen gehören. Viele von ihnen scheinen überrascht zu sein, dass Grantl auf einmal die Festung gehört, andere enttäuscht, dass das immer noch so ist. Die Zwerge sind gestern angereist und suchen das Gespräch mit ihm, um herauszufinden, ob man die Schmiede nicht wieder in Betrieb nehmen kann.
- ***Die Thorwaler:*** Die Thorwaler sind am Vormittag angekommen und wie alle Seefahrer suspekt. Ein Gespräch muss nicht stattfinden. Irgendwann wird Grantl aber Sindaro auf sie ansetzen, wenn klar wird, dass sie nicht gedenken zu bezahlen.
- ***Maula die Hexe:*** eine etwas unheimliche Nachbarin, die ab und zu Kräuter verkauft. Sie kann Grantl vor schlimmen Dingen warnen, die bald passieren werden.

Zu den übrigen Gästen hat der Wirt keine Meinung oder Beziehung.

Lana Bösbold, Wirtstochter

Lana ist eigentlich glücklich mit dem Leben mit ihrem Vater, würde aber viel lieber durch die Welt ziehen. Im Grunde ist sie recht phexisch veranlagt, womit sie ihrer Mutter, einer eher flüchtigen Liebelei aus Grantls Vergangenheit, in nichts nachsteht. Seit einigen Wochen ist sie in den Windhager Sippenkrieger Larric verliebt. Sie wird alles tun, um ihn glücklich zu machen und mit oder ohne den Segen ihres Vaters gemeinsam mit ihm in den Windhag zu reisen. Im Verlauf der Con wird sie sich mehrfach heimlich mit Larric treffen, dessen Probleme mitbekommen und schließlich versuchen, das Gemälde zu entwenden.

Bekannte Infos: 1, 3, 4, 10, 11, 12, 14, 16, 17, 18, 24, 26, 28

Beziehungen:

- ***Die Spieler:*** Sie ist den Spielern wie allen Gästen gegenüber erst einmal freundlich eingestellt. Jeder, der etwas aus der weiten Welt zu erzählen hat, ist willkommen und wird gründlich ausgefragt. Sobald Lana den Beschluss gefasst hat, das Gemälde ihres Vaters zu stehlen, kann sie die Spieler ins Vertrauen ziehen. Spätestens, falls die Thorwaler sich ihr in den Weg stellen, wird sie das tun.
- ***Grantl Bösbold:*** Vater; er hat sie erst vor zwei Jahren aufgenommen, liebt sie aber über alles; will aber verhindern, dass sie etwas erlebt und macht sich generell zu viele Sorgen. Sie will ihn überzeugen, dass Larric ein guter Kerl ist, der auf sie aufpassen kann (und sie auf ihn), was sie ihrem Vater in einem Gespräch klarmachen will.

Larric, Windhager Krieger: Larric war schon öfters hier, seit seinem ersten zufälligen Besuch macht er Lana den Hof. Auch Lana ist in ihn verliebt und will mit ihm in die Welt hinausziehen. Die beiden treffen sich mehrfach heimlich in ruhigen Ecken der Burg und im Wald, sofern Lanas Arbeit das zulässt. Larric wird Lana erzählen, dass er ein Geschäft mit den Zwergen plant, die für ihn eine uralte Axt repariert haben. Diese Axt soll ihm in seiner Heimat beim Kampf gegen fremde Adlige helfen. Leider wurde Larric auf dem Weg zur Schmiede ausgeraubt und braucht dringend Geld. In einem weiteren Treffen wird Larric von der Idee Harikas sprechen, für die er das Gemälde im Schankraum stehlen muss. Er lehnt dies ab, aber Lana wird ihr Möglichstes tun, um ihm aus der Patsche zu helfen.

Rupo, der Streuner: Rupo arbeitet jetzt schon einige Wochen als Schankbursche für Grantl und macht seine Sache gut. Allerdings hat er im Auftrag ihres Vaters ein Auge auf Lana, was diese stört. In einem heimlichen Gespräch versucht sie, ihn davon zu überzeugen, das sein zu lassen. Gleichzeitig weiß sie um Rupos phexische Vergangenheit und bittet ihn immer wieder, ihr ein paar Tricks beizubringen. Sie mag auf die Idee kommen, ihn einzuweihen, wenn es um einen Diebstahl geht.

Sindaro, der Streuner: ist seit neuestem der Rausschmeißer, dem sie nicht so recht über den Weg traut. Sollte Larric zu frech werden, wird Grantl Sindaro auf ihn ansetzen, damit er ihm den Kopf wäscht. Lana wird ihn bitten, dies nicht zu tun.

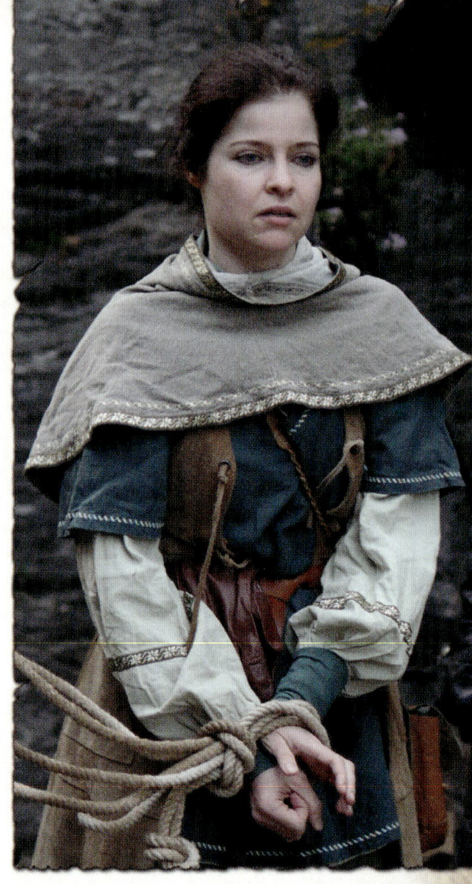

Emer: Lana erkennt eine verwandte Seele und sucht das Gespräch, was die Kopfgeldjäger aber unterbinden wollen. Falls Emer sie bittet, ihr zu helfen, wird sie das in Betracht ziehen, sofern es gerade passt.

Harika, die Händlerin: Harika beliefert Grantl seit Jahren mit allerlei Waren aus dem Tal und ist eine alte Freundin. Lana ist überrascht, als sie von Larric erfährt, dass sie vor allem Interesse am Schatz hat, und tief enttäuscht. Lana kann Harika zur Rede stellen, wird sie aber am Ende nicht verraten.

Die Zwerge: Die Zwerge sind gestern angereist und wirken freundlich. Sobald Lana erfährt, dass sie etwas haben, das Larric braucht, wird sie sie bitten, es herauszurücken. Doch ohne Bezahlung bleiben die Zwerge eisern.

Die Thorwaler: Die Thorwaler sind am Vormittag angekommen und verströmen einen Hauch von Abenteuer für Lana. Sie überlegt, ob sie nicht eine Möglichkeit wären, von hier zu entkommen, und kommt ins Gespräch. Dass die Thorwaler Larric aus dem Weg gehen, irritiert sie.

Die Kopfgeldjäger: sind schon zwei Tage hier und scheinen Emer aufgelauert zu haben. Sie sind ihr zutiefst suspekt, aber sie behandelt sie freundlich. Es gibt vermutlich keinen Grund für ein Gespräch.

Maula die Hexe: eine etwas unheimliche Nachbarin, die ab und zu Kräuter verkauft. Sie kann Lana vor schlimmen Dingen warnen, die bald passieren werden.

Der Horasier: ein kultivierter Gast, der gut zahlt, der sie aber immer wieder zu Larric ausfragt.

Zu den übrigen Gästen hat sie keine Meinung oder Beziehung.

Larric Klippstein aus der Sippe der Tauron, Windhager Sippenkrieger

Larric trifft sich hier mit einer Gruppe Zwerge – und hat diesen Ort gewählt, weil er sich in die Wirtstochter Lana verliebt hat, die er bei jeder Gelegenheit besuchen möchte. Die Zwerge aus dem Ambossgebirge haben vor einigen Wochen den Auftrag erhalten, die alte Familienaxt der Klippsteins mit Namen Sturmglut zu reparieren.

Larric glaubt, dass er mit einer intaktenAxt in der Lage ist, seine Sippe zu einen, die von den mittelreichischen und horasischen Adligen immer weiter ins Hinterland gedrängt wird.

Es hat lange gedauert, die Überreste dieser legendären Axt zu finden, mit der Larrics Urgroßvater Connor Klippstein, ein Ingerimmgeweihter, mit einem Hieb einen feindlichen Westwinddrachen erschlagen hat.

Nur den Ambosszwergen traute Larric es zu, die Waffe wiederherzustellen – und heute ist er mit ihnen verabredet, um das Geschäft durchzuführen: 1000 Silbertaler für die Reparatur von Sturmglut.

Allerdings wurde Larric auf dem Weg hierher im Schlaf ausgeraubt. Die 1000 Silbertaler sind weg und ohne die Axt oder das von seinen Sippenbrüdern zusammengeliehene Geld kann er sich zuhause nicht mehr blicken lassen. Er hat keine Idee, wer der Räuber gewesen sein könnte, die Tat fand schon vor einigen Tagen statt. Larric hat zwei Tage im Wald nach den Tätern oder der Beute gesucht.

Larric muss daher schnell andere Wege finden, zu Geld oder an die Axt zu kommen. Dass Lana mit ihm durchbrennen will, ist da gerade zweitrangig.

Im Verlauf der Con wird Harika seine Verzweiflung bemerken und versuchen, ihn wegen des Diebstahls des Gemäldes anzuheuern. Larric wird Lana davon berichten.

Bekannte Infos: 1, 3, 10, 12, 16, 17, 18, 29, 30

Beziehungen:

Die Spieler: Er ist misstrauisch. Sie könnten horasische Agenten sein – oder diejenigen, die ihn ausgeraubt haben. Er lässt sich aber schnell vom Gegenteil überzeugen.

Grantl Bösbold: Lanas Vater versucht er aus dem Weg zu gehen. Grantl wird einmal das Gespräch suchen, um Larric davon zu überzeugen, seine Finger von Lana zu lassen. Larric hofft, Grantl davon zu überzeugen, dass er ein ehrenvoller Mann ist.

Lana Bösbold: Larric liebt Lana und würde sie gern mitnehmen. Er trifft sich mehrfach heimlich mit ihr, denn er weiß, dass ihr Vater gegen die Beziehung ist. Er teilt ihr seine Probleme (Axt, Geld, später Auftrag durch Harika mit), was bei Lana größte Hilfsbereitschaft auslöst.

Rupo, der Streuner: Larric glaubt, dass Rupo Lana ständig beobachtet, weil er sich ebenfalls in sie verliebt hat. Larric wird Rupo irgendwann zur Seite nehmen, um ihn zu bitten, seine Finger von seiner Freundin zu lassen.

Sindaro, der Streuner: Er ist Larric nicht geheuer, und er meidet ihn.

Harika, die Händlerin: Sobald Harika mitbekommt, dass Larric in Geldnot ist, wird sie das Gespräch suchen. Alternativ bitter Larric sie aktiv um Hilfe, damit sie ihm Geld leiht. Harika berichtet Larric vom Schatz und dass sie das Gemälde braucht, um ihn zu finden. Sie stellt dafür 500 Silbertaler in Aussicht. Larric muss darüber nachdenken.

Die Zwerge: Die Zwerge sind hier, um Geschäfte mit Larric zu machen, und sind somit seine Hauptansprechpartner. Sie werden sich mehrfach mit ihm zu Verhandlungen treffen. Anfangs werden sie versuchen, ihn hinzuhalten, da die Axt noch nicht fertig repariert ist und sie nicht einmal alle Teile dabei haben, was sie aber nicht zugeben wollen. Sie sind nicht bereit, mit dem vereinbarten Preis herunterzugehen. Diese Gespräche sollten für die Spieler besonders suspekt wirken. Gleichzeitig will Larric nicht zugeben, dass ihm das Geld gestohlen wurde, er versucht, die Zwerge herunterzuhandeln, was sie als Beleidigung empfinden. Er hält sie erst einmal weiter hin.

Erst am zweiten Tag kommt der Zwerg Bangor mit der restlichen Axt, aber noch immer hat Larric das Geld nicht beisammen. Er ist ebenfalls wütend, als er erfährt, dass die beiden Teile der Axt erst noch zusammengesetzt werden müssen.

Die Thorwaler: Die Thorwaler meiden Larric und gehen Gesprächen aus dem Weg, während sie sonst wenig schüchtern sind. Larric wird irgendwann versuchen, sie deswegen zur Rede zu stellen, denn das kommt ihm verdächtig vor. Je nachdem, wie das Gespräch ausgeht, werden sie ihn verprügeln oder nicht.

Die Kopfgeldjäger: Larric ist es zutiefst zuwider, dass sie Menschen jagen und fangen, und er meidet sie. Hohes Potential für eine gewaltsame Auseinandersetzung.

Emer: Larric wird versuchen, mit ihr zu reden oder sie sogar in einem geeigneten Zeitpunkt zu befreien, wenn er gerade keine anderen Sorgen hat.

Die Hexe Maula: Larric hat Respekt vor Hexen. Maula ahnt, wer Larric ausgeraubt hat, und möchte mit ihm darüber sprechen. Sie bleibt jedoch kryptisch und verrät nur, dass die Übeltäter auf jeden Fall Gäste in der Taverne sind.

Der Horasier: Larric entgeht nicht, dass der Horasier ihn beobachtet. Er wird ihn irgendwann zur Rede stellen und will wissen, ob er ihn beklaut hat. Das Gespräch wird vermutlich ergebnislos verlaufen, solange der Horasier keine Beweise gegen Larric in der Hand hat. Nachdem Larric die Axt erhalten hat, wird er eine begeisterte kleine Rede über die Freiheit des Windhag halten, die den Horasier zum Handeln zwingt.

Die Ambosszwerge Narax, Roschka und Bangor

Die Zwerge sind hier, um Larrics neu geschmiedete Axt Sturmglut zu überbringen und sind gestern angekommen. Jedoch nur teilweise, denn auch den Zwergen sind einige Missgeschicke passiert.

Der Schmied Bangor ist durch die Nachricht des gewaltsamen Todes seines abenteuerlichen Zwillings Hangor völlig aufgelöst und hat die Waffe nicht fertiggestellt.

Roschka und Narax sind daher ohne ihn aufgebrochen. Sie haben das Axtblatt schon einmal dabei und wollen den menschlichen Kunden damit hinhalten. Ihren Informationen zufolge gibt es in der *Alten Schmiede* immerhin eine angroschgeweihte Schmiede, in der man die Waffe schnell fertig stellen kann. Bangor soll den Griff fertigen und dann schnell nachkommen. Bangor wird also erst am Samstag früh mit dem Griff erscheinen, während Narax und Roschka schon zwei Tage vorher eingetroffen sind.

Zu ihrem Erstaunen gibt es in der *Alten Schmiede* jedoch keine intakte Schmiede. Da ist man mal 200 Jahre nicht da und dann sowas! Und auch Larric scheint nicht ohne Weiteres in der Lage zu sein, seine Schulden zu bezahlen. Die Zwerge müssen einen Weg finden, die beiden Bestandteile der Axt wieder zusammenzuführen. Das geht aber nur in einer anständigen Schmiede.

Außerdem haben die Zwerge von den Schätzen ihrer Vettern aus Xorlosch gehört, die hier noch liegen sollen – und sind neugierig geworden.

Die Zwerge im Einzelnen:

Roschka: die Anführerin der Gruppe und Verhandlungsleiterin. Sie versucht, Larric hinzuhalten und alles in Bewegung zu setzen, um die Schmiede zu reaktiveren.

Narax: Sobald Narax von dem Schatz hört (was bereits vor Beginn der Con passiert ist), ist alles andere für ihn zweitrangig. Er beginnt, die Anlage systematisch zu durchsuchen. Bereits vor Eintreffen der Spieler findet er das Überwachungsartefakt der Güldenländer und steckt es ein. Narax wird immer wieder nach draußen gehen, um sich das Ding anzusehen oder es irgendwo zu verstecken, nur um es kurz danach wieder an sich zu nehmen. Das Artefakt soll bis zum zweiten Abend bei Narax bleiben, aber er soll verdächtig wirken. Das Artefakt löst in ihm eine seltsame Unruhe aus. Schließlich zwingt es ihn dazu, alles zu verraten, was er über die

Lage im Wirtshaus weiß – und schließlich dazu, in den Wald zu gehen, um das Artefakt den Güldenländern zurückzugeben. Dort wird er sein Ende finden.

Bangor: Der Schmied kommt erst etwas später nach, da er noch den Griff von Sturmglut fertigstellen musste. Unterwegs trifft er die Hexe Maula, mit der er den Rest des Weges geht. Die beiden freunden sich an – doch Bangor ist wegen des Todes seines Bruders nach wie vor sehr geknickt. Er gerät wegen der Ähnlichkeit zu seinem Bruder schnell unter Verdacht durch verschiedene Parteien.

Den Zwergen bekannte Infos: 1, 2, 5 (für die Zwerge selbst recht neue Info), 8, 11, 16, 18, 24, 29, 30

Beziehungen:

Die Spieler: Die Zwerge sind allen Leuten gegenüber misstrauisch, die sich wie Magier benehmen oder offen als solche auftreten. Sollten die Spieler nach dem Schatz suchen, wird Narax sie behindern, da er fürchtet, sie würden seinem Schatz, dem Artefakt, auf die Schliche kommen.

Larric, der Windhager: Larric ist der Grund, warum die Zwerge hier sind. Sie werden sich öfters mit ihm treffen und Vorwände finden, warum sie die Axt noch nicht herausgeben können („Es war aufwändiger als gedacht, es wird teurer", „Können wir erstmal das Geld sehen?", „Na gut, wir haben die Axt jetzt hier, aber wir können die Teile nicht zusammensetzen"). Gleichzeitig wundern sie sich, dass Larric ihnen nicht wenigstens das mitgebrachte Geld zeigen will. Sie sind nicht bereit, mit dem vereinbarten Preis herunterzugehen, und empfinden bereits den Vorschlag als beleidigend. Diese Gespräche sollten für die Spieler besonders suspekt wirken. Erst am Samstag kommt der Zwerg Bangor mit der restlichen Axt, aber noch immer hat Larric das Geld nicht beisammen.

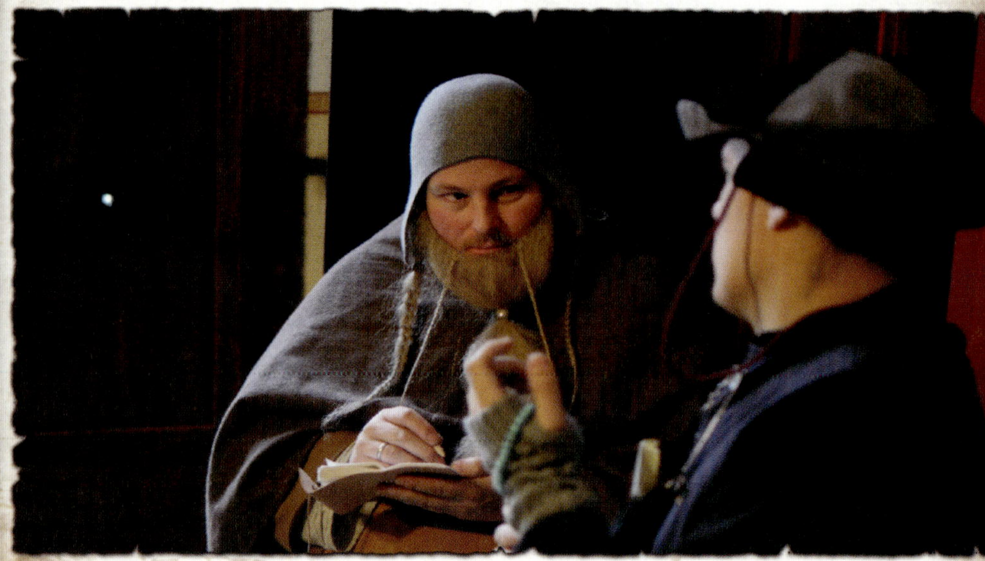

Grantl Bösbold: Der Wirt weigert sich, die Schmiede wieder in Betrieb zu nehmen, und lässt die Zwerge nicht nach dem Schatz suchen. Sie versuchen mehrfach, mit ihm darüber zu reden, aber er blockt sie ab.

Lana Bösbold: Die Zwerge beachten Lana nicht weiter – bis sie wegen Verhandlungen um die Axt auf sie zukommt. Dann kommt es zu einem kurzen und wenig zielführenden Treffen.

Rupo, der Streuner: Für die Zwerge ist Rupo der Mittelsmann zu Grantl, er muss die Nachrichten zwischen den beiden Parteien überbringen, was ihm schnell auf den Senkel geht.

Sindaro, der Streuner: Sobald er seine Anstellung als Raußschmeißer gegen den Bauchladen tauscht, werden die Zwerge plötzlich beste Freunde und seine besten Kunden.

Harika, die Händlerin: Sollten die Zwerge mitbekommen, dass Harika an dem Schatz interessiert ist, werden sie versuchen, sie unauffällig auszuhorchen, um herauszufinden, was sie weiß.

Die Thorwaler: Mit den Thorwalern haben die Zwerge nichts zu schaffen – aber sie können hervorragend gemeinsam feiern!

Die Kopfgeldjäger: Einer der Kopfgeldjäger hält den Zwerg Bangor für dessen verbrecherischen Zwilling Hangor und wird versuchen, ihn unter vier Augen zur Rede zu stellen, um sicherzugehen. Er lässt sich erst vollends überzeugen, dass er sich irrt, wenn die Spieler Hangors Tod bezeugen. Solange wird er nicht lockerlassen, und je nachdem, wie Bangor reagiert, kann die Situation eskalieren.

Die Hexe Maula: Maula reist gemeinsam mit Bangor an, dabei freunden die beiden sich ein wenig an. Maula erzählt Bangor schließlich sogar in einem vertraulichen Gespräch, warum sie hier ist, was Bangor gegen die Thorwaler aufbringt.

Mit den restlichen Gästen haben die Zwerge nichts zu schaffen.

Die Thorwaler Flusspiraten

Eigentlich eher: Flusspiraten mit einigen Thorwalern in der Mannschaft. Vor einiger Zeit haben die Piraten die Hexe Maula überfallen und ihr Vertrautentier, eine Schlange, schwer verletzt. Daraufhin verfluchte die Hexe die Bande. Seitdem sind sie vom Pech verfolgt. Vor drei Nächten haben die Piraten noch den schlafenden Larric ausgeraubt, aber dann sank ihr Kahn auf dem Großen Fluß mit all ihrer Beute. Nun sind sie komplett abgebrannt und müssen irgendwie von vorne anfangen. Aber bisher ergab sich keine gute Gelegenheit, noch einmal jemanden zu überfallen. Vor Mord schrecken die Piraten (noch) zurück, und sie wissen auch, wann sie in der Unterzahl sind. Zunächst begnügen sie sich damit, ihr nicht vorhandenes Geld im Wirtshaus zu versaufen.

Im Verlauf der Con werden sie mitbekommen, dass es einen Schatz in der Alten Schmiede gibt – und auch, dass die Ware der Zwerge recht wertvoll ist. Sie werden alles tun, um an diesen Schatz zu kommen und Harika und ihren Verbündeten die Beute abzuluchsen. Entweder, sie entkommen mit dem Schatz, oder sie werden verjagt. So oder so werden sie am Ende von den

Güldenländern rekrutiert und finden den Tod. Sie sollen möglichst ungehobelt rüberkommen, unsympathisch, aber zunächst noch harmlos. Erst im Verlauf der Con offenbaren sie sich mehr und mehr als Schwerverbrecher.

Den Thorwalern bekannte Infos: 5 (für sie relativ neu), 9, 11, 13, 15, 25 (werden sie natürlich so nicht sagen)

Beziehungen:

- ***Die Spieler:*** Die Thorwaler haben Respekt vor einer solch großen Gruppe und versuchen erst einmal, mehr über sie herauszufinden. Sie sind dabei wenig zurückhaltend und laden die Spieler zum Trinken ein, bzw. lassen sich von ihnen einladen.
- ***Larric, der Windhager:*** Die Thorwaler haben Larric vor ein paar Tagen nachts ausgeraubt und haben sich mit seinen 1000 Silbertalern davongemacht. Sie meiden Larric und hoffen, dass er sie nicht doch noch erkennt.
- ***Grantl Bösbold:*** Solange der Wirt nicht infrage stellt, dass sie sich hier besaufen, und auch keine Forderungen stellt, haben die Thorwaler nichts mit dem Wirt zu schaffen. Irgendwann wird er aber die Geduld verlieren und Sindaro auf sie ansetzen.
- ***Lana Bösbold:*** Die Thorwaler machen Lana schöne Augen, bis sie merken, dass sie dies in den Aufmerksamkeitsbereich von Larric rückt. Lana ist den Thorwalern gegenüber recht offen und lässt ihnen mehr durchgehen, als angebracht wäre. Über Lana können die Thorwaler von der Suche nach dem Schatz erfahren. Sobald Lana aktiv mit Harika danach sucht, werden sie versuchen, ihnen Karte oder Schatz abzujagen.
- ***Rupo, der Streuner:*** Auch für die Thorwaler ist Rupo der Mittelsmann zu Grantl und er muss die Nachrichten zwischen den beiden Parteien überbringen.

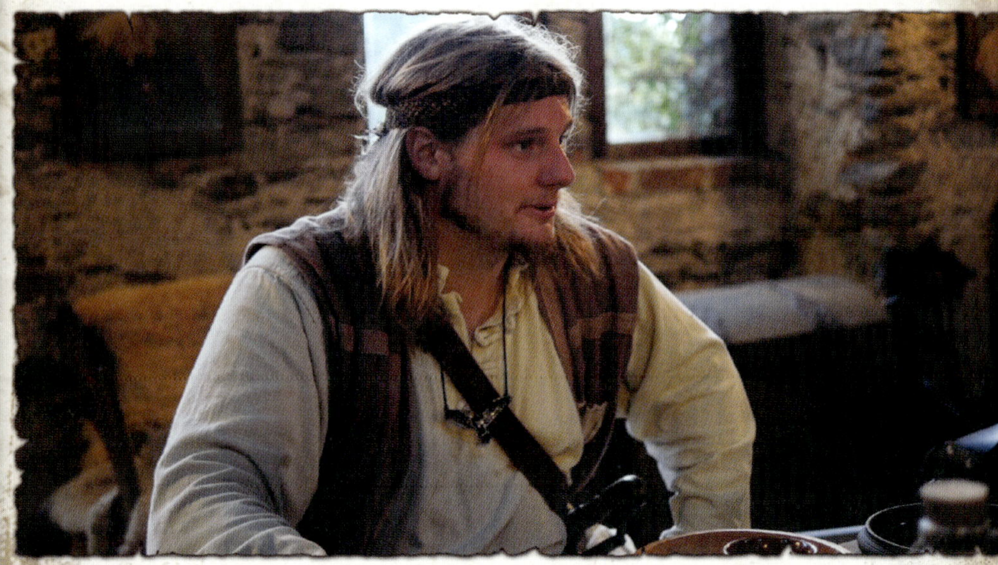

Sindaro, der Streuner: Irgendwann werden es die Thorwaler zu bunt treiben und Sindaro wird versuchen, sie rauszuwerfen. Sie folgen ihm vor die Tür und verprügeln ihn in einer abgelegenen Ecke. Damit ist geklärt, dass Sindaro seinen Posten an die Piraten abgetreten hat. Er wird das die nächsten Stunden nicht infrage stellen und stattdessen auf andere Tätigkeitsfelder ausweichen. Die Thorwaler halten sich ab diesem Moment für die Herren der Schmiede, bis die SCs das vermutlich wieder ändern.

Harika, die Händlerin: Sollten die Thorwaler mitbekommen, dass Harika mehr über den Schatz weiß, werden sie sie in einer ungesehenen Minute ausquetschen.

Die Zwerge: Außer Trinken haben die Thorwaler mit den Zwergen wenig zu schaffen.

Die Hexe Maula: Maula ist eventuell in HARMLOSER GESTALT vor Ort und die Thorwaler erkennen sie nicht sofort. Dennoch spüren sie, dass etwas mit ihr nicht stimmt und haben Respekt bis Panik vor ihr. Einer von ihnen könnte versuchen, sie zu betören und sie mit nach draußen nehmen, wo sie sich zu erkennen gibt und zugibt, nur hier zu sein, um den Höhepunkt ihres Fluches zu bezeugen. Das jagt dem jeweiligen Piraten eine Todesangst ein.

Der Horasier: Er wird wie alle Horasier als natürlicher Feind angesehen, und die Thorwaler werden immer wieder versuchen, einen Streit zu provozieren oder sich entweder für vergangene siegreiche Kriege zu brüsten oder den Horasier im Falle von verlorenen Gefechten unehrenhafte Methoden vorzuwerfen. Der Horasier lässt sich nicht aus der Ruhe bringen.

Mit den anderen Gästen haben die Piraten nichts zu schaffen.

Harika, die durchtriebene Händlerin

Sie versorgt als reisende Händlerin die Gegend mit dringend benötigten Waren und ist eine alte Freundin Grantls. Sie beliefert ihn insgeheim mit Rauschkraut, hat aber eigentlich ein sehr selbstsüchtiges Ziel. Seit sie von den Gerüchten über den Zwergenschatz gehört hat, hat sie nachgeforscht und in Erfahrung gebracht, wie der Schatz gefunden werden kann. Sie hat die Abenteurerin Emer dazu gebracht, das Tagebuch des Kuno von Koschgau zu finden, und wollte sich mit ihr hier treffen, um den Schatz endlich zu heben. Emer erscheint auch, allerdings als Gefangene zweier Kopfgeldjäger – und somit ist es für Harika so gut wie unmöglich, an das Tagebuch zu kommen. Außerdem will sie Grantl das Gemälde im Schankraum abkaufen, ein weiterer Teil der Schatzkarte, doch dieser weigert sich. Harika wird also verschiedene Anwesende anzuwerben versuchen, die für sie das Gemälde stehlen sollen. Zuerst Larric, der sich weigert. Dann über Larric Lana – die sich eventuell an die Helden wenden wird. Gleichzeitig muss Harika versuchen, irgendwie Emer zu befreien, oder zumindest an das Tagebuch zu kommen.

Bekannte Infos: 1, 2, 3, 4, 6, 7, 8, 10, 11, 12, 14, 15, 24, 27, 28

Beziehungen:

Die Spieler: potenzielle Kunden? Potenziell Menschen, die sie auffliegen lassen? Später potenzielle Handlanger?

Lana Bösbold: Sie spielt in Harikas Plänen zunächst keine Rolle und wird ignoriert, erst später versucht sie, die junge Frau für den Diebstahl des Gemäldes einzuspannen.

Larric, Windhager Krieger: Harika hat einen siebten Sinn dafür, wenn jemand in Geldnot steckt, und so versucht sie, Larric als Dieb des Gemäldes anzuheuern. Dieser will darüber nachdenken.

Rupo, der Streuner: Rupo kommt als Partner für Harika nicht infrage, da sie ihn nicht für vertrauenswürdig hält.

Sindaro, der Streuner: Sie kann ihn von früheren nicht ganz sauberen Geschäften kennen. Dementsprechend wittert sie einen möglichen Verbündeten. Die beiden treffen sich, um sich zu beschnuppern. Sie lässt durchblicken, dass sie etwas will, das Grantl nicht herausrücken will. Sindaro mag Grantl aber zu sehr, um ihn zu hintergehen. Aus Ganovenehre bewahren beide Stillschweigen.

Grantl Bösbold, der Wirt: Harika beliefert Grantl seit Jahren mit allerlei Waren aus dem Tal und ist eine alte Freundin. Sie besorgt sein Rauschkraut für ihn, doch die Übergabe muss heimlich stattfinden. Bei dieser Gelegenheit versucht Harika, Grantl das Gemälde im Schankraum abzuschwatzen, doch dieser weigert sich.

Die Thorwaler: Zwischendurch ist Harika so verzweifelt, dass sie gegenüber den Thorwalern durchblicken lässt, dass sie gern etwas aus dem Schankraum entwenden würde und dass es etwas zu holen gibt. Die Thorwaler werden dann aufdringlich und Harika fühlt sich genötigt, mehr über den Schatz zu erzählen. Das ist natürlich ein großer Fehler. Zu einer Zusammenarbeit kommt es nicht.

Emer: Emer ist Harikas Komplizin und hat den anderen Teil der Schatzkarte in Form von Kunos Tagebuch. Leider ist sie von den Kopfgeldjägern geschnappt worden. Harika muss einen Weg finden, mit Emer zu kommunizieren, und wird daher versuchen, die Spieler für Ablenkungsmanöver einzuspannen.

Die Kopfgeldjäger: Die beiden Männer sind ein großes Hindernis für Harikas Pläne. Sie wird versuchen, sie in Einzelgesprächen gegeneinander auszuspielen.

Zu den übrigen Gästen hat sie keine Meinung oder Beziehung.

Emer, die Gefangene

Emer ist eine ehemalige Söldnerin mit phexischer Veranlagung, die wegen früherer Vergehen gesucht wird. Sie wurde von Harika angeheuert, das Tagebuch von Kuno von Koschgau in Albenhus zu besorgen, was Emer auch gelungen ist. Die beiden sind hier verabredet, um mit den Informationen aus dem Tagebuch den Schatz zu heben. Harika bläute Emer ein, dass ihre Aufgabe geheim sei und sie sich niemandem damit offenbaren darf. Im

Idealfall soll sie komplett unerkannt bleiben. Leider wurde Emer bei der Ankunft im Wirtshaus von zwei Kopfgeldjägern erwischt, die schon eine Weile hinter ihr her sind, und kommt nun als deren Gefangene an. Sie wird versuchen, sich zu befreien, die Spieler für sich einzunehmen, ohne ihre wahre Identität preiszugeben – oder wenigstens das Tagebuch irgendwie Harika zukommen zu lassen.

Die Kopfgeldjäger planen, am nächsten Tag weiterzuziehen. Das muss Emer verhindern, indem sie sich Ausreden ausdenkt, die Spieler einbezieht – oder im Extremfall eine Krankheit vortäuscht.

Bekannte Infos: 1, 2, 3, 4, 6, 7, 15, 20, 27

Beziehungen:

Generell ist Emers Kommunikationsfähigkeit eingeschränkt, solange sie eine Gefangene der Kopfgeldjäger ist. Diese werden ihr immer schnell über den Mund fahren, außer sie sind gerade abgelenkt oder in guter Stimmung.

Die Spieler: Emer erkennt, dass die Spieler ihr Ausweg sein könnten. Sie hat allerdings Harika versprechen müssen, keine Aufmerksamkeit auf sich zu ziehen, daher wird sie zunächst dem Kontakt aus dem Weg gehen, bis sie keine andere Chance mehr sieht.

Lana Bösbold: Emer erkennt hier eine verwandte Seele und wird die Wirtstochter um Hilfe bei einem Fluchtversuch bitten.

Harika, die Händlerin: Harika ist Emers Partnerin und sie wird versuchen, ihr das Tagebuch zukommen zu lassen, was die Kopfgeldjäger aber verhindern.

Die Kopfgeldjäger: Die beiden haben Emer hier aufgelauert und wollen sie an ihre Auftraggeber übergeben, ob tot oder lebendig ist dabei noch zu klären. Natürlich hat Emer daher kein besonders gutes Verhältnis zu den beiden. Sie werden jede ihrer Aktionen behindern, und falls sie sie dabei ertappen, das Tagebuch weitergeben zu wollen, werden sie es an sich bringen (was wünschenswert ist, weil es für die Kopfgeldjäger spielfördernd wirkt).

Die Kopfgeldjäger

Diese beiden unerbittlichen Söldner haben den Auftrag angenommen, Emer einzufangen und (zu einem frei wählbaren Ziel) zu bringen. Sie haben ihr in Albenhus nachspioniert und sind zu dem Schluss gekommen, dass es am besten sei, ihr hier aufzulauern, weswegen sie schon zwei Tage vor ihr im Wirtshaus waren. Dabei stehen die beiden Söldner eigentlich in Konkurrenz zueinander und haben hier nur ein Zweckbündnis geschlossen, da Emer als nicht ungefährlich gilt. Gleichzeitig wissen sie, dass sich Rupo hier aufhält, der in Almada wegen Betrugs gesucht wird, jedoch weniger Kopfgeld einbringt. Sie können sich aber über alle möglichen Dinge in die Haare bekommen und gehen öfter (normalerweise mit Emer) vor die Tür, um sich zu streiten oder zu beraten. Sie planen, als nächstes ins Honinger Land zu reisen, um den verbrecherischen Zwerg Hangor dingfest zu machen, auf dessen Kopf ebenfalls ein Kopfgeld ausgesetzt ist. Sie wissen nicht, dass er bereits verstorben ist. Doch sollen sie vorher noch Rupo einsacken oder nicht? Wird

das zu riskant? Die weitere Reise ist Gegenstand ihrer Planung, genauso wie die Aufteilung des Kopfgelds.
Die beiden würden jeweils nicht zögern, den anderen zu hintergehen, wenn sich eine Gelegenheit bietet, denn tatsächlich haben sie das Zweckbündnis bereits satt.

Bekannte Infos: 5, 9, 11, 12, 13, 15, 20/21 (im Scherz), 23, 24, 29
Beziehungen:
Die Spieler: Die Spieler werden von den Kopfgeldjägern genau begutachtet. Eventuell vergleichen sie Steckbriefe mit ihnen. Wenn sie hören, dass die Spieler aus Honingen kommen, werden sie sich auf jeden Fall nach einem Hangor erkundigen, was sie direkt verdächtig macht.
Larric, Windhager Krieger: Sollte der Horasier zu dem Schluss kommen, dass Larric festgenommen gehört, wird er die Kopfgeldjäger dazu anheuern.
Rupo, der Streuner: Rupo steht auf der Abschussliste der Kopfgeldjäger, sie wissen aber nicht, ob er die Mühe wert ist. Sie werden versuchen, ihn in Einzelgesprächen unter Druck zu setzen und zu erpressen. Letztlich wird Rupo vor den beiden fliehen.
Grantl Bösbold, der Wirt: Die Kopfgeldjäger zählen zu den wenigen gut zahlenden Kunden, weswegen es keine Spannungen gibt.
Die Thorwaler: Sicherlich hat irgendwer auf die Bande ein Kopfgeld ausgesetzt, aber sie ist eine Nummer zu groß für die beiden.
Emer: Emer ist die Gefangene der beiden und wird möglichst nicht aus den Augen gelassen. Sie haben sie gerade erst am Nachmittag festgenommen und planen, im Verlauf des Folgetags mit ihr weiterzuziehen. Emer wird dies durch einen Trick verhindern
Der Horasier: Eventuell wird er die beiden anheuern, um Larric dingfest zu machen. Über Preise und Konditionen kann er sich zuvor schon unverbindlich informieren.

Zu den übrigen Gästen haben sie keine Meinung oder Beziehung.

Basilius Prosperi, der Horasier
Basilius ist ein Geheimagent vom Directorium für Besondere Angelegenheiten (DBA), einem Geheimdienst des Horasreichs. Er ist bereits seit fünf Tagen vor Ort und wartet auf Larric. Natürlich reist er getarnt. Basilius hat direkt von Cusimo von Garlischgrötz den Auftrag erhalten, Larric im Auge zu behalten, der sich als Unruhestifter im südlichen Windhag – und gerade unter den horasischen Familien dort – hervorgetan hat. Basilius soll beobachten und, falls genügend Hinweise auf umstürzlerische Aktivitäten vorliegen, einschreiten. Basilius wird also unauffällig mit möglichst vielen Zeugen reden. Sobald er sich seiner Sache sicher ist, wird er seine Tarnung aufgeben und die Kopfgeldjäger damit beauftragen, Larric nach Grangor zu bringen.

Bekannte Infos: 9, 11, 13, 16, 19, 22, 23, 27
Beziehungen:
Die Spieler: Den Spielern gegenüber wird sich Basilius als harmloser Reisender ausgeben. Er kann sich Gründe ausdenken, warum er als solcher mit ihnen interagiert.

- ***Larric, Windhager Krieger:*** der Grund, warum der Horasier hier ist. Er hält ihn für gefährlich und wartet nur auf eine Gelegenheit, die ihm ebendas (am besten vor Zeugen) beweist, damit er zuschlagen kann. Sobald Larric die Axt hat, wird er sich zu einer Rede hinreißen lassen, die dieses Ereignis auslöst.
- ***Sindaro, der Streuner:*** Basilius fällt auf, dass Sindaro ein aufmerksamer Mensch ist, der überall unauffällig zuhören kann. Er versucht, ihn als Spitzel und Handlanger anzuheuern, was vor allem nach dem Ende der Rausschmeißerkarriere funktionieren kann.

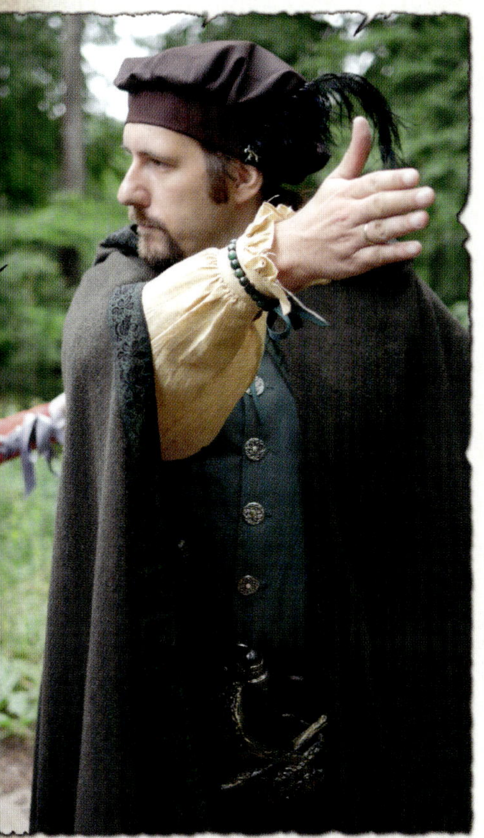

- ***Die Thorwaler:*** Die Thorwaler sind Basilius zutiefst zuwider. Er wird sich ihnen bei jeder Gelegenheit entgegensetzen, sofern das seine Tarnung zulässt.
- ***Die Kopfgeldjäger:*** werden von Basilius im Verlauf der Con angeheuert, um Larric festzusetzen. Im Idealfall erst, nachdem die Güldenländer bereits die Festung belagern.
- ***Die Zwerge:*** sind aus seiner Sicht genauso schlimme Umstürzler wie Larric. Er wird versuchen, sie auszuhorchen. Leider hat er gegen sie keine Handhabe.
- ***Lana:*** Basilius wird sie so gut es geht über Larric ausfragen und eventuell auch vor ihm warnen.

Zu den übrigen Gästen hat er keine Meinung oder Beziehung.

Maula die Hexe

Maula reist erst am Samstag gemeinsam mit Bangor an. Sie ist hier, um Zeuge zu werden, wie sich ihr Fluch erfüllt. Vor einigen Wochen wurde sie von den Flusspiraten überfallen und diese verletzten ihr Vertrautentier, eine Schlange, schwer (weswegen die Schlange leider auch abwesend ist). Aus Rache verfluchte die Hexe die Piraten zu ewigem Pech, was auch funktioniert hat: Ihr Schiff ist gesunken und nun sitzen sie mittellos in der Taverne herum.

Maula reist in HARMLOSER GESTALT an, aber die Thorwaler spüren, wer sie ist, und haben eine Heidenangst vor ihr. Ansonsten genießt sie schlicht das Drama, das sich um sie herum entwickelt. Maula ist keine Menschenfreundin – kann sich aber mit einigen davon anfreunden und zu einer unsicheren Verbündeten werden. Sie weiß über eine erstaunliche Menge Dinge Bescheid, was sie aber nur selten zugibt. Den Wirtsleuten gegenüber ist sie freundlich bis neutral eingestellt.

Bekannte Infos: 1, 2, 3, 4, 6, 8, 10, 11, 12, 14, 16, 17, 18, 25, 26, 27, 28
Beziehungen:

- ***Die Spieler:*** hängt stark von deren Verhalten ab. Vermutlich werden sie herausfinden, dass Maula eine Hexe ist, ihr zuerst freundlich gegenüberstehen und ihr Verhalten am Ende verurteilen.
- ***Lana Bösbold:*** Maula gibt Lana Tipps, die sie in die Unabhängigkeit führen sollen.
- ***Larric, Windhager Krieger:*** Sie findet den jungen Mann völlig uninteressant und würde ihm höchstens den Kopf verdrehen, um sich für irgendetwas zu rächen.
- ***Sindaro, der Streuner:*** Je nachdem, wann Maula wie mit den Thorwalern interagiert, kann Sindaro das als Rausschmeißer unterbinden oder als ehemaliger Rausschmeißer billigen.
- ***Grantl Bösbold, der Wirt:*** Als Nachbarin hat Maula ein gutes Verhältnis zu Grantl, manchmal hat sie ihm schon Kräuter verkauft, was auch dieses Mal passieren kann. Sie nimmt Grantl beiseite und warnt ihn kryptisch vor den sich anbahnenden Ereignissen.
- ***Die Thorwaler:*** die Beute, mit der die Hexe spielt. Sie genießt es, sie leiden zu sehen, während die Thorwaler noch völlig ahnungslos sind, wie schlimm der Tag für sie enden wird. Maula kann versuchen, sie zu verführen, sie dann wieder abblitzen zu lassen, ihnen Hoffnung zu machen und dann wieder finstere Prophezeiungen ausstoßen. Sie will auf jeden Fall bis zum Ende dabei sein.
- ***Emer:*** Maula hat Mitleid mit der Gefangenen und ist bereit, jedem zu helfen, der sie befreien möchte.
- ***Die Zwerge:*** Auf dem Weg zur Schmiede freundet sich Maula mit Bangor dem Zwerg an und solange sie sich nicht als Hexe enttarnt, ist sie bei den Zwergen am Tisch gern gesehen.
- ***Die Kopfgeldjäger:*** Sobald die Kopfgeldjäger sich auf Bangor/Hangor einschießen, wird Maula zwar nicht aktiv eingreifen, jedoch auf Nachfrage auf Seiten des Zwerges stehen.

Zu den übrigen Gästen hat sie keine Meinung oder Beziehung.

Der Streuner Rupo
Rupo ist gemeinsam mit Sindaro vor einigen Wochen in die Herberge gekommen und hat eine Anstellung als Küchengehilfe bekommen. Beide Streuner arbeiten auf diese Weise ihre Trinkschulden ab. Eigentlich sind sie hergekommen, weil Rupo nach einem vermasselten Betrug, in den er Sindaro hineingezogen hat, untertauchen wollte. Das Koscher Hinterland schien dafür ideal. Die Saufschulden haben beide mittlerweile abgearbeitet, sind sich aber noch nicht ganz sicher, wie es weitergehen soll. Rupo soll die Spieler mit allen möglichen Geschichten, Taschenspielertricks, kleinen Gaunereien, albernen Wetten und Saufspielen unterhalten – und dabei von ihrer eigentlichen Aufgabe ablenken.
Dabei soll Rupo zunächst charmant und sympathisch wirken, im Verlauf

der Con aber immer mehr zu einem echten Störfaktor und Ärgernis werden, das die Spieler loswerden wollen.

Bekannte Infos: 1 ,3, 4, 10, 11, 12, 14, 15, 17 (das meiste weiß er nur über die Funktion als Sprachrohr von Grantl), 22, 23, 24, 26, 27, 28, 29

Beziehungen:

- ***Die Spieler:*** Er lenkt sie auf jede erdenkliche Weise ab – mit dem Hintergedanken, ein paar Heller zu verdienen.
- ***Lana Bösbold:*** Er hat im Auftrag Grantls ein Auge auf sie. Lana wird das Gespräch suchen und ihn bitten, das nicht zu tun, bzw. Hilfe beim Diebstahl des Gemäldes erbitten.
- ***Larric, Windhager Krieger:*** Larric und Rupo könnten über die Beziehung zu Lana aneinandergeraten.
- ***Grantl Bösbold, der Wirt:*** Grantl ist als Arbeitgeber hart aber gerecht. Rupo ist ihm so treu ergeben, wie das einer Streunerseele möglich ist.
- ***Sindaro, der Streuner:*** Sindaro ist seit einigen Wochen ein Weggefährte Rupos und hat sich in Alamada in eine kleine Gaunerei hineinquatschen lassen, die schiefging. Rupo hat den Kollegen daher mit in den Kosch genommen, um die Sache auszusitzen. Zufrieden ist keiner so recht mit dieser Situation und es wird immer mal wieder heimlich diskutiert, wie es jetzt weitergehen soll.
- ***Die Zwerge und die Thorwaler:*** Beide Parteien sind sehr konsumfreudig und wenig spendabel, was Rupo schnell auf die Nerven geht. Er vernachlässigt sie zugunsten der Spieler, was für Ärger sorgen kann.
- ***Die Kopfgeldjäger:*** Die beiden haben Rupo erkannt, sind sich aber nicht sicher, ob er die Mühe wert ist. Sie versuchen, ihn einzuschüchtern und zu erpressen. Schließlich wird Rupo die Flucht ergreifen, spätestens wenn der Steckbrief aus Almada (siehe Sindaro) den Kopfgeldjägern gezeigt wird. Vorher versucht er, von sich abzulenken, z. B. indem er Bangor anschwärzt.
- ***Der Horasier:*** Basilius braucht jemanden, der ihm hilft, sich umzuhören und will Rupo dafür anheuern.

Sindaro, der andere Streuner

Gemeinsam mit Rupo ist Sindaro vor einigen Wochen in die Herberge gekommen und hat eine Anstellung als Rausschmeißer bekommen. Beide Streuner arbeiten auf diese Weise ihre Trinkschulden ab. Eigentlich sind sie hergekommen, weil Rupo nach einem vermasselten Betrug, in den er Sindaro hineingezogen hat, untertauchen wollte. Das Koscher Hinterland schien dafür ideal. Die Saufschulden haben beide mittlerweile abgearbeitet, sind sich aber noch nicht ganz sicher, wie es weitergehen soll.

Die Arbeit als Rausschmeißer nimmt er sehr ernst, denn sie macht ihm auch Spaß. Er kontrolliert jeden, der das Wirthaus betritt, gründlich – das heißt, er ist in diesem Fall so etwas wie die Wache der Festung – solange er nicht in der Küche helfen muss. Da er aus Honingen stammt, wird er schnell mit den Spielern ins Gespräch kommen und ihre Tarnung in Gefahr bringen. Im Gegenzug macht er sich verdächtig, denn er kennt Kallack Brenneiser, dessen Verbündete die Spieler suchen.

Im Verlauf der Con wird er seinen Posten an die Thorwaler verlieren, bis diese wiederum die Seiten wechseln.

Bekannte Infos: 1, 3, 4, 10, 11, 12, 14, 15, 17 (das meiste weiß er nur über die Funktion als Sprachrohr von Grantl), 21, 25 (reimt er sich so zusammen), 26, 27, 28, 29

Beziehungen:

Die Spieler: Er wird sie fragen, woher sie kommen, und beim Thema Honingen sofort anfangen wollen, über Imman zu reden. Die Spieler sollen um ihre Tarnung bangen. Unvermittelt erkundigt er sich nach einem gewissen Kallack Brenneiser – ob die Spieler ihn kennen würden. Er hat Kallack in einer Schenke in Honingen getroffen und Kallack schuldet ihm noch Geld, was aber erst auf Nachfrage klar wird. Sollte sich herausstellen, dass die Spieler vom CM geschickt wurden, packt Sindaro seine Vorurteile aus.

Lana Bösbold: Lana wird ihn zur Rede stellen, falls er sich mit Larric anlegt.

Larric, Windhager Krieger: Er wird ihn im Auftrag Grantls nach draußen locken und ihm ein paar Prügel mitgeben, falls Larric Lana zu sehr den Hof macht. Das musste er dem Wirt versprechen.

Grantl Bösbold, der Wirt: Grantl ist als Arbeitgeber hart aber gerecht. Sindaro ist ihm so treu ergeben, wie das einer Streunerseele möglich ist.

Rupo, der Streuner: ist seit einigen Wochen sein Weggefährte und hat ihn in Almada in eine kleine Gaunerei hineingequatscht, die schiefging. Rupo hat Sindaro daher mit in den Kosch gebracht, um die Sache auszusitzen. Zufrieden ist keiner so recht mit dieser Situation, und es wird immer mal wieder heimlich diskutiert, wie es jetzt weitergehen soll.

Die Thorwaler: Irgendwann werden es die Thorwaler zu bunt treiben und Sindaro wird versuchen, sie rauszuwerfen. Sie folgen ihm vor die Tür und verprügeln ihn in einer abgelegenen Ecke. Damit ist geklärt, dass Sindaro seinen Posten an die Piraten verloren hat. Er wird das die nächsten Stunden nicht infrage stellen und stattdessen auf andere Tätigkeitsfelder ausweichen. Die Thorwaler halten sich ab diesem Moment für die Herren der Schmiede, bis die SCs das vermutlich wieder ändern.

Die Kopfgeldjäger: Die beiden haben Rupo erkannt, sind sich aber nicht sicher, ob er die Mühe wert ist. Sie versuchen, ihn einzuschüchtern und zu erpressen. Sindaro besitzt zufällig noch einen Steckbrief mit Rupos Gesicht darauf. Da Rupo ihn zunehmend nervt, wäre er eventuell bereit, sich davon zu trennen. Das Kopfgeld auf Rupo ist höher als das auf Emer.

Der Horasier: Basilius braucht jemanden, der ihm hilft, sich umzuhören, und will Rupo oder Sindaro dafür anheuern.

Harika, die Händlerin: Sie kennen sich von früheren nicht ganz sauberen Geschäften. Dementsprechend wittert sie einen möglichen Verbündeten. Die beiden treffen sich, um sich zu beschnuppern. Sie lässt durchblicken, dass sie etwas will, das Grantl nicht herausrücken will. Sindaro mag Grantl aber zu sehr, um ihn zu hintergehen. Aus Ganovenehre bewahren beide Stillschweigen.

Maula, die Hexe: Je nachdem, wie wild Maula mit den Thorwalern umgeht, kann er versuchen, sie rauszuwerfen, sofern das noch vor seinem eigenen Rauswurf passiert.

Aufgaben für die Spieler und Ablauf im Worst Case

Das hier passiert, sollten die Spieler gar nichts tun (all das würde sich relativ spät zutragen):

- Die Zwerge bekommen die Axt nicht neu geschmiedet, da sie die Schmiede nicht in Betrieb nehmen können.
- Harika bringt Lana über Larric dazu, das Gemälde zu stehlen. Die Thorwaler lauern ihr allerdings auf und nehmen es ihr ab.
- Larric erhält kein Geld von Harika oder aus dem Schatz und beschwört die Zwerge lautstark, ihm die Axt zu überlassen, um den Windag zu befreien.
- Basilius wird Larric daraufhin festnehmen lassen, was schiefgeht und zum Tode Larrics führt.
- Die Kopfgeldjäger ziehen daraufhin mit Emer weiter, diese lässt das Buch fallen, was den beiden Jägern auffällt. Einer von ihnen bringt das Buch an sich, es kommt zum Streit um die Schatzkarte, den nur einer der beiden überlebt. Dieser verbündet sich mit den Thorwalern und sie finden gemeinsam den Schatz.
- Sollte Lana das alles überleben, nimmt sie sich am Ende das Leben.

Was die Spieler tun sollten, um alles zu einem mehr oder weniger glücklichen Ende zu bringen:

- dafür sorgen, dass die Alte Schmiede wieder in Betrieb genommen wird, damit letztlich die Axt neu geschmiedet werden kann
- auf den Schatz aufmerksam werden und Lana dabei helfen, ihn zu finden, ohne dass die Thorwaler ihn ihr wieder abnehmen
- Grantl davon überzeugen, dass der Schatz existiert oder die Aktion mit Lana heimlich durchziehen
- die Zwerge eventuell zu einem Preisnachlass überreden
- klären, wem welcher Teil des Schatzes zusteht
- die Taverne vor wütenden Thorwalern verteidigen
- Emer freibekommen oder zumindest an das Tagebuch kommen
- Rupo loswerden und ihn dafür eventuell bei den Kopfgeldjägern anschwärzen
- die Liebesgeschichte zwischen Lana und Larric zu einem glücklichen Abschluss bringen, eventuell Larric von seinen politischen Ambitionen abbringen
- Basilius an der Festnahme Larrics hindern, damit die Axt auch wirklich vollendet wird
- Maulas Rachsucht eindämmen

All das sind natürlich nur Nebenaufgaben. Wichtig ist, dass die Spieler am zweiten Abend mitbekommen, wer ihre Feinde sind – wofür sie Narax und Burschbürst in den Wald folgen müssen. Je mehr Probleme sie vorher in der Taverne gelöst haben, umso besser ihre Chancen im Endkampf gegen die Güldenländer und Thorwaler. Besonders hilfreich ist dabei die Axt Sturmglut, die von Ingerimm einst speziell gegen Namenlose geweiht wurde.

Detaillierter Wunsch-Ablauf mit möglichen und vordefinierten Szenen

Anreise

Die Spieler kommen in mehreren Gruppen an, teils auch als Nachzügler alleine. Jede größere Gruppe nimmt einen anderen Weg zur Burg. Jede Gruppe begegnet einem der Folgenden:

- **Burschbürst:** Der Abgesandte des CM ist schon einmal vorgeschlichen und wollte die Lage erkunden. Er empfiehlt noch einmal absolute Diskretion und bringt die Idee ins Spiel, sich für die Anreise in kleinere Gruppen aufzuteilen.
- **Larric:** Larric sucht noch immer nach seinen gestohlenen Sachen und bittet die Spieler um Hilfe. Nachdem auch das nicht zum Erfolg führt, begleitet er sie zur Taverne und kann schon einmal von Lana und der Alten Schmiede erzählen.
- **Die Thorwaler:** Einer der Thorwaler wird von einer Reisegruppe im Wald überrascht und ergreift panisch die Flucht, weil er die Spieler für eine Inkarnation des Hexenfluchs hält. Damit macht er sich direkt verdächtig.

Abends im Wirtshaus

- Wenn die ersten Spieler im Wirtshaus ankommen, wird Emer gerade gefesselt und es werden Spuren des Kampfes beseitigt.
- Ersten Gespräche zwischen den Parteien: Harika sollte auf jeden Fall mit Grantl reden, Larric mit Lana und den Zwergen, der Horasier mit Lana und den Streunern.
- Später in der Nacht kommt Harika auf Larric zu.
- Je nachdem, wie sich die Lage entwickelt, kann auch Larric schon Lana von seinen Problemen berichten und es kann auch schon jemand versuchen, das Gemälde zu stehlen.
- Die Spieler haben mit den meisten Verdächtigen gesprochen und wissen, dass Fremde etwas im Schankraum hinterlassen haben. Sie können das etwas aber nicht finden.
- Spät in der Nacht sind Träume von den Güldenländern möglich, die in einer Alptraumsequenz in der Taverne erscheinen.

Am Folgetag

Morgens

- Maula und Bangor reisen an. Maula erscheint zuerst und bittet ein paar Spieler um Hilfe: Bangor hat seine Ware im Wald verloren und findet sie nicht. Die Spieler sollen Bangor helfen, den Axtgriff wiederzufinden, den er doch gerade so aufwändig geschmiedet hat.
- Maula verbreitet eine unheimliche Stimmung und verursacht den Thorwalern Panik, die sie in Alkohol ertränken.

Mittags

- Die Thorwaler treiben es zu bunt und Sindaro wird versuchen, sie herauszuwerfen.
- Die Thorwaler spielen sich als neue Wächter der Schmiede auf.
- Die Zwerge drängen vermehrt darauf, die Schmiede wieder in Betrieb zu nehmen.

- Basilius sollte spätestens jetzt seine Schergen angeheuert haben.
- Rupo müsste den SCs mittlerweile massiv auf die Nerven gehen.

Nachmittags

- Spätestens am frühen Nachmittagversucht Lana, das Gemälde zu stehlen, und Emer versucht, Harika das Tagebuch zukommen zu lassen.
- Hoffentlich mit Hilfe der Spieler machen sich Lana und Harika auf die Suche nach dem Schatz. Die Thorwaler stellen ihnen nach und werden vertrieben.
- Der Schatz wird gefunden. Was passiert jetzt mit ihm?
- Es sollte immer klarer werden, dass mit Narax etwas nicht stimmt.
- Am späten Nachmittag haben die Spieler Grantl überzeugt, dass die Schmiede wiederhergerichtet werden muss.
- Die Zwerge weigern sich noch, das Geschäft abzuschließen, entweder weil nicht genug Bezahlung vorliegt oder weil sie einen Anteil vom Schatz haben wollen.
- Im Idealfall sind die Kopfgeldjäger durch das Eingreifen der Spieler auf Rupo aufmerksam geworden und jagen ihm hinterher, als er flieht. Dadurch wird es möglich, Emer endgültig zu befreien.

Abends

- Um ca. 20 Uhr macht sich Narax auf den Weg in den Wald. Burschbürst weist einige Spieler darauf hin und eine kleine CM-Delegation folgt ihm unauffällig.
- Die Spieler werden Zeuge, wie Narax den Güldenländern das Artefakt übergibt und wie er verhört wird: „Hast du jemanden mit einer schwarz-roten Kanope gesehen?“ (Nein) – „Ist dir jemand gefolgt?“ (Nein) – „Sind Magier im Wirtshaus aufgetaucht?“ (Ja) – „Warum hast du unser magisches Auge entfern und uns sabotiert? Für wen arbeitest du?“ (Ich war neugierig, ich dachte, es wäre ein Schatz) – „Ich befreie dich von deinem Bann. Lass mich dich ansehen ... Nein, dein Schädel ist nicht würdig, zu klein und mickrig!“ Mit diesen Worten schlägt der Draydal-Priester Xarod Narax den Kopf ein.
- Währenddessen ist Burschbürst näher geschlichen, nachdem er den Spielern das Versprechen abgenommen hat, sich ruhig zu verhalten und dieses Wissen zu Ilmenblick zu tragen. Burschbürst wird erwischt und gibt trotzige Antworten auf ähnliche Fragen. Er wird ebenfalls hingerichtet.
- Im Anschluss wendet sich der Draydal-Priester an alle: „Wir wissen, dass ihr zuhört. Wir wissen, wie viele von euch sich in der Schmiede verstecken! Wir werden kommen und euch auslöschen!“
- Die Spieler werden, falls sie nicht von selbst den Rückzug antreten, von den Güldenländern zur Schmiede zurückgejagt und die Belagerung beginnt.
- Die Thorwaler wurden inzwischen von den Güldenländern angeheuert und nehmen auf ihrer Seite an der Belagerung teil.

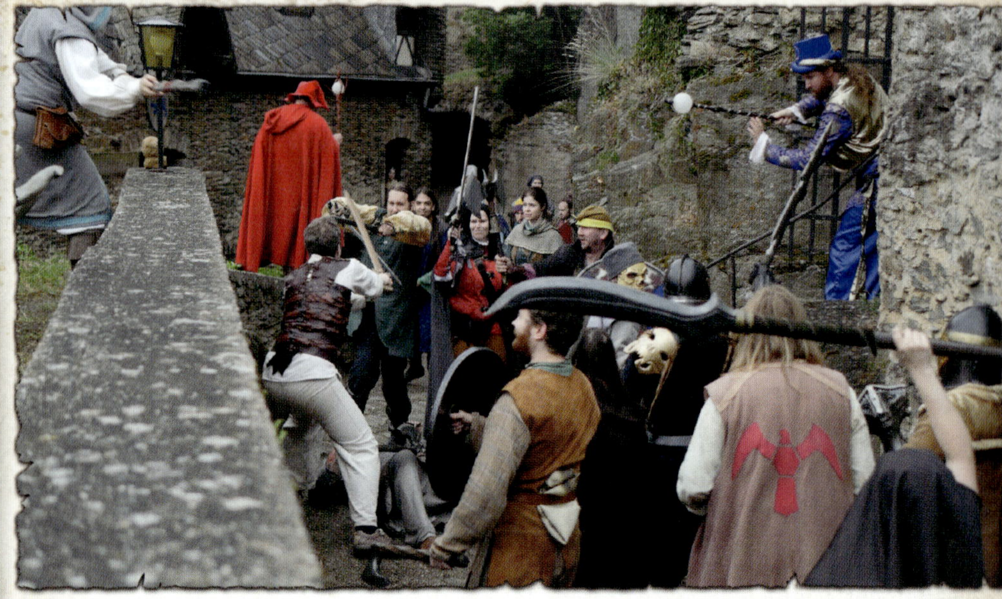

- In der Schmiede wurde immer noch keine Axt geschmiedet. Die Spieler können die Zwerge und Larric jetzt aber zu einer Übereinkunft bringen.
- Sobald die Axt geschmiedet wird, wird Larric eine patriotische Rede halten, was Basilius auf den Plan ruft: Er will ihn festnehmen lassen, ob mit oder ohne Kopfgeldjäger. Die Spieler können hier intervenieren. Dass es dringendere Probleme gibt, muss dem Beamten erst einmal verdeutlicht werden.
- Zum Schluss bleibt nur noch die Endschlacht nach den eingangs beschriebenen Regeln.

Die Hinweise auf den Schatz

In unserem LARP war auf dem Gemälde und im Tagebuch Kunos jeweils eine alternierende Zeile eines Gedichts zu finden, das die Wegbeschreibung zum Schatz darstellte. Sie war natürlich an den Ort der Con angepasst und ist nicht auf andere Locations übertragbar. Wer diesen Plot im LARP nachspielen will, muss sich daher ein eigenes Gedicht überlegen. Im Pen and Paper ist eine solche Schnitzeljagd natürlich weit weniger spannend und der Meister sollte sich ein neues Rätsel überlegen, das auf den Ort hinweist.

Die Suche nach Sturmglut (Szenario)

Unsere LARP-Kampagne ist, wie schon einmal erwähnt, relativ frei und modular aufgebaut. Es gibt zwar einige Eckpfeiler, die wir schon zu Beginn festgelegt haben – und wir wissen auch, worauf die Sache hinauslaufen soll (nämlich auf Ereignisse, die in einem kommenden Roman von Mháire thematisiert werden). Die beiden bisherigen Plots sind im Rahmen der Kampagne Aufträge, die sich von der Hauptlinie, den Collegium Magicae-Cons, abspalten. Was jedes Jahr auf diesen geschieht, bestimmt, wie es weitergeht. Beispielsweise haben es die Spieler auf CM4 nicht geschafft, eine Gruppe besessener Bauern zu retten, was zu Ilmenblicks Bußqueste zwischen den Cons und den Ereignissen von CM5 ein Jahr später geführt hat. Die Handlungen der CM-Hauptplots werden wir in den LARP-Jahrbüchern wiedergeben, sie sind viel zu umfangreich für dieses Regelwerk. Es geht also irgendwie weiter, falls ihr euch das gefragt haben solltet. Die Struktur der Kampagne erfordert es aber, dass manchmal kurze Szenarien ausgespielt werden, die auf den großen Cons keinen Platz finden. Im Folgenden wollen wir euch beispielhaft ein solches Szenario präsentieren, das einige Spieler für einen halben Tag beschäftigen wird. Bisher haben wir dieses Szenario noch nicht umgesetzt.

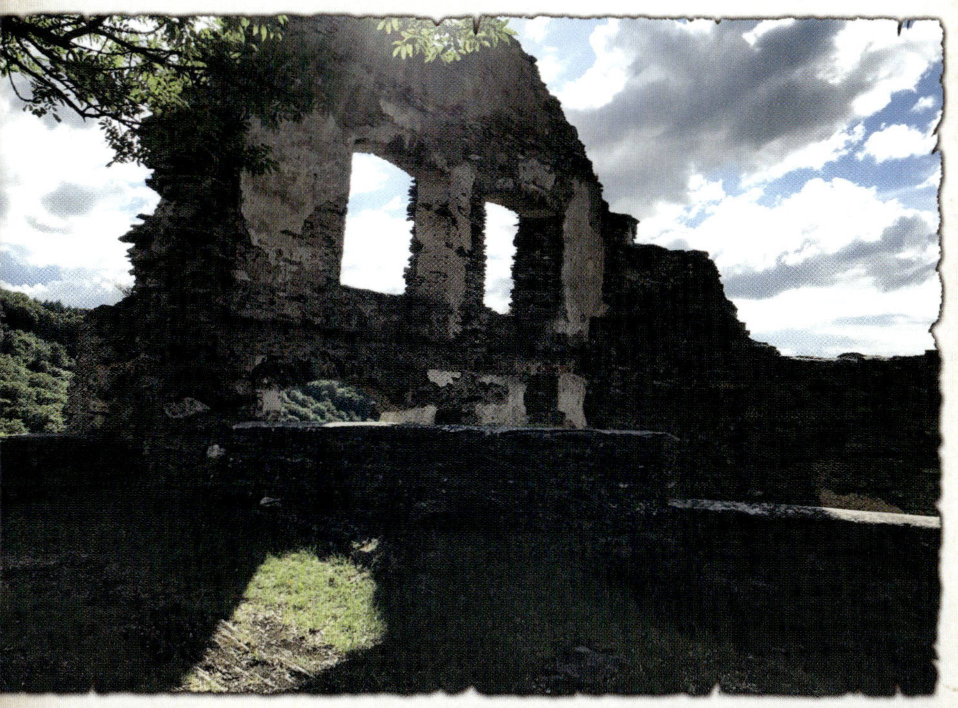

Stichworte zum Plot

- kurzer Abenteuer-Plot im Wald mit einer Burgruine, ausgelegt für 5-10 SCs und einige wenige NSCs
- im Pen and Paper mit einer regulären Heldengruppe spielbar
- **Schauplatz:** irgendwo im Gebirge zwischen Gareth und Honingen
- **Aufgabe der Helden:** Suche nach einem vermissten Boten und der in der Con „Wirtshaus zur Alten Schmiede" gewonnenen Axt Sturmglut
- **Location des LARPs:** diese Mini-Con wird in den Wäldern bei Heidelberg stattfinden

Anwerbung und Kontext für die Helden

Diese Con ergibt nur in folgendem Kontext Sinn: Larric wird von den Spielern am Ende der Ereignisse im Wirtshaus für ihre Sache rekrutiert. Er verspricht, mit seiner Axt Sturmglut zum CM zu kommen und sie in den Dienst Ilmenblicks zu stellen, um gegen die Namenlosen anzutreten. Allerdings erscheint Larric nicht am Collegium und die Spieler fragen sich, wo er bleibt. Gleichzeitig entwickeln sich die Ereignisse auf Collegium Magicae 5 so gut, dass Ilmenblick kurz nach der Con die Hilfe der Praioskirche zugesichert bekommt. Sie schicken einen Geweihten mit einem heiligen Artefakt, mit dem es möglich sein soll, die Kanope, die nach wie vor im Keller der Akademie lagert, endlich zu vernichten.
Jedoch erreicht der Geweihte das Collegium nicht und Ilmenblick macht sich Sorgen. Er schickt die Spieler los, um herauszufinden, wo er verblieben ist.

Alternativer Einstieg als Einzel-Szenario

Dieses kurze Szenario kann auch einfach als Wegbegegnung gespielt werden.

Was bisher geschah

Larric blieb nach den Ereignissen im Wirtshaus in Briefkontakt mit Ilmenblick oder den Spielern. Er versprach, möglichst bald zum CM zu eilen und seine Schuld zu tilgen. Tatsächlich wurde er jedoch von den Namenlosen beeinflusst und verleitet, in seine Heimat zurückzukehren und dort, wie ursprünglich geplant, Unruhe zu stiften. Entweder, sie zwangen ihn dazu, indem sie Lana Gewalt androhten, oder sie gingen mit Namenlosen Einflüsterungen subtiler vor. Damit konnten sie einen wichtigen Machtfaktor vom Collegium fernhalten und ihre Chancen erhöhen, die Kanope zu erbeuten. Gleichzeitig verfolgten sie aber noch ein anderes Ziel: Larric sollte sie zu den Gebeinen des purpurnen Westwinddrachen Snyrtingar führen, die in seinem Heimatdorf ausgestellt werden. Mit dem Karfunkelstein des Snyrtingar wollen sie die Axt Sturmglut korrumpieren und als ihr Werkzeug nutzen. Larric folgte den Anweisungen und brachte Axt und Karfunkel in die Koschberge zum Versteck der Anhänger des Namenlosen. Dort versuchten die Güldenländer, Larric zu beseitigen, doch er konnte ihren Bann endlich durchbrechen und schwer verletzt entkommen.
Gleichzeitig lauerten die Kultistem dem Gesandten der Praioskirche auf, ermordeten ihn und stahlen das Artefakt, das er mit sich führte. Sie planen, es im Verlauf der Con mittels der korrumpierten Axt Sturmglut zu vernichten.

Was geschehen kann

Die Helden folgen den Spuren des Praiosgeweihten, indem sie sich in einem nahegelegenen Dorf durchfragen, in dem er und seine Begleiter zuletzt gesehen wurden. Wenig später finden sie die Leiche des Geweihten und erkennen, dass sein Artefakt gestohlen wurde. Eventuell ist einer seiner Knappen noch am Leben und kann berichten, was sich zugetragen hat. Auf der Suche nach weiteren Spuren stoßen sie auf den schwer verwundeten Larric und können ihn retten. Jedoch sind von den Kultisten erhobene Untote hinter Larric her und es kommt zum Kampf.

Larric ist beschämt über das, was in den letzten Wochen passiert ist, und er bringt es nicht übers Herz, den Helden die Wahrheit zu beichten. Er verschweigt seinen Auftrag um den Karfunkelstein lange und erzählt zunächst nur, dass die Kultisten Sturmglut gestohlen haben. Nach und nach können die Spieler die Wahrheit aus ihm herauslocken, jedoch müssen sie erst entweder Lana retten, die noch in der Gewalt der Kultisten ist, oder den unheiligen Einfluss der Namenlosen Zweifel von Larric nehmen – oder beides. Die erste Variante wäre eine Mission zu einem geheimen Versteck, aus dem Lana heimlich befreit werden muss. Die zweite bringt ein längeres Ritual mit sich. Im Idealfall beschäftigen beide Varianten parallel möglichst viele Spieler. Erst danach erklärt Larric, was die Anhänger des Namenlosen wirklich vorhaben, jedoch erfolgt dann auch direkt ein von Dendroleus angeführter Angriff auf das Lager der Spieler. Möglicherweise haben die Spieler Sturmglut zwischenzeitlich schon zurückerobert und den Kultisten gelingt es nun erneut, die Axt zu stehlen.

Larric kann nun berichten, was die Anhänger des Namenlosen genau vorhaben und gemeinsam mit dem Windhager und Lana machen sich die Spieler auf, das Ritual ihrer Feinde zu verhindern. In einer Endschlacht beim Versteck der Kultisten können die Spieler – wenn sie schnell genug sind – verhindern, dass die Axt mit dem Karfunkel Slyrtingars verunreinigt wird. Falls sie das nicht schaffen, verlieren sie eine mächtige Waffe. Sie können aber auf jeden Fall einschreiten, bevor Sturmglut genutzt wird, um heilige Artefakt der Praioskirche zu vernichten. In einem letzten Gefecht können sie Dendroleus stellen und erschlagen. Somit ist die Zahl der Güldenländer auf Zwei geschrumpft und die Kanope kann im CM endlich vernichtet werden.

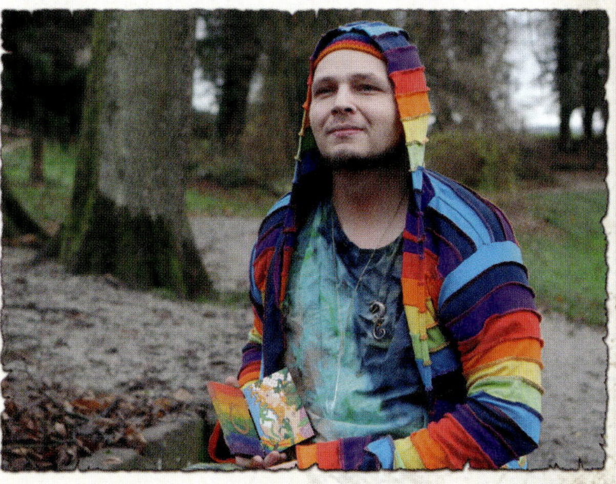

Das Schwarze Auge

Name des Charakters

Tsafried Zornbrecht

AP: 12 **Anzahl Contage:** Ø **Name des Spielers:** Anselme

Rasse und Profession: Mittelreicher, Betrüger

Götter: Phex, die 12 Götter, aber nicht so ernsthaft

Hintergrund Tsafried ist Opportunist und Betrüger. Er verdingt sich mehr schlecht als recht als Söldner. Dreist wie er ist, verfolgt er die fixe Idee, sich mal als Ritter auszugeben, um sich irgendwo in Tobrien oder Darpatien ein Lehen zu erschleichen ...

LeP	TaP	AsP	KP	RS
3 (3AP)	9	/	/	3 (maximal 9)

Passive Talente

Rüstungsgewöhnung leicht (1AP)
Rüstungsgewöhnung mittel (2AP)
Rüstungsgewöhnung schwer (3AP)
Zweihändige Waffen (2AP)

Aktive Talente

Taschendiebstahl (1AP)

Zauber/Liturgien

/

Das Schwarze Auge

Name des Charakters

Jacopo Caranda

AP: 42 **Anzahl Contage:** 3Ø **Name des Spielers:** Jörg

Rasse und Profession: Mensch, Horasreich, Diener und Haushofmeister

Götter: Travia, Peraine, Praios

Hintergrund Jacopo ist Sohn des Haushofmeisters einer adeligen Familie auf den Zyklopeninseln dient aber schon seit langen Jahren dem Comto von Garlischgrötz erst als Hausdiener und später als Haushofmeister. Zu seinen Aufagebn gehört die Organisation des Haushalts und die Leitung des Personals des Comto.

LeP	TaP	AsP	KP	RS
6	2Ø	/	/	Ø

Passive Talente

Giftverträglichkeit

Aktive Talente

Seelenkraft,
Verbesserte Seelenkraft,
Meisterliche Seelenkraft,
Schlösser Knacken,
Fesseln/Entfesseln

Zauber/Liturgien

/

Das Schwarze Auge

Name des Charakters

Arturó „Turrón" von Harmamund

AP: 62 **Anzahl Contage:** 50 **Name des Spielers:** Alexander Neu

Rasse und Profession: Mensch, Almada, Hesindegeweihter - Pastori

Götter: Hesinde

Hintergrund Ein alter Geweihter der Hesinde, der die 60 Götterläufe bereits überschritten hat. Geboren in einen kleinen Seitenarm der Familie Harmamund (alter almadanischer Adel), hat er früh die Geweihten-Laufbahn eingeschlagen. Für Kirchenpolitik hat er sich nie interessiert, weswegen er immernoch nur einfacher Geweihter ist. Stattdessen hat er sich in seiner Jugend auf die Untersuchung und Zerstörung gefährlicher Artefakte und der Sicherung von gefährlichem Wissen konzentriert.

LeP	TaP	AsP	KP	RS
2	14	/	20	0

Passive Talente

Nieder Adel (1TaP),
Theoretiker (1TaP - Gekauft bei 20KP/45AP)

Aktive Talente

Heilkunde Seele (2TaP),
Seelenkraft I (3TaP),
Seelenkraft II (5TaP),
Mechanik (2TaP)

Zauber/Liturgien Eidsegen (0KP), Geburtssegen (0KP), Weisheitssegen (0KP), Grabsegen (0KP), Kleiner Heilsegen (0KP), Märtyrersegen (0KP), Hesindes Fingerzeig (1KP), Harmoniesegen (1KP), Sicht auf Madas Welt (1KP), Entzug von Nandus' Gaben (1KP), Kleine Objektweihe (1KP), Prophezeiung (1KP), Seelenprüfung (1KP), Wunderbare Verständigung (1KP), Vertreibung des Dunkelsinns (2KP), Blick der Weberin (2KP), Nandus Schriftenkenntnis (2KP), Argelions bannende Hand (3KP), Argelions Mantel (3KP)
Gekauft mit Theoretiker: Schutzsegen (1KP), Unverstellter Blick (2KP), Argelions Spiegel (3KP), Exorzismus (3KP), große Objektweihe (3KP), Konsekration (4AP)

Das Schwarze Auge

Name des Charakters

Ilja Volodimiri Firunjew von Ebrin

AP: 202 **Anzahl Contage:** 8 **Name des Spielers:** Tobias

Rasse und Profession: Bornländer Adliger

Götter: vor allem Rondra, Travia, Peraine

Hintergrund Ilja ist Bronnjar in der Baronie Ebrin in Sewerien. Er verwaltet den südlichsten Teil der Baronie, dessen Besonderheit eine Wassermühle ist. Er ist aufrecht und gutmütig, allerdings bringt ihm sein Stolz oft mehr Probleme als ihm eigentlich lieb ist

LeP	TaP	AsP	KP	RS
6 (6AP)	14	/	/	6 maximal

Passive Talente

Rüstungsgewöhnung leicht (1AP)
Rüstungsgewöhnung mittel (2AP)
Betäubungsschlag(2AP)
Fernkampf(Bogen) (2AP)
Hohe Sozialstatus(4AP)
Zweihändige Waffen (2AP)
Schild(1AP)

Aktive Talente

/

Zauber/Liturgien

/

Das Schwarze Auge

Name des Charakters

Junivera Schattenquell

AP: 51 **Anzahl Contage:** 39 **Name des Spielers:** Nessie

Rasse und Profession: Mensch, Bornländerin: Hexe Seherin von Heute und Morgen

Götter: Satuaria, Ifirn, Peraine, Boron

Hintergrund Junivera lebt am Rande des Walsachgebirges und verdiehnt ihren Lebensunterhalt damit die Zukunft vorraus zu sagen. Jeder in der Gegend um Trallsky kennt das Mütterchen und weiß das man zu ihr gehen kann wenn einen die Ängste vor dem nächsten Winter plagen. Junivera selber geht offen mit ihren Talenten um aber bindet nicht jeden auf die Nase das sie eine Hexe ist.

LeP	TaP	AsP	KP	RS
7 (8AP)	13 (13 AP)	20 (30 AP)	/	0

Passive Talente

Kräuterkunde (1TaP)

Experten Kräuterkunde (3 TaP)

Aktive Talente

Prophezeihen (3 TaP)

HK Seele (2 TaP)

Seelenkraft I (3 TaP)

Zauber/Liturgien

Zaubertricks Hexenblick, Hexenkrallen, 1 AsP Zaubersprüche Ängste Lindern 1 AsP, Hexenspeichel 1 AsP, Odem Arcanum 1 AsP, Sensibar Emphaticus 1 AsP, Seelentier erkennen 1 AsP, Traumgestalt 1 AsP, Unitatio 1 AsP, 2 AsP Zauber Blindheit 2 AsP, Geisterbann 2 AsP, Grosse Gier 2 AsP, Hexenschuss 2 AsP, Bann 2 AsP, 3 AsP Zauber Zauberzwang 3 AsP

Das Schwarze Auge

Name des Charakters

AP: Anzahl Contage: Name des Spielers:

Rasse und Profession:

Götter:

Hintergrund

LeP	TaP	AsP	KP	RS

Passive Talente

Aktive Talente

Zauber/Liturgien

Die wichtigsten Regeln in der Übersicht

- Jeder Charakter erhält zu Beginn 12 AP.
- Er verteilt sie 1:1 – passend zum Charakterkonzept – auf die Ressourcen LeP, AsP oder KP sowie TaP.
- Der maximale Startwert für LeP ist 5.
- Ab dem 6. LeP kostet jeder LeP 2 AP. TaP werden nicht teurer.
- Ab dem 11. AsP kostet jeder AsP 2 AP.
- Ab dem 11. KP kostet jeder KP 2 AP.
- Das Maximum für LeP ist 10 (bei Magiern 6).
- Für jede Eintagescon gibt es 1 AP. Für eine Wochenend-Con gibt es 2 AP.
- Alle Ressourcenpools regenerieren in der Regenerationsphase (4 Stunden) für 3 Punkte.

- Einhändige Waffen verursachen 1 Punkt Schaden, zweihändige Waffen 2 Punkte.
- Rüstung erhöht die LeP um den Wert des RS, jedoch nur dort, wo sie getragen wird.
- Helme und gepanzerte Handschuhe erhöhen die LeP überall um 1.
- Ist die Rüstung zerstört, muss sie repariert werden, ansonsten schützt sie nicht mehr. Rüstung wird wie LeP abgezogen.
- Wird eine Gliedmaße ohne Rüstung (oder mit zerstörter Rüstung) getroffen, schlägt das eine Wunde.
- Verwundete Gliedmaßen können nicht mehr eingesetzt werden und müssen daher verarztet werden.
- Heilkunde Wunden regeniert LeP erst in der Regenerationsphase, Wunden werden aber geschlossen, sodass weitergekämpft werden kann.
- Fallen die LeP auf Null, wird der Charakter ohnmächtig.
- Zauber, Liturgien und Tränke heilen/machen Schaden meist im Verhältnis 1:1: Ein LeP für einen AsP oder ein LeP für eine QS des Tranks.

Körperzone	Leichte Rüstung	Mittlere Rüstung	Schwere Rüstung
Torso	1	2	3
Arme	1	1	2
Beine	1	1	2
Helm (allgemein)	0 (Lederhaube)	1	1
Handschuh (allgemein)	0 (Lederhandschuh)	1	1
Maximer RS	3	6	9